新中国成立70周年
高等教育教材建设
回顾与展望

韩筠　王润孝　主编

高等教育出版社·北京

内容简介

本书以新中国成立70周年高等教育发展历程为背景，结合各个历史阶段高等教育人才培养、教学改革的内容，对我国各时期高等教育教材建设和管理的政策、思路和要求进行了细致梳理和深入研究，系统总结了各阶段我国高等教育教材建设成果、经验和特色，对新时代中国特色高等教育教材体系建设进行了积极的、富有成效的探索，对于我们更好地推动教材建设，促进高等教育教学质量的提高具有重要的现实意义。本书填补了国内同类研究空白，可作为广大教材建设者、研究者开展教材建设与研究的重要文献资料，也可为教材管理部门的相关决策提供参考。

图书在版编目（CIP）数据

新中国成立70周年高等教育教材建设回顾与展望 / 韩筠，王润孝主编. -- 北京：高等教育出版社，2020.7
ISBN 978-7-04-054052-9

Ⅰ. ①新… Ⅱ. ①韩… ②王… Ⅲ. ①高等学校-教材建设-教育史-中国-现代 Ⅳ. ①G642.33

中国版本图书馆CIP数据核字（2020）第076491号

策划编辑	王青林	责任编辑	王青林	封面设计	张 楠	版式设计	徐艳妮
插图绘制	李沛蓉	责任校对	张慧玉 刁丽丽	责任印制	尤 静		

出版发行	高等教育出版社	网　　址	http://www.hep.edu.cn
社　　址	北京市西城区德外大街4号		http://www.hep.com.cn
邮政编码	100120	网上订购	http://www.hepmall.com.cn
印　　刷	廊坊十环印刷有限公司		http://www.hepmall.com
开　　本	787 mm×960 mm　1/16		http://www.hepmall.cn
印　　张	21		
字　　数	390 千字	版　　次	2020 年 7 月第 1 版
购书热线	010-58581118	印　　次	2020 年 7 月第 1 次印刷
咨询电话	400-810-0598	定　　价	54.00 元

本书如有缺页、倒页、脱页等质量问题，请到所购图书销售部门联系调换
版权所有　侵权必究
物　料　号　54052-00

《新中国成立 70 周年高等教育教材建设回顾与展望》编委会

主　　任：韩　筠

委　　员（按姓氏笔画排序）：

万小朋　王青林　王润孝　孙闻宇　李　辉

陈婵娟　施佳欢　阎　燕　韩　筠

序

　　教育是传承文化,创造知识,培养人才的社会活动。教材是贯彻党的教育方针的主要载体,是培养什么人、怎样培养人的重要内容;是学科知识与教学设计相融合的多种媒体形式的聚合;是教学改革与教学研究成果的固化;是学生学习的主要材料和教师教学的基本工具。党和政府历来重视教材建设。新中国成立以后,政府立即成立了出版总署,不久又成立了人民教育出版社和高等教育出版社。党的十八大以来,习近平总书记多次指出,要抓好教材体系建设。从根本上讲,建设什么样的教材体系,教材传授什么内容、倡导什么价值,体现国家意志,是育人育才的关键,决定着国家下一代学什么、信什么、会什么,培养什么样的人。因此,高等教育教材建设直接关系到我国人才培养质量。

　　我国高等教育教材建设从无到有,再到现在的极大丰富,教材管理从政府直接领导建设到以高校和出版社为主再到统筹指导、强化引领,走过了一个跌宕起伏、曲折变化的历程。高等教育教材建设与发展的过程就是高等教育改革创新的过程,蕴含着丰富的内容和经验。

　　为献礼新中国成立 70 周年,高等教育出版社副总编辑韩筠同志,以其多年在教育部从事高等教育管理的宏观视野、政治敏锐性、专业性和作为我国国家队的教育出版机构领导的责任担当,带领团队对我国各时期高等教育教材建设和管理的政策、思路和要求进行了细致梳理和深入研究,系统总结了各阶段我国高等教育教材建设成果、经验和特色,对新时代中国特色高等教育教材体系建设进行了积极的、富有成效的探索,集成了《新中国成立 70 周年高等教育教材建设回顾与展望》一书。本书不同于过去学界通常只摘取某一个时期或对某一学科教材建设的研究,是第一本系统、全面研究我国高等教育教材建设与管理的著作,开创了国内同类研究的先河,对我国高等教育教材建设与管理工作具有重大的指导价值和借鉴意义。同时,又以丰富的资料、翔实的数据和代表性的案例为广大教材建设者、研究者开展教材建设与研究、为教材管理部门的相关决策提供了重要参考,丰富了教育研究的宝库。

　　高等教育教材建设是高等学校教育教学的基本工作之一,也是高校老师的科研成果之一。它反映了科学技术发展和文化创新的新成果,是社会科技创新和文化建设的重要组成部分,也是教育改革发展、社会进步的重要保障。教材建设要符合时代发展的要求,要遵循教育教学基本规律,要适应新的教育教学技术发展的需要。《新中国成立70周年高等教育教材建设回顾与展望》不是就教材论教材,而是以各时期人才培养需求为脉络,对高等教育教材建设在推动和实现人才培养过程中遵循的原则、设定的目标、实现的任务、取得的成果、面临的问题、吸取的经验与教训等进行深入的研究与分析,突出教材在人才培养中的重要地位和作用,充分体现了教材优势向教学优势的转变,颇有独到之处,将传统观念中教材的概念扩展延伸到整个教学领域,提高了人们对教材工作的认识。

《新中国成立70周年高等教育教材建设回顾与展望》可以视作我国高等教育教材建设历程的备忘录。我国的高等教育教材伴随着我国高等教育的肇始而产生,体现着我国高等教育的发展与变革。从本书中我们可以清楚地看到,我国高等教育教材建设从新中国成立初期的引进苏联教材、改造旧教材,主要解决"有无问题",到探索建立适合中国国情、适应我国高等教育发展和教学需求的自编教材,教材品种和数量逐渐丰富;进入中国特色社会主义新时代,高等教育教材在内容、结构、形式等各方面正在发生深入变革,思想性、科学性、时代性、民族性和系统性愈发凸显。在这个历程中,教材作为我国高等教育的重要组成部分,作为实现立德树人的重要依托,不仅是教育改革和发展的核心,也是我国建设人力资源强国的重要支撑。

近年来,国家将教材建设提高到国家事权的高度,对高等教育教材研究与建设提出了更高要求。本书的出版正当其时。"以史为镜,可以知兴替",70年新中国高等教育教材建设历史为我们新时代高等教育教材建设积累了丰富的经验和深厚的基础,我们要全面理解其科学内涵和实践意义,站在新起点,展望新征程,推动新时代教材建设开创新局面!

2020年春

前　言

　　人才培养是教育的根本任务,教材是实施这一任务的重要载体,是立德树人的核心要素之一。不同国家人才培养的价值观具有差异性,带有强烈的民族性和国家性,因此,教材又是教育领域国家意志的体现。服务国家战略和发展需要,是教材建设的重要使命,对于一个国家培养什么人、怎样培养人起到至关重要的作用。同时,教材作为教与学的直接媒介,始终与社会发展和科学进步的脚步并行,具有显著的时代印记。在教育的具体工作中,教材是体现教学内容和教学理念的知识载体,既是进行教学的工具,又是深化教育改革、提高教育质量和创新教育内容的重要保证。教材与教育相携行,一个国家的教材发展史往往是其教育发展历程的鲜明写照,也是记录教育改革经验的重要实证。

　　新中国成立70年来,我国高等教育教材建设从无到有,历尽艰辛,在探索中不断发展,形成了自己的特色和风格。迄今,我们构建了适用教学、品种齐全、形式多样、特色突出的教材体系;建立了多方参与、及时反映国内外教研成果、满足不同层次和不同类型高校教学需要的教材建设机制;完善了客观评价、公平推介、引导选用、系统规范的教材管理体制。在此过程中,教育界各方对高等教育教材之属性、内容及其建设规律的认知也跟随着历史的进程逐步深化。为对新中国成立70年以来我国高等教育教材的成长经历和发展脉络进行全面、系统的研究和梳理,展现不同时期由教材所记录的高等教育实践的特征,并对新时代教材建设做初探,我们于2018年冬至2019年春着手开始编写此书。谨以此书为新中国成立70周年献礼。

　　本书以新中国成立后,我国高等教育教材建设经历的三个主要阶段为主线进行编写。

　　第一阶段为1949—1976年,是我国高等教育教材建设的起步阶段。新中国成立初期,我国还没有形成自己的教材,高等教育教材处于"空白期"。在这一时期,我们大量引进苏联教材,并调动大批知名专家、教授在短短两三年内翻译出版了千余种苏联大中专教材。自1956年开始,在教育部的领导下,全国高校普遍开始进行自编教材和讲义的编撰工作。此后,教育部与相关部委联合组建专门机构,全面开展理工农医和文科教材的选编工作,出版了大批优秀教材,到1966年"文化大革命"(简称"文革")前基本解决了高等教育教材的"有无"问题。

第二阶段为1977—2015年,是我国高等教育教材的恢复重建与改革提高阶段。"文革"期间,高校教材建设工作受到极大打击,原有教材也遭到严重破坏,致使"文革"结束后高校再次处于基本无教材可用的状态。1977年国家恢复"高考"之后,邓小平同志高度重视教材建设问题,作出明确指示,使当时高校教材建设围绕三方面展开,一是翻印出版"文革"前的教材;二是组织编写新教材;三是引进欧美教材以弥补不足。到1981年,全国已编写出版教材2 000余种。在国家经济建设与发展的"六五"(1981—1985年)、"七五"(1986—1990年)和"八五"(1991—1995年)时期,高等教育教材在思想性、科学性、启发性、适合国情的先进性及教学适用性方面均有所提高。在国家经济建设与发展的"九五"至"十二五"时期(1996—2015年),高等教育得到跨越式发展,教育部先后启动了"面向21世纪课程教材"体系建设、万种新教材建设及"十二五"国家级规划教材建设等工程,将教材建设建立在课程改革之上,将教学改革与教学研究的成果固化入教材之中,为提高高等教育质量提供了有力保障。

第三阶段为2016年至今,是新时代中国特色社会主义教材体系建设阶段。党的十八大以来,中国特色社会主义建设进入新时期,习近平同志多次指出要抓好教材体系建设,高等教育教材建设被赋予新的时代内涵和更艰巨的任务。这一时期,教材在立德树人、弘扬社会主义核心价值观以及为中华民族伟大复兴培养建设者和接班人中的作用和地位,更加受到重视和关注。2016年,党中央颁布正式文件,首次写明教材是国家事权。2017年,国家成立了由国务院副总理任主任、教育界知名专家及教材出版单位和行业企业资深人士组成的国家教材委员会,并在教育部专门设立教材局,全面负责教材建设与管理工作。同时,随着"互联网+"和"智能+"时代的到来,大规模在线开放课程蓬勃发展,促进了信息技术与教育教学的深度融合,从而使教材的内容、结构和形式都发生着深刻变化。传统教材形式与数字化相结合的"新形态教材"应运而生,高等教育教材的品种更加丰富、类型更加多样、结构更加立体,新的中国特色社会主义教材体系正在逐步形成。

在本书的第七章、第八章,我们以"十三五"期间教材建设为主,探讨了在中国特色社会主义建设进入"新时代"的历史时期,高等教育教材的建设与改革。我们认为,新时代的教材建设应坚持社会主义核心价值观和正确的政治方向,严格坚守正确的意识形态观;把坚持立德树人放在首位,把紧跟高校教育教学改革、服务高等教育发展新需求作为核心;高校教材建设应体现思想性、科学性、时代性和民族性,体现教育教学规律和学习规律;应立足国际学术前沿、反映最新学科发展方向。在教材管理上,我们认为需以统筹为主、统分结合、分类指导为方针,建立健全国家主导、多方参与的体制机制,形成教材建设的合力。

70周年,是新中国的大庆,我国高等教育教材建设风雨行来,值得敬畏与沉思，值得回顾与总结，更值得以此重要节点为新的起点来探索未来时代教材的建设与发展。编写此书，是我们心悦之事，也是我们作为教育人和出版人的责任与使命。

感谢所有为此书的编写而辛勤付出的同仁！感谢此书面世之后读者的包容与共情！

应广大高教战线同仁要求，我们将国家有关教材建设与管理的重要文件进行了汇总整理，作为本书的附录，供教材编写者、使用者、研究者和教材建设管理者等参考。

尽管我们对此书的编写倾力为之，但难免还会有不够完整或欠缺、遗憾之处，恳请各位专家学者、领导及广大读者提出宝贵意见。

韩 筠

2020 年春于北京

目 录

第一章 新中国高等教育发展历程概述·······················1
    第一节 社会主义过渡时期的中国高等教育·················1
    第二节 从"教育大革命"到"文革"时期的中国高等教育·······3
    第三节 改革初期的中国高等教育·······················5
    第四节 大众化阶段的中国高等教育····················10
    第五节 新时代中国高等教育·························14

我国高等教育教材建设的起步阶段(1949—1976)

第二章 高等教育教材的引进与改造······················24
    第一节 国民经济恢复时期的高等教育教材建设···········24
    第二节 "学习苏联"阶段的高等教育教材建设············28

第三章 高等教育教材的探索建设·······················35
    第一节 高等教育教材自编阶段······················35
    第二节 "文革"期间高等教育教材建设·················57

恢复重建与改革提高阶段(1977—2015)

第四章 改革开放初期的高等教育教材建设···············60
    第一节 全面恢复时期高等教育教材建设···············60
    第二节 "六五"时期高等教育教材建设·················68
    第三节 "七五"时期高等教育教材建设·················75
    第四节 "八五"时期高等教育教材建设·················79
    第五节 改革开放初期高等教育教材建设的主要特点······84

第五章 跨世纪的高等教育教材建设·····················93
    第一节 "九五"时期高等教育教材建设·················94

第二节 "十五"时期高等教育教材建设 ············ 105

第六章　全面发展的高等教育教材建设 ············ 116
　　第一节 "十一五"时期高等教育教材建设 ············ 116
　　第二节 "十二五"时期高等教育教材建设 ············ 137

新时代中国特色社会主义教材体系建设阶段（2016年至今）

第七章　"十三五"时期高等教育教材建设 ············ 150
　　第一节 "十三五"时期人才培养新要求 ············ 150
　　第二节 "十三五"时期教材建设新变化 ············ 153
　　第三节 "十三五"时期教材建设的主要成效 ············ 158

中国高等教育教材建设前景展望

第八章　中国高等教育教材建设发展展望 ············ 164
　　第一节 高校人才培养改革与发展趋势 ············ 164
　　第二节 高等教育教材建设的发展趋势 ············ 166
　　第三节 高等教育教材建设的政策与保障 ············ 169

附录（文献资料选编）

　　高等学校教材编写暂行办法 ············ 174
　　教育部关于解决高等学校理科各专业全部课程及工科各类专业基础课程和共同的
　　　　基础技术课程的教材问题的计划 ············ 176
　　中共中央批转中央宣传部《关于高等学校文科教学方针和教材编选工作的报告》 ············ 180
　　教育部关于正式成立高等工业学校基础课程和各类专业共同的基础技术课程
　　　　教材编审委员会的通知 ············ 185
　　教育部发出《关于编写高等工业学校基础课程和基础技术课程教材的几项原则
　　　　（草案）》等文件的通知 ············ 186
　　教育部关于高等工业学校基础课程和各类专业共同的技术基础课程教材编审
　　　　工作程序的规定（试行草案） ············ 192
　　高等教育部关于集中进口部分专业课程外国教材的通知 ············ 196

高等教育部党组关于进一步开展高等学校及中等专业学校理工农医
　　各科教材建设工作的报告 197
关于高等学校教材编审出版工作若干问题的暂行规定 202
教育部、外交部、财政部关于加强外国教材引进工作的规定和暂行办法 204
教育部关于建立高等学校理科教材和工科基础课程教材编审委员会的通知 208
教育部关于高等学校教材工作若干问题的通知 210
国家教委、国家出版局:高等学校出版社工作若干问题的暂行规定 212
高等学校优秀教材奖励试行条例 215
国家教委:高等学校教材工作规程(试行) 218
国家教委关于进行第二届全国高等学校优秀教材评奖工作的通知 223
全国普通高等教育"八五"期间教材建设规划纲要 227
国家教委关于教师编写教材若干问题的暂行规定 232
普通高等教育各科类专业教材规划、编审、出版工作的分工 234
国家教委关于普通高等教育教材编审出版选用若干问题的暂行规定 236
关于公布国家教委第二届优秀教材评奖结果的通知 239
国家教委关于进行第三届全国普通高等学校优秀教材评奖工作的通知 240
关于"九五"期间普通高等教育教材建设与改革的意见 243
关于公布国家教委第三届优秀教材评奖结果的通知 249
普通高等教育"九五"国家级重点教材立项、管理办法 250
关于加强普通高等学校马克思主义理论课和思想品德课(公共课)教材建设及
　　管理问题的通知 253
关于"十五"期间普通高等教育教材建设与改革的意见 255
教育部关于进行2002年全国普通高等学校优秀教材评奖工作的通知 261
教育部关于印发普通高等教育"十五"国家级教材规划选题的通知 263
教育部关于公布2002年全国普通高等学校优秀教材评奖结果的通知 265
教育部、新闻出版总署关于切实加强引进版教材图书出版和使用管理的通知 266
关于申报"普通高等教育'十一五'国家级教材规划"选题的通知 267
教育部办公厅关于进一步加强高等学校思想政治理论课教材编写管理、规范
　　教材使用的通知 269
教育部办公厅关于加强各类高等学校教材和图书采购管理工作的通知 271
教育部办公厅关于加强普通高等教育"十一五"国家级规划教材管理的通知 273
教育部办公厅关于加强高等学校使用外国教材管理的通知 275
马克思主义理论研究和建设工程高等学校哲学社会科学重点编写教材总体规划 276

教育部、中共中央宣传部关于认真做好马克思主义理论研究和建设工程重点
  编写教材推广使用工作的通知 ·· 280

关于"十二五"普通高等教育本科教材建设的若干意见 ··· 281

教育部高等教育司关于开展"十二五"普通高等教育本科国家级规划教材第一次
  推荐遴选工作的通知 ·· 285

教育部关于印发第一批"十二五"普通高等教育本科国家级规划教材书目的通知 ······· 288

教育部、中共中央宣传部关于高校哲学社会科学相关专业统一使用马克思主义
  理论研究和建设工程重点教材的通知 ·· 289

教育部职成司关于开展"十二五"职业教育国家规划教材（高职部分）审定
  工作的通知 ·· 297

教育部办公厅关于开展"十二五"普通高等教育本科国家级规划教材第二次推荐
  遴选工作的通知 ·· 298

教育部关于公布第一批"十二五"职业教育国家规划教材书目的通知 ························· 301

教育部关于印发第二批"十二五"普通高等教育本科国家级规划教材书目的通知 ······· 302

教育部社会科学司关于加快推进教育部负责的马克思主义理论研究和建设工程
  重点教材编写工作的通知 ·· 303

教育部关于公布第二批"十二五"职业教育国家规划教材书目的通知 ························· 305

国务院办公厅关于成立国家教材委员会的通知 ·· 306

教育部办公厅关于组织申报国家教材建设重点研究基地的通知 ······································ 309

国务院办公厅关于调整国家教材委员会组成人员的通知 ··· 312

教育部关于首批国家教材建设重点研究基地认定结果的通知 ·· 314

教育部职成司关于组织开展"十三五"职业教育国家规划教材建设工作的通知 ············ 315

第一章　新中国高等教育发展历程概述

新中国成立 70 年以来,我国高等教育走出了一条具有中国特色的发展道路,取得了举世瞩目的巨大成就。当前,我国已经建立起世界规模最大的高等教育体系,高等教育质量不断提高,结构不断优化,国际化水平大幅提升,在培养专门人才、发展科学研究与技术革新、服务经济社会发展、传承文化创新等方面成就斐然。1949 年,全国高校仅 205 所,专任教师仅 1.6 万人,全国 5.4 亿人口中只有 11.7 万名大学在校生;2018 年,全国高校已达 2 663 所,专任教师 163.3 万人,全国近 14 亿人口中有 3 833 万大学在校生,高等教育毛入学率达到 48.1%;累计已有 2.28 亿人次报名参加高考,培养了 9 930.9 万名高素质专门人才。中国高等教育实现了精英型转向大众化、外延式转向内涵式、内向型转向开放型、单一型转向多样化的跨越式发展,为改革开放和社会主义现代化建设提供了源源不断的人才和智力支撑,为实现中华民族伟大复兴的中国梦打下了坚实基础。

第一节　社会主义过渡时期的中国高等教育

新中国成立后,以毛泽东同志为主要代表的中国共产党人团结带领全党全国各族人民,迅速完成了对旧中国高等教育制度的"坚决改造",学习借鉴苏联经验,举办了一批高等学校,建立起社会主义教育制度,切实保障广大人民群众受教育的基本权利,为国民经济的恢复和发展提供了基础。

一、全面改造旧高等教育制度

1949 年 9 月,中国人民政治协商会议第一次全体会议通过了《中国人民政治协商会议共同纲领》,指出:中华人民共和国的教育方法为理论与实际一致,人民政府应有计划、有步骤地改革旧的教育制度、教育内容和教学法。在新民主主义教育方针引领下,按照"维持现状,立即开学""坚决改造,逐步实现"的原则,新中国高等教育开始了初步的改造。1949 年 11 月,教育部召开华北区及京津 19 所高校负责人会议,讨论高等教育改造方针。1949 年 12 月,新中国第一次全国教育工作会议在北京召开,会上确立了"以老解放区新教育经验为基础,吸收旧教育有用经验,借助苏联经验,建设新民主主义教育"的"教育改造"的方针。1949年,成立中央人民政府教育部,下设高等教育司和高等教育委员会。1950年6月,教育部召开新中国第一次全国高等教育会议,讨论改造高等教育的方针和新中国高等教育的建设方向等问题。这次会议也讨论了课程改革和学制改革等问题,通过了《关于实施高等学校课程改革的决定》,规定了高等学校每学期的实际授课时间、课外活动时间,提出要有计划有步骤地编辑各项适用的教材和参考书。1950年7月,政务院会议通过《关于高等学校领导关系的决定》,明确中央教育部对除军事院校外的全国高校均负有领导责任。1950年8月,教育部颁布《高等学校暂行规程》,规定高等学校的宗旨是以理论与实际一致的教育方法,培养具有高级文化水平,掌握现代科学和技术的成就,全心全意为人民服务的高级建设人才。1951年10月1日,政务院颁布《关于改革学制的决定》,这是新中国第一个有关学制规定的文件,规定高等学校应在全面的普通的文化知识教育的基础上给学生以高级的专门教育,为国家培养具有高级专门知识的建设人才。大学和专门学院修业年限为三至五年(师范学院修业年限为四年),专科学校修业年限为二至三年;高等学校附设专修科,修业年限一至二年,研究生部修业年限为二年以上。

二、全面学习苏联,实施院系调整

1952年,我国高等教育开启了"系统地学习苏联先进的教育建设经验"的进程。1954年,时任高等教育部部长的杨秀峰指出:我们的教学改革还开始不久,学习苏联的先进科学技术和教育经验,也还远不系统化和深入,还存在着很多形式主义,必须更进一步地全面地学习苏联先进经验。

1952年6月全国高等院校院系设置开始大调整,教育部公布《全国高等学校院系调整计划》,全部按照苏联模式对高校的区域结构、科类结构和类型结构进行改革,形成了以单科性专门院校为主,单一的公有制社会主义高等教育制度。据统计,1953年,全国有本专科高等学校182所,其中综合大学仅13所,占高校总数的7.1%,其余绝大多数为单科性专门院校。为了适应这一新的高等教育制度,1953年5月29日政务院公布了《关于修订高等学校领导关系的决定》。根据"决定",从新中国成立初期到1958年,对高等学校的领导管理强调集中统一,主要是由教育部和政务院各部委直接管理。凡中央高等教育部颁发的有关全国高等教育的计划、制度、法规、指示或命令等,全国高等学校均应执行。"决定"确立了政府管理部门在高等学校宏观管理和微观管理中的重要地位,并对各高等学校的直接管理工作作了明确的分工。在这以后的一段时间里,高等学校的设立、财务、人事等均由高等教育部或中央有关部门统一管理。全国高等学校各类专业,实行统一教学计划、教学大纲和统编教材。全国高等学校实行统一的招生制度和毕业生分配制度。

在进行院系调整的同时,仿效苏联推进教学改革。在制订第一个五年计划时,中央提出高等教育建设必须与国民经济发展计划相配合,高等工业学校应逐步与工业基地相配合,高等教育的重心是直接培养相关的工程与科技专门人才。我国高等教育进入到高度集中计划和专才教育的模式,人才培养模式基本全盘照搬苏联院校的同类专业,统一性和强制执行性强。"按照苏联的专业目录,结合各校实际设置专业;以苏联教学文件为蓝本制订统一的教学计划和教学大纲;使用苏联教材和教学参考书;学习苏联通行的教学方法,加强实践性教学环节,如逐步推行生产实习、学年论文(课程设计)、毕业论文(设计)等;建立教学基层组织,加强对教学工作的计划管理等。"①

三、探索适合中国国情的社会主义办学道路

针对院系调整中出现的问题,中央政府提出了教育改革的意见。实际上,1949年政务院决定成立中国人民大学时,就提出了"教学与实际联系,苏联经验与中国国情结合"的教育方针。但是,高校在全面学习苏联经验的过程中,暴露出教学计划要求偏高、课程门类过多、上课时数过多、教学内容重复、基础课与专业课比重失调等问题,导致师生负担过重、健康状况下降、教学质量难以提高。1953年7月,高等教育部《关于稳步进行教学改革提高教学质量的决议》指出,高等教育改革的方针是学习苏联先进经验并与中国实际情况相结合,要诚心诚意地、踏实地学习苏联,领会苏联经验的实质,更重要的是要从中国当前实际出发,实事求是地运用苏联经验。

1956年,以《论十大关系》的发表和党的"八大"召开为标志,开启了对"全面学苏"的反思,"一切民族、一切国家的长处都要学",揭开了独立探索适合中国国情的高等教育发展道路的序幕。

第二节 从"教育大革命"到"文革"时期的中国高等教育

1958年,中共中央、国务院发布《关于教育工作指示》,指出要多快好省地发展教育事业,必须动员一切积极因素,采取统一性与多样性相结合,普及与提高相结

---

① 曾繁铬.对建国初期高等教育学习苏联经验的历史回顾和思考[J].中国高等教育,1999,(23):28-29.

合，全面规划与地方分权相结合。大部分高等学校的管理权下放给省、市、自治区管理，改中央集权的管理为地方分权管理，提出在一切学校中必须进行马克思列宁主义的政治教育和思想教育，并试图用15年时间普及高等教育。自1958年至1960年，大力推行"教育与生产劳动相结合"的教育理念和群众性、实践性的办学模式，对高等教育体制进行了种种"改革"，掀起了一场"教育大跃进"，违背了社会经济、文化发展规律，盲目冒进，浮夸盛行，高等教育发展出现了曲折，教育质量急剧下降。

1961年，在"调整、巩固、充实、提高"方针指引下，9月，中共中央印发《教育部直属高等学校暂行工作条例（草案）》（简称"高教60条"），回顾了新中国成立12年来我国高等教育发展变化、存在的缺点及需要着重解决的问题，确定了"教育必须为无产阶级政治服务，必须同生产劳动相结合"的方针，明确提出"高等学校必须以教学为主，努力提高教学质量。""高教60条"使全国高等学校的各项工作逐步走上轨道，进一步明确了高等学校的基本任务和培养目标，澄清了思想上的许多模糊认识，纠正了认识上的种种片面性，学校恢复了正常教学秩序，学生学习质量明显提高，学术研究开始活跃，一批质量较高的教材陆续编印出版，教育调整工作收到了实效。经过3年调整，至1963年，全国高等学校由1960年的1 289所压缩到407所（其中本科35所），减少了68.4%，在校生由1960年的96万人压缩到75万人，减少了21.9%；招生数由1960年的32万人压缩到13万人，减少了59.4%。至1964年，全国高校的专业种类数下降为510余种。1963年6月，中共中央、国务院颁发了《关于加强高等学校统一领导、分级管理的决定（试行草案）》，明确提出，为了加强对高等学校的领导和管理，决定对高等学校实行中央统一领导，中央和省、市、自治区两级管理的制度。

而从1963年到1966年春，在以"阶级斗争为纲"的理论指导下，以"反修防修"为名，教育界出现了越来越严重的"左"的倾向，我国高等教育发展也一再受到干扰。1966年，"文革"爆发后，新中国成立17年以来艰苦探索建设的高等教育体系、学校领导体制和机构受到冲击，高等教育事业遭受严重挫折。特别是1966年6月13日，中共中央、国务院发布《关于高等学校招生工作推迟半年进行的通知》，7月24日发出《关于改革高等学校招生工作的通知》，决定"从今年起，高等学校招生，取消考试，采取推荐与选拔相结合的办法"。并指出："高等学校选拔新生，必须坚持政治第一的原则"。虽然这两项通知由于"停课闹革命"，当时并没有得到执行，但其导向十分明确，致使全国统一高考中断，高校的绝大部分干部和教师被送到干校劳动、学习，很多高校停办、合并。"文革"期间，我国高等教育以政治教育替代科技文化教育，招收"工农兵学员"、实行"开门办学"、推广"朝农经验"，严重违背教育规律，对我国高等教育事业造成了极大破坏。

1975年,邓小平同志主持中央党政军日常工作,对"文革"以来所造成的严重混乱局面进行大刀阔斧的整顿。他旗帜鲜明地提出要整顿教育,核心是重新确立教育在国家经济建设和现代化中的基础地位。1977年8月,邓小平在北京召开了科教座谈会。1977年10月,党的十届三中全会恢复了邓小平同志党内外一切职务,他主动提出分管教育和科技工作,筹划高校招生考试制度改革,开始了艰巨的拨乱反正和思想解放历程。为早出人才、早出成果,教育部发布《关于1977年高等学校招生工作的意见》,文件规定凡是工人、农民、上山下乡和回乡知识青年、复员军人、干部和应届毕业生,符合条件均可报考。招生办法是自愿报名,统一考试。1977年冬天,570万考生走进了曾被关闭十年之久的考场,调动了亿万青少年学习知识的积极性,广大教师精神振奋,整个教育界和社会迎来崇尚科学、尊师重教的春天。

第三节 改革初期的中国高等教育

一、整顿教育秩序

1978年,邓小平同志在全国教育工作会议上指出,教育要更好地为社会主义建设服务,必须同国民经济发展的要求相适应,培养德智体全面发展的有革命理想的社会主义一代新人,尊师重教。要研究发展什么样的高等学校,怎样调整专业设置,安排基础理论课程和进行教材改革。同年8月,教育部在河北涿县召开部属高校座谈会,广泛讨论如何加速高等教育发展、扩大高等教育规模以促进社会经济建设等问题。1978年10月,教育部出台《全国重点高等学校暂行工作条例(试行草案)》,这个草案是在1961年颁发试行的"高教60条"基础上修改而成的。条例明确规定:高校实行党委领导下的校长分工负责制,过去作为学校行政工作集体组织领导的校务委员会不再存在,高校要设立学术委员会,"对学校教育事业发展规划、科学研究工作和研究生培养工作中的重大问题提出建议,审查鉴定科研成果,评议研究生毕业论文、毕业设计,参与教师职称评定,组织参加国内国际学术交流等";规定"高等学校的专业设置应根据国家的需要、科学的发展和学校的条件来决定。""各门课程要按照教学方案、教学计划的要求,制定教学大纲,选用或者编写教材。少数专门课程和某些新开课程至少要有讲授提纲。教材必须在上课前供应学生。有计划地进行教材建设工作。鼓励水平较高、经验较多的教师,在若干年内,逐步为各门课程编出优秀的教科书。""高等学校应该把教科书、教学参考书的编著和新型实验仪器设备的研制作为重要的科学研究工作。"1978年年底,党的十一届三中全会召开,我国高等教育进入了恢复发展阶段。1980年,《中华人民共和国学位条例》在第五届全国人大常委会第十三次会议上审议通过,标志着我国学位制度的正式建立,对促进我国教育发展、独立培养、选拔专门人才具有至关重要的作用。

二、教育体制改革

1983年4月,国务院批转了教育部、国家计委《关于加速发展高等教育的报告》,提出了加快发展高等教育的一系列政策措施。1983年5月,召开第二次全国高等教育会议。1983年9月,邓小平为景山学校题词"教育要面向现代化、面向世界、面向未来"。在"三个面向"的指引下,高校重新确定人才培养目标,更加强调教育要努力培养出能够适应和满足现代化建设、国际竞争和未来发展需要的各级各类人才,积极推进教育改革。1985年,中共中央颁布《关于教育体制改革的决定》(以下简称《决定》),提出教育必须为社会主义建设服务,社会主义建设必须依靠教育,要求高等学校承担培养高级专门人才和发展科学技术文化的重大任务;高等教育与社会需要更好地结合,使高等学校具有适应经济和社会发展需要的积极性和自动调节的能力。《决定》也开启了中国高等教育改革的伟大征程,为适应社会主义现代化建设的需要,高等教育的形式更加多样,层次结构更加优化。1986年3月国务院发布《高等教育管理职责暂行规定》,规定了新成立的国家教育委员会的12项高等教育管理主要职责,相关部委的9项高等教育管理职责,省级人民政府的7项主要职责,并提出了8大项"高等学校管理权限"。1988年第三次全国高等教育会议召开,会议指出高校要积极开展各种形式的社会服务,进一步发挥学校的潜力。

1992年,以邓小平发表南方谈话和党的十四大召开为标志,我国改革开放和社会主义现代化建设进入了一个新的阶段。1992年11月,国家教委召开第四次全国高等教育工作会议,提出《关于加快改革和积极发展普通高等教育的意见》,不仅对高等教育系统进行旨在服务市场经济发展的改革进行全方位的设计规划,而且把是否有利于促进经济和社会发展作为评价高等教育改革成败的重要标准,明确高等教育管理体制的改革方向是逐步实行中央与省(自治区、直辖市)两级管理、两级负责为主的管理体制。1993年,国家教委印发了《关于中央部门所属普通高等学校深化领导管理体制改革的若干意见》《关于中央部门所属普通高等学校深化领导管理体制改革的若干意见》《关于普通高等学校内部管理体制改革的意见》《关于进一步深化普通高等学校教学改革的意见》《关于学位与研究生教育改革和发展的若干意见》《关于深化普通高等学校科技工作改革的若干意见》等一系列文件,从制度上为深化高等教育改革提供了保障。

1993年2月,中共中央、国务院发布《中国教育改革和发展纲要》,分析了教育工作面临的形势,坚持把教育摆在优先发展的战略地位,第一次明确提出了实现教育现代化的战略目标,从战略高度对20世纪末21世纪初我国的教育发展作出了总体谋划,提出要"逐步建立政府宏观管理,学校面向社会自主办学的体制",即"在政府与高校的关系上,要按照政事分开的原则,通过立法,明确高等学校的权利与义务,使高等学校真正成为面向社会自主办学的法人实体。学校要善于行使自己的权力,承担应负的责任,建立起主动适应经济建设和社会发展需要的自我发展、自我约束的运行机制。"

以高校管理体制改革为重点的高等教育体制改革取得了重要进展,探索了一条有效的改革思路和途径,李岚清同志把它概括为"共建、调整、合作、合并"。即通过"共建"形式,调动了高校为区域经济和地方经济建设服务,增强了地方政府对共建学校的教育投入,加强了高校与社会之间的联系,为学校的教学改革注入了新的活力、提供了新的机遇。通过"合作"形式,形成了一种资源共享、优势互补、学科交叉、共同提高的新兴的学校群,打破了原来学校各自封闭办学的状况,改善了高等教育的结构和学校的学科氛围。通过"调整""合并"形式,对科类相同、重复设置、结构布局不合理的学校或对同一地区科类不同的院校进行重组,优化教育资源配置,使学校的办学水平和实力得到一定提高。通过"协作"形式,近5 000家企业和科研单位与高等学校联起手来,企业参与学校的人才培养工作,部分学校进入了企业集团,形成了较好的教学、科研、生产相结合的势头。在学校内部,通过校内管理体制的改革,进一步理顺了教学工作与其他工作的关系、教学改革与校内其他改革的关系,一定程度上调动了广大教师的教学改革积极性,为教学改革创造了更为宽松、有力的环境和氛围。

1998年,《高等教育法》正式颁布,明确了高等学校的法人地位,大学的自主办学地位得以确立,确立了中央、地方两级教育行政部门实施管理、高等学校自主办学的新体制:各级政府主要是通过经费投入、制定政策、指导与监督等办法,间接地管理各层次高等学校,高等学校则直接面向社会发展需要,自主开展教育教学和科学研究活动。

三、重点大学建设

从1954年开始到20世纪80年代初,共有四次在全国范围内确定重点高校。1954年高等教育部在《关于重点高等学校和专家工作范围的决议》中确定6所高校(中国人民大学、北京大学、清华大学、哈尔滨工业大学、北京农业大学、北京医学院)为全国重点高校,明确其任务是:"第一,培养质量较高的各种高级建设人才及科学研究人才;第二,为高等学校培养师资;第三,在培养师资和教学工作等方面给其他高等学校以经常性的帮助。此外还应帮助原高等教育部进行必要的重点试验的工作,解决有关重大问题。通过提出这些任务,也进一步明确了重点高校要发挥引领带动作用。"[①]1959年中共中央发布《关于在高等学校中指定一批重点学校的决定》,先指定16所全国重点学校,后来发展为20所;1960年,中共中央发布《关于增加全国重点高等学校的决定》,在原来20所(16+4)重点大学的基础上,再增加44所重点大学,共64所重点大学,在1961—1963年又追加4所大学,总共68所重点大学。1978年,国务院转发教育部《关于恢复和办好全国重点高等院校的报告》,恢复"文革"前60所重点高校,并增加至88所。

在1983年第二次全国高等教育会议上,南京大学名誉校长匡亚明与浙江大学名誉校长刘丹、天津大学名誉校长李曙森、大连工学院名誉院长屈伯川联署了一份给中共中央书记处的《关于将50所左右高等学校列为国家重大建设项目的建议》,建议"像抓重点经济建设那样,选定顺应现代科学技术与高教发展趋势的50所左右高等学校,列入国家重点项目,集中投资"。匡亚明等人的建议很快得到了中央采纳,从1985年开始,国家采取切实措施,择优建设重点。1990年,南京大学校长曲钦岳、浙江大学校长路甬祥、北京大学党委书记王学珍、清华大学校长张孝文、中国人民大学副校长黄达、北京师范大学校长方福康等联名给李鹏总理写信,建议在"七五"基础上,"八五"期间继续完成对原有几所大学的重点投资,并且再增加几所高校列为国家重点建设项目。经过多方努力,反复论证,1991年《关于国民经济和社会发展十年规划和第八个五年计划纲要的报告》中明确指出:高等教育要在基本稳定规模、合理调整结构的基础上,下大力量重点抓好一批大学,使教育质量和办学效益明显提高,努力使一批重点学科达到国际先进水平。

1993年《中国教育改革和发展纲要》明确提出:"为了迎接世界新技术革命的挑战,要集中中央和地方等各方面的力量办好100所左右重点大学和一批重点学科、专业,力争在下世纪初,有一批高等学校和学科、专业,在教育质量、科学研究和管理方面,达到世界较高水平。"同年7月,国家教委发布《关于重点建设一批高等学校和重点学科的若干意见》,决定设置"211工程"重点建设项目,面向21世纪,重点建设一批高等学校和重点学科,并在此基础上经过若干年的努力,使100所左右的高等学校以及一批重点学科在教育质量、科学研究、管理水平和办学效益等方面有较大提高,在高等教育改革特别是管理体制改革方面有明显进展,成为立足国内培养高层次人才、解决经济建设和社会发展重大问题的基地。"211工程"建设

---

① 马陆亭. 新中国成立70年:高等教育重点建设的历史使命与巨大成就[J]. 中国高等教育,2019,(17):4-6.

的主要内容包括高校的整体条件、重点学科建设和高等教育公共服务体系建设等,有力推动了高等教育体制改革,带动高校办学观念的转变,全面改善了办学条件,提升了人才培养、知识创新和科研成果转化的能力,使高等教育与经济建设和社会发展的结合更为紧密,对我国高等教育的全面发展和国际竞争力的提升具有重要意义。

1995年,中共中央决定实施"科教兴国"战略,在《关于加速科学技术进步的决定》中提出:要坚持教育为本,把科技和教育摆在经济、社会发展的重要位置,充分发挥高等教育及其他各类教育在培养科技人才方面的主渠道作用。1998年,国务院成立国家科技教育领导小组。同年5月4日,在北京大学建校100周年校庆大会上,江泽民同志指出"为了实现现代化,我国要有若干所具有世界先进水平的一流大学"。12月24日,教育部在《面向21世纪教育振兴行动计划》中指出,将支持部分高等学校创建具有世界先进水平的一流大学和一流学科列为优先的战略目标。

四、本科教学改革起步

随着教育外部环境的迅速变化,对高校人才培养的规格要求也在持续改变,倒逼本科教学加快推进改革。在高等教育诸多的改革中,教学改革是核心。教学内容和课程体系改革是教学改革的重点和难点。

1985年颁布的《关于教育体制改革的决定》,针对"苏联模式"存在的弊端,提出"要积极进行教学改革的各种试验,精简和更新教学内容,增加实践环节,减少必修课,增加选修课,实行学分制和双学位制等。"1986年颁布的《高等教育管理职责暂行规定》明确提出,"高等学校要根据党和国家的教育方针政策及修业年限、培养规格,可以按社会需要调整专业服务方向,制订教学计划(培养方案)、教学大纲,选用教材,进行教学内容和方法的改革。"1988年4月,国家教委出台的《关于加强普通高等学校本科教育工作的意见》,提出了加强普通高等学校本科教学工作的10条措施,并确立了每四年一次的普通高等学校国家级教学成果奖励制度。

1993年2月,国家教委、国务院学位委员会联合印发《关于进一步深化普通高等学校教学改革的意见》,要求高校加大力度深化教学内容、方法和手段的改革,拓宽专业口径,改进专业管理办法。这是改革开放以来首次在政策文件名中直接体现"教学改革"字样。《中国教育改革和发展纲要》明确提出,深入进行教学改革,合理调整系科和专业设置,优化课程结构,改革课程内容和教学方法,加强教材建设,注重素质和能力的培养,增强学生对社会需要的适应性。

为主动适应21世纪经济社会及科技发展的需求,1994年年初,国家教委正式提出制订并实施"高等教育面向 21 世纪教学内容和课程体系改革计划"。该计划旨在转变教育思想，更新教育观念，改革人才培养模式，实现教学内容、课程体系、教学方法和手段的现代化，形成和建立中国特色社会主义高等教育的教学内容和课程体系；同时明确提出要编写出版一批高水平高质量的"面向 21 世纪课程教材"。1994 年 6 月，国家教委印发《关于加强普通高等学校教学工作的意见》，提出："提高教育质量的根本途径在于深化教学改革。要抓住由于经济体制改革、社会发展、科学技术进步等因素而为教学改革带来的空前的历史性机遇，及时把教学改革推向新的水平。"1995 年，我国高等教育界开展了转变教育思想、教育观念的大讨论。

1998 年，国家教委印发了《关于深化教学改革，培养适应 21 世纪需要的高质量人才的意见》，强调要加强思想政治和文化素质教育，深化教学内容和课程体系改革，为今后一个时期高等学校教学改革确立了基本思路。同期，出台了《关于进一步加强"国家基础科学人才培养基地"和"国家基础课程教学基地"建设的若干意见》《关于加强大学生文化素质教育的若干意见》和《教育部关于普通高等学校修订本科专业教学计划的原则意见》等系列指导性文件。在当年召开的全国普通高校第一次教学工作会议上，时任教育部副部长周远清强调，人才培养模式是高等学校深化教学改革的关键，"高等学校要通过改革教育思想与教育观念，加强素质教育，拓宽专业口径，推进教学与科研、生产相结合等方面的改革，逐步建立起注重素质教育，融传授知识、培养能力、提高素质为一体，培养基础扎实、知识面宽、能力强、素质高的专门人才，具有时代特征的多样化的人才培养模式。"[①]

第四节　大众化阶段的中国高等教育

一、规模扩张：从精英教育转向大众化教育

1999 年 1 月，国务院批转教育部制定的《面向 21 世纪教育振兴行动计划》，明确高等教育体系结构改革的目标，提出要扩大高等教育规模，通过多种形式发展高等教育，2010 年我国高等教育毛入学率达到 15% 左右。同年 6 月，第三次全国教育工作会议在北京召开，会议进一步明确，为增强国力和国际竞争力，迎接新世纪

---

① 周远清.质量意识要升温　教学改革要突破——在全国普通高校第一次教学工作会议上的讲话[J].高等教育研究,1998,(3):1-11.

的机遇和挑战,必须把教育放在优先发展的战略位置。要扩大普通高校和成人高校的招生规模,尽可能满足人民群众接受高等教育的要求,保证教育的适度优先发展。同年6月中共中央国务院发布的《关于深化教育改革全面推进素质教育的决定》再次强调,扩大高中阶段和高等教育的规模,拓宽人才成长的道路,减缓升学压力。通过多种形式积极发展高等教育,到2010年,我国同龄人口的高等教育入学率要从当年的9%提高到15%左右。国家发展计划委员会联合教育部发出《关于扩大1999年高等教育招生规模的紧急通知》,标志着中国高等教育规模扩张的历史征程正式开启。1998年全国普通本专科招生108万人,1999年招生159万人,增长率达到史无前例的47%。2000年招生220万人,环比增长38%;2001年招生268万人,环比增长22%;2002年招生320.5万人,高校在校生人数达1 600万人,高等教育毛入学率达15%,迈入了国际公认的高等教育大众化阶段,提前实现目标。到2004年,我国高等教育在校生总规模已经超过2 000万,跃居世界第一。高等教育的跨越式发展,使人民群众接受高等教育的机会大幅度增加,有力提升了我国人力资源开发水平,增强了我国综合国力和国际竞争力,使我国迈出了由人口大国转向人力资源强国的关键性一步。

同期,为适应扩招需要,完善以政府投入为主、多渠道筹措经费的教育投入机制,全面改善高校办学条件,并通过"共建、调整、合作、合并"等形式,推动教育资源的重组。2001年以后,在保持一定增长幅度的同时,着力加强对高等教育的层次、区域、学科专业结构的调整,并大力发展职业教育,以解决教育结构与经济社会发展不适应等问题。

二、内涵发展:以提高质量为核心

随着高校扩招的推进,高等教育质量问题日益引起关注和重视。2000年,教育部决定在"高等教育面向21世纪教学内容和课程体系改革计划"取得阶段性成果的基础上,实施"新世纪高等教育教学改革工程"。2001年,教育部发布《关于加强高等学校本科教学工作提高教学质量的若干意见》,提出要充分认识教学工作的重要地位,教学工作始终是高校的中心工作;大力提倡教授上讲台,加强本科基础课教学;大力提倡编写、引进和使用先进教材;应用现代教育技术提升教学水平等。2004年,教育部召开了第二次普通高校本科教学工作会议,全面总结1998年第一次教学工作会议以来高等学校教学工作取得的成就和经验,围绕"大力加强教学工作,切实提高教学质量"的主题,研究了加大教学投入,强化教学管理,深化教学改革,以更多的精力、更大的财力进一步加强教学工作的政策和措施,会议发布了《关于进一步加强高等学校本科教学工作的若干意见》,要求坚持党的教育方针,牢固确立人才培养是高等学校的根本任务,牢固确立质量是高等学校的生命线,牢固确立教学工作在学校工作中的中心地位；按照"巩固、深化、提高、发展"的总要求，自觉遵循教育教学规律，以更多的精力、更大的财力进一步加强教学工作，全面提高人才培养质量。

同年，作为教育系统落实科教兴国和人才强国战略，加快推进教育改革与发展的基本蓝图，国务院正式批转了教育部《2003—2007年教育振兴行动计划》，决定在继续实施"985工程""211工程"和高层次创造性人才计划的同时，集成各方面资源，努力建设若干所世界一流大学、一批国际知名的高水平研究型大学以及一批重点学科，增强高等教育综合实力，提高创新能力和国际竞争力。同时强调，巩固和提高高校教学质量，关系到高等教育发展的全局，要狠抓高校教学改革和教学质量评估保障机制等环节，实施"教学质量与教学改革工程"（以下简称"质量工程"）。

2006年，北京大学等重点高校明确宣布，为保证教育质量，今后不再扩招。国家也提出高等教育的发展要切实把重点放在提高质量上，特别要努力提高学生的创新精神和实践能力，培养数以千万计的高素质专门人才和一大批拔尖创新人才，并明确2006年高校招生的增长幅度严格控制在5%，高等教育纳入内涵发展、提高质量的科学发展轨道。

随着知识越来越成为提高综合国力和国际竞争力的决定性因素，人力资源也越来越成为推动经济社会发展的战略性资源。面对这样的形势，中央提出要建设创新型国家，这对我国高等教育提出了人才培养的更高要求。2007年教育部、财政部联合出台《关于实施"高等学校本科教学质量与教学改革工程"的意见》，针对本科教学工作当中存在的突出问题，围绕专业设置和专业结构调整、课程和教材、实践教学与人才培养模式、高水平教师队伍、教学质量监控体系和评估制度、对口支援西部高校等六个项目开展建设，切实提高本科教育质量。同时，教育部还下发了《教育部关于进一步深化本科教学改革 全面提高教学质量的若干意见》。中央财政"十一五"期间安排了25亿元专项资金，是新中国成立以来在提高高校教育教学质量方面投入最大的一项专项经费。在"质量工程"带动下，各省市、高校也相应地开展了区域范围内的教育教学质量工程，逐步构建并形成了包括国家、省、学校三个层面在内的三级"质量工程"，有力地推动了人才培养质量的提高。

在全面建设小康社会，深入实施科教兴国战略、人才强国战略、可持续发展战略的关键时期，2010年7月，第四次全国教育工作会议在北京召开。会议系统回顾了新中国成立60多年，特别是改革开放30年来我国教育改革发展所取得的成就，对未来十年教育事业发展进行了全面谋划和前瞻性部署，开启了建设教育强国和人力资源强国的伟大征程。同时发布了《国家中长期教育改革和发展规划纲要(2010—2020年)》(以下简称《纲要》)。《纲要》以"努力提升高等教育质量、构建和完善大众化时代的高等教育制度体系"为核心,提出了当前以及未来一段时期内高等教育改革发展的主要任务:一是人才培养质量,包括深化教学改革,加大教学投入,严格教学管理,创新人才培养机制等;二是提升科学研究水平,包括加强基础研究和应用研究,促进高校、科研院所、企业科技教育资源共享,推动高校创新组织模式,充分发挥研究生在科学研究中的作用等;三是增强社会服务能力,包括推进产学研用结合,加快科技成果转化,开展科学普及工作,积极推进文化传播等;四是优化结构方面的改革,包括建立动态调整机制,不断优化高等教育结构,建立高校分类体系,实行分类管理,加快一流大学和一流学科建设。

为了提高高等教育质量,高校把提高质量作为最核心最紧迫的任务。一是优化调整专业和人才培养结构。教育部组织修订《学位授予和人才培养学科目录》《普通高等学校本科专业目录》,修订《普通高等学校本科专业设置规定》,落实扩大学校办学自主权。二是积极创新人才培养模式。启动实施"基础学科拔尖学生培养试验计划""卓越工程师教育培养计划""农科教合作培养人才计划""卓越医生教育培养计划"和"卓越法律人才教育培养计划",以项目和计划为平台,探索拔尖创新人才培养机制,探索高校与科研院所、行业、企业联合培养人才新机制。三是着力加强教学质量保障体系建设。继续实施"高等学校本科教学质量与教学改革工程",启动实施研究制定"中西部高等教育振兴计划"实施方案,支持中西部高等教育发展。改进高校教学评估,加强分类评价、分类指导。四是继续推进高水平大学和重点学科建设,开展新一轮"985工程"建设,推进"211工程"三期建设,加强"优势学科创新平台"建设。

2012年3月,教育部印发《高等教育专题规划》,确立了"提高人才培养质量"等11项主要任务和实施"高等教育人才培养质量提高计划"等5个重大项目。为深入贯彻落实胡锦涛同志在庆祝清华大学建校100周年大会上的重要讲话精神和《国家中长期教育改革和发展规划纲要(2010—2020年)》,大力提升人才培养水平、增强科学研究能力、服务经济社会发展、推进文化传承创新,全面提高高等教育质量,教育部出台了《关于全面提高高等教育质量的若干意见》(即"高教30条"),要求树立科学的高等教育发展观,转变高等教育发展方式,坚持稳定规模、优化结构、强化特色、注重创新,走以质量提升为核心的内涵式发展道路。

三、创新提升:推动协同创新

2011年4月,胡锦涛同志在庆祝清华大学建校100周年大会上指出,全面提高高等教育质量,必须大力提升人才培养水平、增强科学研究能力、服务经济社会发展、推进文化传承创新,高校在积极提升原始创新、集成创新和引进消化吸收再创新能力的同时,要推动协同创新。2011年10月,教育部、财政部决定实施《高等学校创新能力提升计划》(以下简称"2011计划")。"2011计划"的整体目标是:充分发挥高等学校多学科、多功能的优势,积极联合国内外创新力量,有效整合创新资源,构建"多元、融合、动态、持续"的协同创新模式与机制,形成有利于协同创新的文化氛围。建立一批协同创新平台,取得一批重大标志性成果,培养一批拔尖创新人才,成为具有国际重大影响的学术高地、行业产业共性技术的研发基地、区域创新发展的引领阵地和国家创新团队的主力阵营。实现高等学校创新能力的显著与持续提升,推动知识创新、技术创新、区域创新的战略融合,在国家创新体系建设中发挥重要作用。"2011计划"旨在构建更加开放、更加宽阔的协同创新平台,积极吸纳科研院所、行业企业、地方政府及国家创新力量参与高校办学,带动我国高校办学模式改革进入一个新的阶段。

"2011计划"是"211工程""985工程"的发展和延续,在学科、人才、平台等创新要素的发展的基础上行,进一步推动高校深化体制机制改革,推动高校与外部创新力量之间创新要素的融合发展,建立协同创新模式。

第五节　新时代中国高等教育

党的十八大以来,习近平同志为核心的党中央高度重视高等教育工作,坚持以人民为中心的发展思想,以基本实现高等教育现代化为目标,中国特色社会主义高等教育跨上新台阶,进入新阶段,高等教育走向普及化,服务国家经济社会发展的能力显著增强,国际竞争力、影响力不断提升,我国正在从高等教育大国向高等教育强国迈进。

2018年,全国共有普通高等学校2 663所,各类高等教育在学总规模达3 833万人,高等教育毛入学率达到48.1%,规模居世界第一。截至2018年,累计已有2.28亿人次报名参加高考,高等学校累计培养了9 930.9万名高素质专门人才,为改革开放和社会主义现代化建设提供了源源不断的人才和智力支撑。我国高校进入ESI(基本科学指标数据库)前1%的学科数增加至893个,学科进入ESI前1%的高校增加至219所。2012年到2017年,高校占据了国家科技三大奖的半壁江山(总占比55.08%),其中自然科学奖以及技术发明奖主要来自高校。高校成为创新驱动发展的主要策源地,同时发挥自身在人文交流、资源共享、创新合作等方面的独特作用,主动服务国家重大战略与经济社会发展。

一、全面落实立德树人根本任务

培养什么样的人、如何培养人以及为谁培养人是教育的根本问题。党的十八大以来,习近平总书记站在国家繁荣、民族振兴、教育发展的战略高度,要求高校落实立德树人根本任务,坚持为社会主义现代化服务、为人民服务。

党的十八大指出,"把立德树人作为教育的根本任务,培养德智体美全面发展的社会主义建设者和接班人"。2013年8月,习近平总书记在全国宣传思想工作会议上指出,宣传思想工作就是要巩固马克思主义在意识形态领域的指导地位,巩固全党全国人民团结奋斗的共同思想基础,能否做好意识形态工作,事关党的前途命运、事关国家长治久安、事关民族凝聚力和向心力,"两个巩固""三个事关"明确了高校思想政治教育工作的战略定位。2013年11月,《中共中央关于全面深化改革若干重大问题的决定》再次强调要坚持立德树人,加强社会主义核心价值体系教育。2014年,教育部印发《关于全面深化课程改革 落实立德树人根本任务的意见》,要求全面深化课程改革,整体构建符合教育规律、体现时代特征、具有中国特色的人才培养体系,建立健全综合协调、充满活力的育人体制机制。教育部会同有关部门制定《关于在各级各类学校推动培育和践行社会主义核心价值观长效机制建设的意见》,组织各地高校开展"中国梦"宣传教育等丰富多彩的主题教育活动。2015年,中共中央、国务院发布《关于进一步加强和改进新形势下高校宣传思想工作的意见》;中宣部、教育部联合印发了《普通高校思想政治理论课建设体系创新计划》。此外,教育部还制定出台了《高等学校思想政治理论课建设标准》,对高校思想政治理论课建设工作进行全面部署,提出要推进统编教材编写使用,构建立体化教材体系;改革教学方法,创新教学艺术,形成思想政治理论课教学体系;加强马克思主义理论学科规范化建设,把马克思主义理论学科建设成为哲学社会科学优势学科。多数高校将思想政治工作纳入学校发展规划。

2016年12月,全国高校思想政治工作会议在北京召开,习近平总书记在会上强调,我国高等教育发展方向要同我国发展的现实目标和未来方向紧密联系在一起,为人民服务,为中国共产党治国理政服务,为巩固和发展中国特色社会主义制度服务,为改革开放和社会主义现代化建设服务。高校立身之本在于立德树人。只有培养出一流人才的高校,才能够成为世界一流大学。要坚持把立德树人作为中心环节,把思想政治工作贯穿教育教学全过程,实现全程育人、全方位育人,努力开创我国高等教育事业发展新局面。为贯彻落实习近平总书记在全国高校思想政治工作会议上的重要讲话精神,教育部党组提出打一场提高高校思政课质量和水平的攻坚战,集中力量进行"思路攻坚、师资攻坚、教材攻坚、教法攻坚、机制攻坚"。

党的十九大立足于社会主要矛盾的新变化,立足于人民群众对更加平衡更加充分教育的新需求,提出了新的任务。会议指出,要全面贯彻党的教育方针,落实立德树人根本任务,发展素质教育,推进教育公平,培养德智体美全面发展的社会主义建设者和接班人。2018年,习近平总书记在同北京大学师生座谈时强调:"要把立德树人的成效作为检验学校一切工作的根本标准,真正做到以文化人、以德育人,不断提高学生思想水平、政治觉悟、道德品质、文化素养,做到明大德、守公德、严私德。要把立德树人内化到大学建设和管理各领域、各方面、各环节,做到以树人为核心,以立德为根本。"

2018年9月10日,全国教育大会在北京召开,会议谋划了我国教育改革发展的宏伟蓝图,踏上了教育现代化建设的新征程,开启了新时代立德树人工程的新篇章。会议强调,要深入推动习近平新时代中国特色社会主义思想进教材进课堂进头脑,构建德智体美劳全面培养的教育体系和更高水平的人才培养体系。健全家庭、学校、政府、社会协同育人机制,形成全员育人、全过程育人、全方位育人的格局。推进大中小幼一体化德育体系建设,切实加强体育、美育、劳动教育,在坚定理想信念、厚植爱国主义情怀、加强品德修养、增长知识见识、培养奋斗精神、增强综合素质上下功夫,培养一代又一代拥护中国共产党领导和我国社会主义制度、立志为中国特色社会主义奋斗终身的有用人才。

2019年2月,中共中央、国务院印发《中国教育现代化2035》,中办、国办印发《加快推进教育现代化实施方案(2018—2022年)》。《中国教育现代化2035》是我国第一个以教育现代化为主题的中长期战略规划,是新时代推进教育现代化、建设教育强国的纲领性文件,提出了推进教育现代化的八大基本理念:更加注重以德为先,更加注重全面发展,更加注重面向人人,更加注重终身学习,更加注重因材施教,更加注重知行合一,更加注重融合发展,更加注重共建共享;明确了推进教育现代化的基本原则:坚持党的领导、坚持中国特色、坚持优先发展、坚持服务人民、坚持改革创新、坚持依法治教、坚持统筹推进。明确推进教育现代化的总体目标是:到2020年,全面实现"十三五"发展目标,教育总体实力和国际影响力显著增强,劳动年龄人口平均受教育年限明显增加,教育现代化取得重要进展,为全面建成小康社会作出重要贡献。在此基础上,再经过15年努力,到2035年,总体实现教育现代化,迈入教育强国行列,推动我国成为学习大国、人力资源强国和人才强国,为到21世纪中叶建成富强民主文明和谐美丽的社会主义现代化强国奠定坚实基础。2035年主要发展目标是:建成服务全民终身学习的现代教育体系、普及有质量的学前教育、实现优质均衡的义务教育、全面普及高中阶段教育、职业教育服务能力显著提升、高等教育竞争力明显提升、残疾儿童少年享有适合的教育、形成全社会共同参与的教育治理新格局。

2019年3月,习近平总书记主持召开学校思想政治理论课教师座谈会,强调要办好思想政治理论课,要坚持教育为人民服务、为中国共产党治国理政服务、为巩固和发展中国特色社会主义制度服务、为改革开放和社会主义现代化建设服务,扎根中国大地办教育,同生产劳动和社会实践相结合,加快推进教育现代化、建设教育强国、办好人民满意的教育,努力培养担当民族复兴大任的时代新人。教育部以优秀思政课示范巡讲、思政课建设优秀成果巡礼、思政课建设巡察和思路创优、师资创优、教材创优、教法创优、机制创优、环境创优"三巡六创优"为抓手,着力提高思政课质量和水平,更好发挥思政课作为立德树人关键课程的不可替代作用。同年8月,中共中央、国务院印发《关于深化新时代学校思想政治理论课改革创新的若干意见》,要求深化新时代学校思政理论课程改革创新。

二、扎根中国大地,办世界一流大学

2014年5月,习近平总书记在北京大学考察时强调,"办好中国的世界一流大学,必须有中国特色""世界上不会有第二个哈佛、牛津、斯坦福、麻省理工、剑桥,但会有第一个北大、清华、浙大、复旦、南大等中国著名学府。我们要认真吸收世界上先进的办学治学经验,更要遵循教育规律,扎根中国大地办大学。"作为党中央、国务院做出的重大战略决策,建设一流大学和一流学科,是十八大以来我国高等教育最重要的目标和任务之一。十九大报告也明确提出,加快一流大学和一流学科建设,实现高等教育内涵式发展。

2015年8月,中央全面深化改革领导小组第十五次会议审议通过《统筹推进世界一流大学和一流学科建设总体方案》,10月,国务院印发该方案,围绕"中国特色,世界一流"的核心要求,确定了"双一流"建设的五项建设任务和五项改革任务,并明确了"双一流"建设三步走的基本方略,力争到21世纪中叶,一流大学和一流学科的数量和实力进入世界前列,基本建成高等教育强国。这是继"985工程""211工程"等项目之后,党中央、国务院作出的新的重大战略部署,旨在提升高等教育综合实力和国际竞争力,推动实现从高等教育大国到高等教育强国的历史性跨越,为建设社会主义现代化强国提供有力支撑。

2017年1月,教育部、财政部、国家发展改革委联合印发《统筹推进世界一流大学和一流学科建设实施办法(暂行)》,提出坚持以学科为基础,支持建设一百个左右的学科,着力打造学科领域高峰。每五年一个建设周期,2016年开始新一轮建设。建设高校实行总量控制、开放竞争、动态调整。同年9月,三部委联合发布《关于公布世界一流大学和一流学科建设高校及建设学科名单的通知》,正式确认公布了42所一流大学建设高校和95所一流学科建设高校名单。之后,一流大学建设高校陆续公布建设方案,地方省市的"双一流"建设方案也相继出台。

2018年8月,教育部、财政部、国家发展改革委联合印发《关于高等学校加快"双一流"建设的指导意见》,对高校落实"双一流"建设总体方案和实施办法给出了具体指导,进一步明确要以坚持特色一流、坚持内涵发展、坚持改革驱动、坚持高校主体为根本原则。

三、深化创新创业教育改革

科技革命、产业革命和教育革命的不断演进,正在加速全球科技版图和治理格局的重塑,创新成为引领发展的第一动力。习近平总书记深刻指出,当今世界正面临百年未有之大变局,新科技革命和产业变革的时代浪潮奔腾而至,如果我们不应变、不求变,将错失发展机遇,甚至错过整个时代。党的十八大以来,我国不断深化创新创业教育改革,为建设创新型国家提供源源不断的人才智力支撑。

2010年5月,教育部出台《关于大力推进高等学校创新创业教育和大学生自主创业工作的意见》,首次提出"创新创业教育"概念,并对高校开展"双创"工作提出若干意见。2012年8月,教育部印发《普通本科学校创业教育教学基本要求(试行)》。2014年,国务院总理李克强在夏季达沃斯论坛上发出"大众创业、万众创新"的号召,"双创"成为中国经济发展的基础动力。2015年5月,国务院出台《关于深化高等学校创新创业教育改革的实施意见》,提出要完善人才培养机制,健全创新创业教育课程体系,改革教学方法和考核方式,强化创新创业实践,到2020年建立健全课堂教学、自主学习、结合实践、指导帮扶、文化引领融为一体的高校创新创业教育体系。2016年,教育部在《关于做好2016届全国普通高等学校毕业生就业创业工作的通知》中明确要求,从2016年起所有高校都要设置创新创业教育课程,对全体学生开发开设创新创业教育必修课和选修课,纳入学分管理。2018年,国务院印发《关于推动创新创业高质量发展 打造"双创"升级版的意见》,提出要进一步深化产教融合,加强创新创业教育培训。至此,以训练基本创业技能、培养创新思维和创业能力为目的的创新创业教育进入全面深化实施阶段,在我国高校蓬勃开展起来。

为推动创新创业教育改革落地生根,教育部推动实施了一整套措施。会同国家发改委建设了19个高校双创示范基地,建设了200所深化创新创业教育改革示范高校,中央财政共支持8.8亿元打造创新创业教育改革的示范区,以改革标杆示范引领高校创新创业教育改革走向深入。专门发布本科专业类教学质量国家标准,明确了各专业类创新创业教育目标要求及课程要求。着力打造创新创业教育线上线下"金课",截至 2019 年 10 月全国累计开设 2.8 万余门课程,各示范高校开设 2 800 余门线上线下课程,选课人数近 630 万人次。与此同时,依托国家级精品在线开放课程建设,推出了 52 门创新创业教育精品慕课,不断健全创新创业教育课程体系。在师资方面,2016 年教育部启动国家级创新创业导师人才库建设,首批入库 4 492 位导师;推动高校聘请各行业优秀人才担任创新创业教育专兼职教师,全国高校创新创业教育专职教师近 2.8 万人、兼职导师 9.3 万人;此外,还分年度举办创新创业教育师资培训班;全面实施弹性学制,支持学生创新创业;建立了创新创业学分积累与转化制度、在线开放课程学习认证和学分认定制度,激发大学生创新创业的活力;加强实践锻炼能力,深入实施"国家级大学生创新创业训练计划",倡导以学生为主体开展创新性实践。

为激发高校学生创新创业热情,展示高校创新创业教育成果,搭建大学生创新创业项目与社会投资对接平台,自 2015 年开始,教育部每年举办中国"互联网+"大学生创新创业大赛,以大赛为深化改革的重要载体和平台,为大学生实现创新创业梦想打开了一扇窗,以赛促学、以赛促教、以赛促创,汇聚源源不断的创新动能。五届大赛累计有 947 万名大学生、230 万个大学生团队参赛,培养了一大批有理想、有本领、有担当的青春力量。"青年红色筑梦之旅"活动是中国"互联网+"大学生创新创业大赛的重要活动,旨在鼓励广大青年学生扎根中国大地了解国情民情,接受革命传统教育,用创新创业成果服务乡村振兴战略、助力精准扶贫脱贫。2017 年 8 月 15 日,习近平总书记给参加"青年红色筑梦之旅"的大学生回信,勉励青年学子把激昂的青春梦融入伟大的中国梦。"青年红色筑梦之旅"推动了创新创业教育与思想政治教育的融合,助力创新创业实践与乡村振兴战略、精准扶贫脱贫结合,为广大青年学生上了一堂堂有温度的思想政治课、有深度的国情民意课。2019 年 6 月 13 日,李克强总理在"全国双创周"主会场重点观看了中国"互联网+"大学生创新创业大赛成果展,对大赛五年来所取得的成绩表示高度肯定和赞许。

四、"以本为本",全面振兴本科教育

2016 年 5 月,时任教育部副部长林蕙青强调,一流的本科教育是一流大学的重要基础和基本特征,建设一流大学必须建设一流本科,坚持"以本为本"是我国一流大学建设的必然选择。建设一流本科教育,是适应新形势更好地服务国家经济社会发展的迫切需要,是解决我国高水平大学发展中突出问题的现实需要。2016 年 6 月,教育部出台《中央部门所属高校深化教育教学改革的指导意见》,强调提高人才培养质量是高等教育的核心任务,深化教育教学改革是新时期高等教育发展的强大动力,提出建设一流本科教育,全面提高教学水平和人才培养质量,

切实增强学生的社会责任感、创新精神和实践能力。

2018年1月,教育部发布《普通高等学校本科专业类教学质量国家标准》,这是向全国、全世界发布的第一个高等教育教学质量国家标准,对建设中国特色、世界水平的高等教育质量标准体系具有重要的标志性意义。

2018年6月,教育部召开新时代全国高等学校本科教育工作会议,发布了一流本科教育"成都宣言",吹响了建设一流本科教育的"集结号"。陈宝生部长在会议上强调,坚持"以本为本",推进"四个回归",推动重点领域、关键环节改革不断取得突破。一是内涵发展更深一些,要着力提升专业建设水平,推进课程内容更新,推动课堂革命等;二是领跑发展更快一些,要加强新工科建设,以及医学教育、农林教育、文科教育创新发展,持续深化创新创业教育;三是公平发展更实一些,要补齐区域发展短板,充分发挥高等教育集群发展的"集聚—溢出效应",引领带动高等教育集群整体发展;四是变轨超车更坚定一些,要推动优质资源开放共享,重塑教育教学形态;五是创新发展更紧迫一些,要不断推动高等教育的思想创新、理念创新、方法技术创新和模式创新。

2018年9月,教育部发布《关于加快建设高水平本科教育 全面提高人才培养能力的意见》(即"新时代高教40条"),确立了未来5年建设高水平本科教育的阶段性目标和到2035年的总体目标,推出了"六卓越一拔尖"计划2.0,形成了新时代建设一流本科教育的"中国方案",推动新时代中国高等教育的"质量革命"。同年10月,《教育部关于实施卓越教师培养计划2.0的意见》《教育部 工业和信息化部 中国工程院关于加快建设发展新工科实施卓越工程师教育培养计划2.0的意见》《教育部 农业农村部 国家林业和草原局关于加强农科教结合实施卓越农林人才教育培养计划2.0的意见》《教育部 中央政法委关于坚持德法兼修实施卓越法治人才教育培养计划2.0的意见》《教育部 中共中央宣传部关于提高高校新闻传播人才培养能力实施卓越新闻传播人才教育培养计划2.0的意见》《教育部 国家卫生健康委员会 国家中医药管理局 关于加强医教协同实施卓越医生教育培养计划2.0的意见》《教育部等六部门关于实施基础学科拔尖学生培养计划2.0的意见》等一系列文件正式印发。

2019年4月,教育部、中央政法委、科技部、工业和信息化部、财政部、农业农村部、卫生健康委、中科院、社科院、工程院、林草局、中医药局、中国科协在天津联合召开"六卓越一拔尖"计划2.0启动大会。会议指出,全面实施"六卓越一拔尖"计划2.0,发展新工科、新医科、新农科、新文科,推动全国高校掀起一场"质量革命",形成覆盖高等教育全领域的"质量中国"品牌,打赢全面振兴本科教育攻坚战。同时,发布《关于实施一流本科专业建设"双万计划"》的通知,决定全面实施"六卓越一拔尖"计划2.0,启动一流本科专业建设"双万计划",计划2019—2021

年,建设10 000个左右国家级一流本科专业点和10 000个左右省级一流本科专业点。

2019年6月,教育部发布《关于深化本科教育教学改革 全面提高人才培养质量的意见》,强调要围绕学生忙起来、教师强起来、管理严起来、效果实起来,深化本科教育教学改革。同年7月,教育部出台《关于加强和规范普通本科高校实习管理工作的意见》,强调高校要把实习摆在更加重要的位置,加强实习教学改革与研究,健全实习教学体系、规范实习安排、加强条件保障和组织管理,切实加强和规范实习工作,确保人才培养质量不断提升。

2019年10月,教育部出台《关于一流本科课程建设的实施意见》,提出全面开展一流本科课程建设,树立课程建设新理念,推进课程改革创新,实施科学课程评价,严格课程管理,立起教授上课、消灭"水课"、取消"清考"等硬规矩,夯实基层教学组织,提高教师教学能力,完善以质量为导向的课程建设激励机制,形成多类型、多样化的教学内容与课程体系。计划经过三年左右时间,建成万门左右国家级和万门左右省级一流本科课程。

当前,我国已经形成世界最大规模的高等教育体系,高等教育事业蓬勃发展,即将跨入普及化阶段。与此同时,新一轮科技革命和产业变革正在引发世界格局的深刻调整,广大人民群众对高等教育更高质量、更加公平、更为多样化的需求日益强烈。新中国高等教育从半殖民地半封建的基础上起步,经过70年艰苦卓绝的自主探索,由小到大、由大向强,基本形成了中国特色社会主义高等教育的实践道路、发展模式、制度体系和理论话语。教材是高校教育形式和教育现象的基本特征之一,是教与学之间的信息载体。新中国成立70年来,我国高等教育教材建设也走过了引进改造、自编探索、解决有无、提高质量、形成特色等阶段。教材质量的高低直接反映了教育和教学水平的高低,是培养一流人才、引领创新发展的重要基础。习近平总书记在2016年12月召开的全国高校思想政治工作会议上强调:"教材建设是育人育才的重要依托。建设什么样的教材体系,核心教材传授什么内容、倡导什么价值,体现国家意志,是国家事权。"教材直接决定着培养什么人、怎样培养人、为谁培养人这一根本问题,关系到"两个一百年"奋斗目标和中华民族伟大复兴中国梦的实现,关系国家的繁荣昌盛、长治久安。建设教育强国、实现教育现代化,必须构建与之相匹配的具有中国特色、世界一流的教材体系,反映新时代中国教育的理念和智慧。

我国高等教育教材建设的起步阶段

（1949—1976）

第二章 高等教育教材的引进与改造

"新中国成立前,我国高等教育的教材绝大部分是龙门书局翻印的外国教材(以美、英等国教材居多)。这些教材,在当时的人才培养中发挥了一定作用,然而远远没有形成比较完整的高等教育教材体系,同整个教育事业一样,教材建设工作十分落后。"[①] 新中国成立伊始,中央政府就十分重视高等教育与教材建设工作,相继颁布实施了鼓励高等教育、规范教材建设的政策、规定,对新中国成立以后一段时期内的高等教育教材建设起到了奠基作用。

新中国成立初期到"文革"结束的教材建设大体上经历了四个阶段:第一阶段,新中国成立初期到1952年,主要是吸收和改造旧版教材;第二阶段,1952年至1957年,主要借用苏联教材,同时部分地开始自行编写通用教材的工作;第三阶段,1958年至1966年,全面开展了自编教材的工作;第四阶段,即"文革"十年,教材工作经历了停滞倒退,基本处于混乱的状态。

第一节 国民经济恢复时期的高等教育教材建设

一、人才培养目标及教材建设思路

新中国成立前,华北、东北地区已采取了一些稳定和整顿高等教育的措施,这使得我国高等教育在过渡时期一定程度上避免了混乱,逐渐适应了新形势的发展。新中国成立后,中国共产党领导的人民政权旋即进行了接管旧学校、改造旧教育的工作。1949年10月13日,华北人民政府高等教育委员会发布了《大学、专科学校、文法学校各系课程暂行规定》,要求"废除反动课程,增设马列主义课程,逐步改造其他课程",高等学校一律废除国民党的反动训导制度,取消了"党义""公民"等课程和教材,开设马列主义、毛泽东思想课,增加了如"新民主主义论""中国革命与中国共产党""社会发展史"等课程,其他课程体系和内容基本

---

① 张清江,万小朋,支希哲等. 从发展谈高等学校教学指导委员会的作用[J]. 西北工业大学学报(社会科学版),2007,(1):64–68.

保持不变。

1949年12月23日在北京召开了第一次全国教育工作会议,会上讨论了如何有效改造旧教育、确立新教育的发展方向问题,会议提出以"坚决改造,逐步实现"作为教育改革的方针。根据会议精神,1950年6月1日至9日,教育部召开第一次全国高等教育工作会议,讨论改造高等教育的方针和新中国高等教育的建设方向。毛泽东、周恩来等出席会议。会议提出,以理论与实际一致的教育方法,培养具有高度文化水平、掌握现代科学与技术的成就并全心全意为人民服务的高级建设人才。"要有计划有步骤而且谨慎小心地在现有的基础上,在全国范围内进行课程改革的工作。"会议通过的《关于实施高等学校课程改革的决定》提出,全国高等学校的课程一面要克服"为学术而学术"的空洞的教条主义的偏向,力求与国家建设的实际相结合,另一面要防止忽视理论学习的狭隘实用主义或经验主义的偏向。各课程应密切配合国家经济、政治、国防和文化建设当前与长期的需要,在系统的理论知识的基础上,实行适当的专门化;应根据精简的原则,有重点地设置和增强必需的和重要的课程,删除那些重复的和不必需的课程和内容,并力求各种学科的相互联系和衔接。同时明确指出,"用科学的观点和方法编订为新中国高等学校所适用的教材,是实行课程改革的重要条件。"建议成立高等学校教材编审委员会,根据共同纲领有关规定的精神,有计划、有步骤地编译各项适用的教材和参考书。会后,教育部制订了《高等学校课程草案》和《专修课程草案》。《高等学校课程草案》包括文、法、理、工学院20个系的课程草案,《专修课程草案》包括机械工程、电机工程、化学工程、土木工程、水利工程、地质、农业等54个专修科的课程草案,作为各校开设课程和编写教材的依据。

二、教材建设指导方针、原则及主要任务

(一)确定基本方针,建立人民教育

新中国的高等教育要彻底改变旧中国半殖民地半封建的教育和帝国主义的奴化教育,建立人民教育。首先采取的方针是清除帝国主义教育思想,学习苏联的教育经验,其中教材方面也是在清理英美教材的基础上结合自编,学习苏联的教材体系。新中国成立之初,大学所使用的理工农医教材大部分是外国教材,旧中国自编的教材极少,文科学校除文史类教材有少数自编外,其余文艺理论等课程教材也绝大部分是外国教材。

1949年10月19日,中共中央宣传部部长陆定一在全国新华书店出版工作会议上指出:"教科书要由国家办,因为必须如此,教科书的内容才能符合国家政策,而且技术上可以印得好些,价钱也便宜些,发行也免得浪费。"此后,为解决当时教

材缺乏问题,教育部有关文件和领导人的讲话确定了如下基本方针:

(1) 在自编教材的同时,组织翻译一部分苏联高等学校的文科教科书和教学参考书,按照教学改革的进度,先解决一、二年级所需教材,然后解决三、四年级的教材。

(2) 组织影印苏联有教学参考价值的书籍,供教师参考之用。

(3) 中国文史方面的教材,必须依靠自编。

(4) 组织交流国内较好的自编教材。

1950年6月召开的第一次全国高等教育会议上,教育部马叙伦部长在开幕词中说:"在课程问题得到初步解决之后,我们就必须有计划地着手编译高等学校的教材及参考书。我们应该大量翻译苏联高等学校的教材及参考书,作为我们主要的参考材料,同时,我们也要着手编译一部分教材"[①]。会议通过的《关于实施高等学校课程改革的决定》明确提出:"根据共同纲领第41、42、43、44、45、46及47条规定精神,有计划、有步骤地编译各种适用的教材及参考书。今后各学校各系各科的教材,除了外国语文系科外,应该逐步做到一律用本国语文。"

(二) 教材编审原则与主要任务

为了保证课程改革的顺利实行,根据1950年6月第一次全国高等教育会议通过的《关于实施高等学校课程改革的决定》,1951年3月26日,政务院文化教育委员会批复同意教育部组织"高等学校教材编审委员会",同时颁布《高等学校教材编审委员会暂行组织条例》(以下简称《条例》)。《条例》规定:委员会设委员25~31人,由中央教育部派员2人、中国科学院派员1人、出版总署派员1人、人民教育出版社代表1人、中华自然科学专门学会联合会代表1人、全国社会科学研究会联合办事处代表1人及高等学校教授若干人组成。高等学校教授出任的委员,由中央教育部聘任。委员会的任务是:"①调查并搜集国内外高等学校教科书、教学参考图书及其他有关教学与研究的资料;②拟订高等学校教科书及教学用参考图书的编辑与翻译计划;③特约专家、教授审查高等学校教科书及教学用参考图书;④特约专家、教授编译高等学校教科书及教学用参考图书。"[②] 委员会因工作需要,可"聘请专家、教授组织各种专门小组"。按照《条例》规定,1951年4月28日,教育部组成了34人的教材编审委员会(包括高等文科教材编审委员会和高等理科教材编审委员会),并发放了聘书。其中高等学校文科教材编审

---

① 陈祖福.半世纪艰辛探索 百花园精品争艳——高教教材建设50年回眸[J].中国高等教育,1999,(21):28-31.

② 张清江,万小朋,支希哲等.从发展谈高等学校教学指导委员会的作用[J].西北工业大学学报(社会科学版),2007,(1):64-68.

委员会聘请了杨晦、李广田、范文澜、陈翰笙、何思敬、钱端升、王学文、陈岱孙、孙怀仁、丁浩川、孟宪承、曹日昌等专家分别担任文、法、财经、教育等学科的教材编审委员。①

1951年5月31日,教育部召开了高等学校教材编审委员会在京、津委员的座谈会,就教材编审的原则、制订编译计划、成立专门小组等交换了意见。1951年7月28日,中央教育部向该委员会全体委员发出了《关于高等学校教材工作的筹划概况》,征询意见。该文件就组织教材编审小组问题提出建议:以学系为单位,组织学系专门小组,拟订教材编译计划,初步审查与各该学系有关的送审教材,提出意见;在各学系专门小组指导下,选择某些重点课程组织课程专门小组,担任该课程教材的具体编译和审查工作。该文件还提出了高等学校理科编审小组工作委员会名单(草案)。计有:数学小组(17人),物理小组(28人),化学小组(28人),气象小组(8人),生物小组(40人),地质小组(26人)。同时,初步拟定了关于教材编审的原则:"①教材内容必须具有正确的科学观点,并贯彻爱国主义的教育。②教材必须尽量联系实际,切合建设工作的需要。③教材内容必须遵照课改决定的精神,贯彻精简原则。"

1952年以后,教材建设任务主要是翻译苏联已有的教材,具体工作由教育部、高等教育部等有关单位承担,教材编审委员会没有进一步开展工作。

三、教材建设成效与主要特点

1950年全国高等教育会议以后,各校根据会议提出的方针,着手编译教材。作为解决各校缺乏合用教材的应急办法,教育部于1952年6月25日发通知给全国72所高等院校,调查了解各校教材编译情况,鼓励其定价出售,以促进各校新编教材的交流。通知指出:应尽可能使这些新编译的教材在各校相互流通,使教师们得以互相参照,借以改进教学,并提出各院校在填报调查表时,应标明售价,保留版权,以利流通。

截至1951年10月底,共有52所院校报送了材料。这些院校中,理工农医各科已经编译或正在编译的教材及讲义共有1 869种,其中:自编的1 642种,引进国外教材227种(俄文20种、日文56种、英文等151种),学校铅印或油印的讲义有1 749种,出版单位出版的教材有120种。这些自编教材,大部分从欧美教材脱胎而来。其中学校铅印或油印的居多,由出版单位出版的较少。文科各专业已经编译或正在编译的新教材有467种(极少数为翻译教材),其中中文127种,历史46种,

---

① 张清江,万小朋,支希哲等.从发展谈高等学校教学指导委员会的作用[J].西北工业大学学报(社会科学版),2007,(1):64-68.

哲学7种,政治31种,财经86种,法律39种,社会学23种,外语98种,艺术10种。①

1952年1月8日,教育部发文给全国103所高等学校,寄发《高等学校教材编译情况调查表》,将全部教材目录告知各校,组织校际进行交流。并要求各校将已经编就的理、工、农、文、法、财经等院系的教材(包括油印及铅印讲义)每种各检寄二份。教育部在收到各校寄来的讲义后,陆续在各个大区组织巡回展览,并根据各校的反映选择了80种,作为交流讲义陆续由出版社翻印出版。

关于教材的出版问题,在1951年7月28日《关于高等学校教材工作的筹划概况》中提到"人民出版社同意出版大学用书。商务印书馆最近三个月已接受了十六种大学用书,并称可继续考虑接受新稿"。关于经过审查后介绍出版的书的名义问题,该文件建议:一般的定为"大学参考丛书",比较好的定为"大学试用教科书"。整体上,这一时期的大学教材出版的比较少,油印讲义占的比重较大。

第二节 "学习苏联"阶段的高等教育教材建设

一、人才培养目标及教材建设思路

新中国成立后,随着国民经济的恢复和发展,开始有计划的经济建设,旧社会遗留下来的高等教育体系无论在数量上和质量上都不能满足需要,高等教育成为我国教育事业发展的重点。新中国成立初召开的第一次全国高等教育会议为我国的高等教育建设与发展确定了方针、指明了方向,使我国的高等教育(包括高等教育教材建设)工作得以迅速恢复和发展。

1952年5月,中央教育部明确提出了全国高等学校院系调整原则和计划,其方针是"以培养工业建设人才和师资为重点,发展专门学院,整顿和加强综合性大学";调整的方式是根据苏联的大学模式,取消大学中的学院,调整出工、农、医、师范、政法、财经等科,或建立专门学院,或合并到已有的同类学院中去;调整的原则是高等学校的内容和形式按大学、专门学院及专科学校三类分别调整充实。② 这次改革以学习苏联经验为重点,包括教育理论、教学计划、教学大纲直至教材建设。1952—1955年的3年间,以苏联高等学校的教学计划为"蓝本",在苏联专家的帮

---

① 王润孝,万小朋,李辉等.我国高等教育教材建设与改革研究项目[Z].西北工业大学,2009.
② 李琦.建国初期全国高等学校院系调整述评[J].党的文献,2002,(6):71-77.

助下,高等教育部先后制订了193个全国统一的教学计划,其中工科119个、理科11个、农科19个、医科5个、文科5个、政法2个、财经12个、师范20个;制订与教学计划统一的教学大纲,截至1955年6月,修订工科教学大纲210种,农科教学大纲44种,医科教学大纲57种,理科、文科教学大纲16种,师范教学大纲21种,使教学内容有了统一的依据。学习苏联学校设立的各个教学环节,普遍成立了教学研究室。1953年5月,高等教育部党组在向中央提交的《关于全国高等教育的基本情况和今后方针与工作的报告》中强调,采用苏联教学大纲和教材,应力求与中国实际情况相结合,应在不破坏科学系统性的原则下,对苏联教材加以适当精简或压缩。

这一阶段,翻译苏联理工农医类教材,自编文史类教材是高等教育教材建设的主要内容及特点。应该肯定,在新中国成立初期全面学苏,大量引进苏联教材对于迅速恢复和稳定我国高等教育秩序,全面提高教学质量具有积极意义。

二、教材建设指导方针、原则及主要任务

(一) 面对教材短缺,明确建设方针

教材短缺一直是困扰教学改革的难题。高等教育部把引进和翻译苏联教材作为教学改革的重点之一。随着高等学校教学改革的深入发展,教育部于1952年6月进一步明确了将"学习苏联经验、翻译苏联教材"作为当时我国高等学校教材建设的方针。教育部高等教育司抽调部分人员负责教材建设工作,在缺乏经验的条件下,克服重重困难,做了大量的准备工作。1952年9月中旬,东北文化教育委员会编译处的同志调教育部工作,人力有了进一步的增强,初步打开了组织翻译苏联教材工作的局面。

1952年11月10日,教育部在《关于各高等学校组织翻译苏联教材制订计划时应注意的事项的指示》中指出:为学习苏联先进科学技术经验,改革教学内容,提高教学质量,有计划、有步骤地翻译苏联高等学校教材,已是刻不容缓的艰巨工作。1952年11月12日,教育部发出指示,要求各高等学校制订1953年的教材编译计划草案并报教育部,并对制订计划时应注意的事项作了若干规定。11月27日,教育部又颁发了《关于翻译苏联高等学校教材的暂行规定》,具体布置了翻译苏联教材的相关工作。

(二) 教材编审原则与主要任务

1952年9月,教育部在北京召开全国高等师范教育会议。会议明确了解决高师文科教材方面的一些原则意见:马克思主义理论、教育科学、文学理论、世界历史等科目的教材,有的可以采用或适当地采用苏联教材的主要部分或作为主要参考书;中国文学、中国历史、中国教育史等科目的教材,则只能参考苏联相当科目的教

材的精神实质、观点方法,自己编写。

为适应教学改革需要,1952年11月12日,教育部发出指示,要求各高等学校制订1953年的教材编译计划草案,并指出"首先翻译一、二年级基础课程教材及某些必要和有条件解决的专业课教材,而后再逐步翻译其他各种教材"。为了组织全国各高等学校有计划、有步骤地进行这一工作,对制订计划时应注意的事项作了若干规定。如:各校翻译计划,报教育部教材编审委员会审核批准后实施,译稿经教材编审委员会审查批准后,以"中央人民政府教育部推荐高等学校教材试用本"的名义予以出版。文件还规定,在编审委员会正式成立前由教育部、高等教育部行使其职权。

高等学校教材编审委员会的成立为我国的高等教育教材建设走向正轨和教材工作顺利开展做出了不可磨灭的贡献。委员会负责调查并搜集国内外高等学校教科书、教学参考图书及其他有关教学与研究的资料,拟订高等学校教科书及教学用参考图书的编辑与翻译计划,特约专家、教授审查高等学校教科书及教学用参考图书,特约专家、教授编译高等学校教科书及教学用参考图书。并且委员会还可以根据情况需要聘请专家、教授组织各种专门的教材编审小组。其后,教育部筹组了高等文科教材编审委员会和高等理科教材编审委员会。1952年11月27日,教育部颁发《关于翻译苏联高等学校教材的暂行规定》之后,高等教育部正式在教学指导司下建立教材编审处,作为教材工作的专门办事机构,组织高等学校的教材编译工作。

1954年以后,由于翻译出版苏联教材任务激增,而各出版社编审力量则较为充实,发挥各方面的力量,分工协作,共同完成当时的教材出版任务,已有必要与可能,因此高等教育部改变了过去统一组织审查与推荐出版的办法。

1954年6月7日,高等教育部发出通知,取消对教材译本推荐的办法,由各有关出版社按其专业性质,分别组织翻译,并自行审查出版。为了区别于一般书籍,此类教材一律冠以"高等学校(或中等专业学校)教学用书"字样。

1956年1月18日,高等教育部发布了《高等学校教材编写暂行办法》。1956年4月27日高等教育部会同文化部约请各有关业务部门及出版社举行了座谈会,商谈了高等学校自编教材的分工问题,并拟定了《高等学校自编教材出版分工暂行规定》。高等教育部、文化部于1956年8月3日发布该暂行规定,明确按照专业归口的原则,由高等教育部、教育部、卫生部、文化部及其他各有关业务部门,承担组织编写的任务,并根据各有关出版社的专业方向及出版力量,承担相关的出版任务。

三、教材建设成效与主要特点

(一) 理工农医翻译苏联教材，文史教材以自编为主

由于教育行政领导部门的倡导和广大教师的积极努力，各高等学校的教材工作取得了很大成绩。高等学校理工农医类教材几乎全部翻译自苏联教材。1953年秋，高等教育部开始组织翻译专业课及专门化课程的教材。1954年，为加强对翻译教材的管理，高等教育部发出通知："今后苏联教材的翻译工作由我部制订统一的选题计划。"依照该计划，到1954年年底，翻译出版我国高等学校采用的苏联教材共558种，其中工科118个专业902门课程有338种，农科19个专业276门课程有58种，理科13个专业298门课程有129种，政法、财经、医药、卫生及其各科共有33种。

翻译苏联高等学校的文科教材，以政治理论课、财经、政法、俄语等类教材居多。仅据中国人民大学的不完全统计，到1954年，该校政治理论课、财政信贷系、贸易系、合作社系、经济计划系、工厂管理系以及法律、外交、俄文等系，翻译苏联教材达100余种。中国人民大学翻译出版的这批苏联教材，也为其他院校的政治理论课和相关专业所采用。

1953年7月至8月，高等教育部与科学院在青岛共同召开综合大学文史教学座谈会。会议讨论了汉语言文学、历史学、英语专业的教学计划，对这三个专业的教材编译办法及科学研究工作也交换了意见。

1954年，高等教育部与科学院在北京联合召开第二次全国综合大学文史教学研究座谈会。会议讨论修订了汉语言文学、历史学及英、德、法语等专业的教学计划和"中国文学史""文艺学引论"两门课程的教学大纲。会议还讨论了《全国综合大学语文及历史课程教材编译办法》(简称《编译办法》)草案及其编写计划，要求在两三年内，在主要课程方面，能制订出统一的教学大纲，编译出比较成熟的讲义及一套参考资料，以便在第二个五年计划时，根据统一的教学大纲编写教科书。

《编译办法》共10条，其主要内容如下：

(1) 为进行各种主要课程的教材编译工作，拟成立各课程的教材编译小组，负责编写有关课程的大纲、讲义并拟订编译参考资料的办法。

(2) 教学大纲和讲义初稿印发各校试用后再作修改。

(3) 新编讲义和资料合乎教学要求并有一定学术水平者，经审查后可用部定名义出版并给予适当的奖励。

(4) 编写某一门课程的教材，应根据该课程在教学计划中的地位、目的及教学时数决定其内容与分量，并在保持本课程独立性的原则下，注意与有关课程的联

系，以免产生各课程内容的重复或遗漏。凡可参考苏联教学大纲及教材时，要首先钻研苏联教材，体会其精神实质，再结合中国具体情况及民族特点编写中国教材。教材应完成对青年政治思想教育的作用，注意课程内容的思想性及逻辑性，灌输爱国主义及国际主义最新成就的材料，要求由浅入深，主次分明并具有一定的启发性，以培养学生独立思考的能力。

1956年8月15日，高等教育部发布的《高等学校自编教材出版分工暂行规定》提出，教材要"反映现代科学水平，并结合我国实际需要"。

据统计，截至1957年，全国社会科学自编讲义1 200余种，其中马列主义理论类61种，语言类(含外语)323种，文学类170种，历史类246种，财经、政法类208种，文化教育类73种，艺术类104种。1957年3月至6月，高等教育部举办高等学校讲义流动展览会，将这些讲义在北京、武汉、重庆、成都、西安、南京、上海等地先后展出。根据1958年4月的调查统计，综合大学文科方面的课程，一般都有自编教材或讲义。

（二）成立高等教育教学用书专业出版机构，出版工作卓有成效

1952年以后，翻译苏联教材工作成为当时教材建设的重点。当时，在中央教育部集中组织下，翻译教材的出版工作，由国家出版总署以"加工订货"的方式，委托给当时尚为私营的商务印书馆、中华书局和龙门联合书局承担。这三个单位是当时排印科技书籍力量强、条件较好、经验比较丰富的出版企业。其具体的分工是：商务印书馆承担工科基础课和基础技术课教材的大部和理科数学、物理、化学、地理四科专业的全部以及部分文史教材，中华书局承担农科和生物教材的全部，龙门联合书局承担工科基础课和基础技术课的小部分教材。

党和政府非常关心高等学校的教材建设，教育部、高等教育部始终把教材建设看作是高等教育事业的主要任务之一。1954年5月17日，高等教育部发出通知，在商务印书馆全面公私合营的基础上建立起来的新机构——高等教育出版社诞生了。这是一个由高等教育部直接领导的大专教材出版机构，高等教育出版社成立后主要负责出版我国全部理科教材、工科基础课及基础技术课教材。

高等教育出版社成立后，首先根据出版总署、高等教育部和商务印书馆的三方协议的精神，进一步拟定了《高等教育出版社的方针任务和组织机构》文件，逐步建立了比较健全的组织机构，陆续补充了人力，制定了生产及财务计划和行政工作计划，建立和健全了编辑、出版和经营管理工作的一些制度，开展了政治理论学习和思想教育工作，通过一系列的组织建设和思想建设，高等教育出版社圆满完成了党和政府交给的任务。

从1954年到1960年，高等教育出版社共编辑出版教材和参考书2 478种，发行约0.7亿册(不包括合社时以商务印书馆名义出版的图书)。1961年到1966年，

共编辑出版教材和参考书501种,发行约0.2亿册(不包括合社时中小学方面的教材)。从1954年建社至1977年,高等教育出版社教材图书出版种数及字数分别见图2-1及图2-2。①

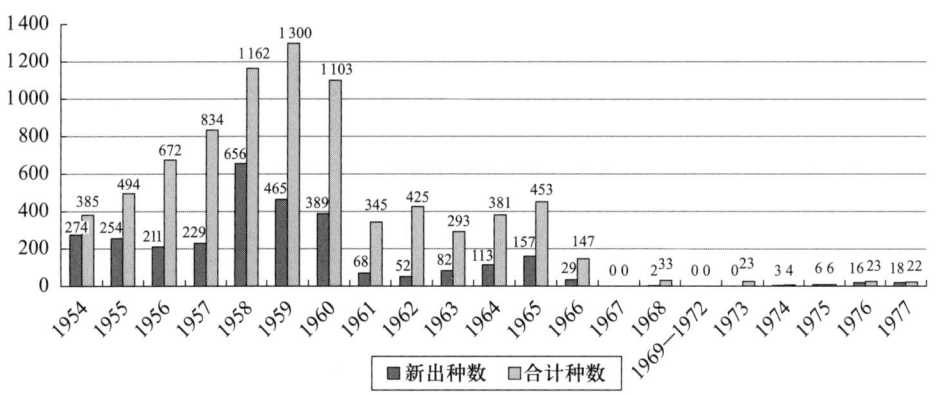

图2-1　高等教育出版社1954—1977年教材图书出版种数统计(单位:种)

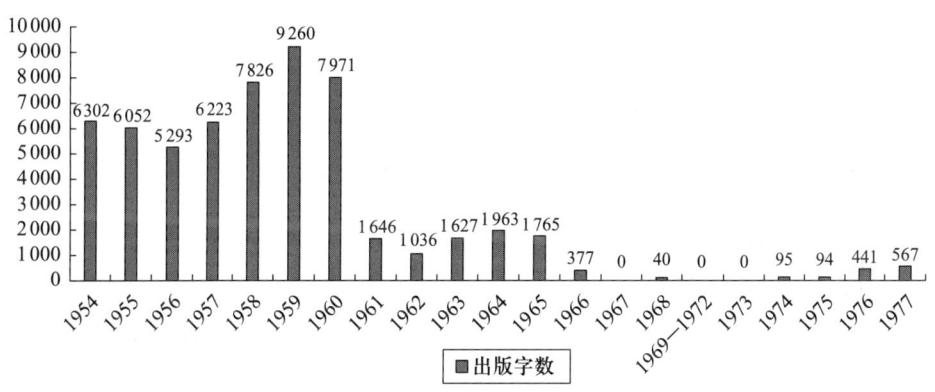

图2-2　高等教育出版社1954—1977年教材图书出版字数统计(单位:万字)

作为高等教育教学用书的专业出版机构——高等教育出版社的诞生,是我国高等教育教材建设发展到一定历史阶段的必然产物,它的成立使我国高等教育教材的编辑和出版有了专业的机构,出版工作有了较大发展。

1956年,根据高等教育部、文化部发布的《高等学校自编教材出版分工暂行规定》,承担教材出版任务的有:地质、石油、电力、冶金、化工、机械、交通、铁道、测绘、

---

① 王润孝,万小朋,李辉等.我国高等教育教材建设与改革研究项目[Z].西北工业大学,2009.

邮电、水利、建工、建材、轻工、纺织、国防、高等教育、时代、人民、人民文学、人民教育、民族、财经、林业、法律、卫生、体育、美术、音乐艺术、科学、金融、统计、商业等出版社,以及中华地图社、南京畜牧兽医图书出版社、人民大学出版社、商务印书馆、中华书局等。

教育部直属的高等教育出版社和各有关部委领导下的专业出版社,在理工农医教材建设中,与教材编审委员会一样,起到了重要作用。

第三章　高等教育教材的探索建设

第一节　高等教育教材自编阶段

一、人才培养目标及教材建设思路

1957年以后,由于中苏关系的恶化和国际国内形势的变化,中国高等教育逐渐走上了一条摒弃一切外国"模式",寻求自我发展的道路。1958年,我国进入第二个五年计划发展时期,提出"为国家培养各项建设人才,首先是工业技术人才和科学研究人才,是教育工作的首要任务"。高等教育应该"实事求是地而不是主观主义地调整科系和设置专业,切合实际地改进教学计划、教学大纲、教材和教学方法,以便使培养的人才能够更加适应于国民经济各部门的具体要求"。然而,"二五"计划刚刚开始,就出现了工农业大跃进运动,教育领域也开展以"教育必须为无产阶级服务,教育必须与生产劳动相结合,教育必须由党来领导"为教育方针的"教育革命",教育开始"大跃进"。当时"打破办学的神秘观点"的说法盛行,不顾客观条件大办快办高等学校,全国高等学校从1957年的227所猛增至1960年的1 289所。但是,因为自然灾害导致国民收入锐减,教育大跃进远超国民经济所能承受的程度,1961年开始贯彻"调整、巩固、充实、提高"八字方针和"高教60条",到1963年,共计关闭高校882所,各类跃进高校逐渐被合并、取消。这一时期高等教育主要强调教育服务政治与培养"专才",服务于当时的社会主义改造与工业化建设,同时第一次明确提出要加强对学生能力的培养,高等学校要培养像乒乓队的"种子选手"和攀登珠穆朗玛峰的"登山队员"那样的学术上的优秀拔尖人才。

1956年以后,照搬苏联教学体系的不良后果逐渐显现,沿用苏联教材也越来越不能适应我国高等教育教学的需要。苏联教材的基础理论课内容过多且艰深难懂,学时数长,学生负担过重;教材以教学大纲统领编写,但教学大纲要求过细,规定得较死,灵活性差,教材"千人一面",特色不足。因此,我国开始有计划地全面推进自编教材的编写工作。

这一时期的自编教材工作,为以后的教材建设积累了一些资料和经验。但是,受1958年"教育大革命"的影响,教材建设一定程度上忽视了客观规律,存在不少问题。很多学校按照"三结合"(领导、教师、学生相结合)的方式编写教材,强调了革命性,忽视基础理论,忽略了科学性,质量不高,有的随便打乱课程体系和学科体系,有些学校还出现了学生编书教师讲、学生编书学生讲等不正常的情况。

为了纠正"教育大革命"中教材建设工作存在的偏差,教育部党组向党中央提出了《关于高等学校学生编写讲义问题的意见》的报告,指出学生的主要任务是学好规定的各种课程,时间、精力主要应当用在学习功课上。

随后,教育部开始采取措施加强教材建设工作。1959年8月10日,教育部发出了《关于高等工业学校编审教材应注意事项及分工计划的通知》(简称《通知》),希望在1962年年底初步编写出一套高等工业学校教材,《通知》指出:"由中央教育部和各业务部门组织有关学校根据指导性教学计划、教学大纲的要求,编写全国可以普遍采用的通用教材,以有效地运用教师力量,吸收各校的经验,提高教学质量,这是当前工作的主要方面"。《通知》要求,教材内容应该具有辩证唯物主义与历史唯物主义观点,贯彻党的有关方针政策,贯彻理论与实际相结合的原则,充分反映我国社会主义建设的实际和国内外科学技术的最新成就。并应注意与有关课程间的联系与配合,避免不必要的重复与脱节,注意力求简明扼要。对于基础课程的教材还应该根据既要保持基本理论的系统性和完整性,又要注意联系实际、结合专业的原则来编写。《通知》还指出,允许有条件的地区和学校根据本校的教学经验或不同的学术观点,另行编写符合指导性教育计划、教学大纲要求的教材和其他某些补充教材。《通知》关于分工计划问题指出,11门基础课和基础技术课程由教育部负责组织编写,专业课程由中央业务部门按专业类别负责组织编审,要求在1957年以前设置的、已有一定教学经验并有一定人力及资料的专业组织编审通用教材,《通知》中安排了编审任务的专业计有地质类4个、石油类9个、采矿类4个、冶金类8个、动力类5个、机制类24个、电机类10个、通信类3个、化工类9个、食品类3个、轻工类5个、土建类10个、测绘类4个、运输类10个,合计108个专业。但是,由于1959年"反右倾"及1959年至1961年国民经济发生的严重困难,使这一批教材编审任务的完成也受到严重的影响,教材质量低且数量缺口很大。

1959年的"反右倾"斗争,1959—1961年国民经济发生的严重困难,使新的教材编审任务的完成又受到了严重影响。许多学校的不少课程上课没有教材,许多教材不能课前发到学生手中,讲义纸张质量差、印刷不清楚。根据1961年2月中共北京市委大学科学工作部所作的调查,清华大学、北京大学等10所高等学校,15%的课程无教科书或讲义;在其余的85%的课程中,52%的课程的教材不能课前发到学生手中。据 24 个省、市高教(教育)厅(局)对 254 所高等学校调查,教材不能课前到手或不能人手一册或无法选编教材的课程占 30%;在课前可以发到学生手中的教材中,铅印的占 18%,油印的占 73.5%。

1961 年根据中共中央书记处解决教材"有无问题"的指示精神,有关部门采取了一系列重要措施加强教材选编、出版工作,消除了 1958 年教育大革命中一些过激做法以及 1959—1961 年国民经济的暂时困难所造成的教材匮乏现象,以后的工作转向提高质量和贯彻"少而精"的教材建设路线。

二、教材建设指导方针及主要任务

(一) 贯彻 16 字方针,进一步提高质量

1961 年 2 月 10 日,中共中央书记处讨论了高等学校的教材问题,并作了重要指示:"高等学校教材建设要分二步走,先解决有无,再逐步提高",要本着"未立不破"的原则,采用"选、编、借"的办法解决教材问题,做到"要有教材,要到学生手中,要印刷清楚"(后有关部门概括为"从无到有,课前到手,人手一册,印刷清楚"16 字方针)。会上,教育部部长杨秀峰同志向中央立了保证完成任务的"军令状"。会后,中共中央文教小组成员林枫同志立即向中央各部委及北京市高等学校负责人作了传达。1961 年 3 月上旬,教育部又召开了全国教育厅(局)长会议,对如何贯彻中共中央书记处指示,解决高等学校及中等专业学校教材问题提出了意见,要求各方面抓紧工作,做到 1961 年寒假开学后,尽可能争取所开课程都有教科书或讲义,并且在上课前发给学生;暑假开学后,应该做到所开课程都有教科书或讲义,而且要在上课前发给学生。教科书和讲义要用好纸铅印,并做到印刷清楚。学校可以自己印发,能做到全国统一印发更好。少数新专业和少数课程确有困难,暂时办不到的,要开出单子,报告中共中央书记处。除教科书外,要多印一些参考书。要改进图书管理制度。

此后,中共中央书记处又批复:解决教材问题的办法,一是"选",即集中几个人,从现有教材中选出一本来,可能还要做点小的修改;一是"编";一是"借",选也来不及,编也来不及,就借外国教材。今后编书,应以教师为主,要有领导地编。别处已有可用的书,还非自编不可的风气,一定要改。彭真特别指出,今后要"未立不破",在新的教科书未编出来以前,旧的不能废,特别是关于体系的改变,不能随便来。重大的改变,特别是破体系,要经过教育部批准,甚至要经过中央。中央决定:编选教科书和讲义,要作为教育部门的重要工作。理、工、农、医和师范理科的教材,由高等教育部党组负责抓;文科教材由周扬同志负责抓。教材的审查工作,找少数政治业务都好的人集体进行。总之,要在党的领导下,组织力量,分工合作。

根据中共中央书记处的指示和要求,教育部、有关业务部门和所属出版社,对

高等学校理工农医等各类教材,组织了数以千计的教师,全面、紧张地开展了"选、编、借"工作。高等学校文科教材由中央宣传部负责,组织了各科学者、专家集中编写文科各类专业的主要教材。国家出版管理部门压缩其他出版用纸,集中保证教材,组织印刷力量,突击印制教材,并且实行教材预定供应办法。铁路部门保证教材优先运输,在最紧迫期间,边远地区还采取了空运。到1961年秋季开学前,高等学校教材及时编印和发运到学生手中,实现了中共中央书记处的要求。

1962年7月28日,高等学校及中等专业学校教材领导小组召开了会议,林枫出席并作了指示。林枫在讲话中指出:"去年2月中共中央书记处交给的解决高等学校教材问题的任务,应该认为,已经基本上完成了。但是,解决教材的有无问题,只是工作的第一步;还有第二步,就是要逐步提高教材的质量。"他指出:"教材建设是提高教学质量的一项重要工作。教材建设的目的是在若干年内编写出一套好的教材。"会议总结了1961年以来选编通用教材的工作,指出"一年来选编了大量通用教材,初步满足了教学需要,为今后教材建设打下了比较良好的基础"。会议提出今后两三年教材工作的方针是:"在1961年选编出版的通用教材的基础上,进一步提高质量,同时还要适当增出一部分新书,基本上做到种类齐全"。会议提出加强教材建设的4项措施是:

(1) 编制今后3年教材工作规划。

(2) 发挥教师编译教材的积极性。

(3) 组织各科教材编审委员会。

(4) 加强教材工作的经常领导。

为了贯彻以上工作方针,教育部及有关部委在此期间采取了3项措施:

(1) 建立了由有关专家组成的各专业、各课程的教材编审委员会。

(2) 制订了编审教材的原则,作为衡量教材质量的标准。

(3) 组织了一系列会议,编制了二、三年教材建设规划。

1964年之后,高等学校理科及工科基础课程都抓了贯彻"少而精"原则的工作,制订1966—1970年教材规划。1965年高等教育部召开了工科基础课程教材工作座谈会,会上拟订了《高等工业学校基础课程和部分技术基础课程1966—1970年教材工作规划(草案)》。高等教育部于1965年9月20日发布通知,下达了这项规划,边征求意见边执行。此次规划把采用评选或征稿的方式,作为一项重要和普遍采取的形式,并指出选编出版新的教材,主要是建立在各校自编教材基础上。

(二) 教材编审的原则与主要任务

1. 编审原则

在教材编审过程中,为了保证质量,教育部对编审责任制度作了严格的规定。

1959年8月10日,教育部发布《关于高等工业学校教材编审应注意事项及分工计划的通知》,其中提出,编写教材一定要在总结教学改革和教育革命的基础上进行,文件指出:"编写教材主要是教师的责任。编写方式可以采取教研组内分工编写或者个人单独编写等多种方式。但不论采取哪种方式,都要注意走群众路线,首先是经过有关教研组的审查讨论,其次还可以吸收部分高年级学生的意见,并应注意吸收生产能手和工程技术人员的经验和意见,最后确定为全国通用教材,一定要经过有关学校的试用和审订。"

教材内容"应该具有辩证唯物主义与历史唯物主义观点,贯彻党的有关方针政策,贯彻理论与实际相结合的原则,充分反映我国社会主义建设的实际和国内外现代科学技术的最新成就。并应注意和有关课程的联系配合,避免不必要的重复脱节,注意力求简明扼要,切实避免冗长、庞杂、烦琐,以适应教学的需要。对于基础课程的教材还应根据既要保持基本理论的系统性和完整性,又要注意联系实际结合专业的原则来编写"。

1961年3月22日,教育部发布《关于解决高等学校理科各专业全部课程及工科各类专业基础课程和共同的基础技术课程的教材问题的计划》,提出:选编通用教材"应以多数学校所通行的、比较稳定的课程为依据……注意吸收几年来学校在课程内容上进行精简、加深和更新的经验。""选编的基础课程和基础技术课程教材,要符合使学生获得广博和巩固的基础理论知识的要求。工科的基础课程和理科各专业的邻近学科的基础课程(如化学专业的物理课程)的教材内容,应在保持学科系统性和基本内容的前提下,密切联系实际和适当地结合专业。""选编通用教材的基本要求:①政治上没有错误;②具有一定的科学水平;③不泄露国家机密。""适用范围:本科以五年制为主,四、五年制通用;专科以三年制为主,二、三年制通用;专业不同,而学时相近、内容要求上基本相同的通用。理科还应该尽量做到综合大学与师范院校通用,同一基础学科的各专业基础课程通用。工科的教材还应当做到凡基础部分基本相同、结合专业部分差别较大的,基础部分通用。"选编的教材,可视质量高低,分别以试用教科书、交流讲义或教学用书名义出版。教材的发行可分为公开发行、内部发行(高等学校范围内)和保密教材三类。

1961年,教育部转发农业部1961年6月16日《关于审查教材应注意的几个问题》的通知,指出"据农业部检查,今年准备出版的教材,虽然总的来说,质量比过去有所提高,但原稿中也存在一些原则性问题。诸如:①引用和阐述党的方针政策不完整、不确切;②引用经典著作、毛泽东著作不够严肃,甚至断章取义,牵强附会;③有些引用的资料不确切,有浮夸的现象;④涉及学派问题及学术观点的争论方面,有相互攻击,简单否定,乱贴标签和乱扣帽子等做法,不符合党的'双百'方针;⑤个别问题涉及国家机密;⑥对某些前人和国外学者的评价不够实事求是。这些缺点和错误在编审过程中一般已注意加以纠正,但某些审查不严格的教材,还可能遗留一些问题,希各有关部门注意,并加以改正"。

1961年4月,教育部发布《关于确定编著者名义的几点意见》,提出1961年选编出版的通用教材的编著者名义,应本着尊重原编著者、选编小组及其他有关人员的工作成果及劳动的原则加以确定。

1961年4月20日,教育部转发的教育部高教司、中专司及人民教育出版社共同制订的《关于高等学校和中等专业学校教材书稿、审发和交接工作暂行规定》指出:"经过教材选编小组讨论建议出版的教材,应经主管司逐一检查后,由主管司司长或指定的副司长审核签发交出版社出版。某些书稿由于保密、外交和政策性较强,难以决定时,应经有关中央主管业务部门审查同意后由党组审核签发。"

1962年1月,教育部《关于编制高等工业学校基础课程和各类专业共同的基础技术课程教材三年工作规划的初步意见(初稿)》提出:1961年选编出版的教材"科学水平还不够高,许多教材分量偏重,还不尽适应教学的要求",指出"选编教科书必须满足的基本要求是:①没有政治性错误和泄密现象;②符合教学大纲的要求,注意贯彻循序渐进的原则,内容份量安排适当;③具有一定的科学水平,保证基本内容的系统性和完整性,基本理论、基本概念阐述清楚确切,适当地反映最新科学技术成就;④文字通顺易懂,便于学生接受。教学参考书应该具有较高的科学水平;辅助教材应该配合教科书,有利于加强学生的基本训练"。1962年7月9日,教育部发布《关于编写高等工业学校基础课程和基础技术课程教材的几项原则(草案)》(该文件于1980年修订成《关于编审高等学校理工科基础课和技术基础课教材的几项原则(试行草案)》),规定了编审各种教材的基本要求,提出了提高质量的准则。

1962年7月,高等学校及中等专业学校理工农医教材领导小组会议提出:"必须正确解决编著者名义问题。今后,个人编书应该是主要的,个人编写的教材应该以个人名义出版。集体编书应该根据个人自愿,不要勉强组合,而且应该有主编,出版时应标明主编及编者的姓名。审阅人也应该在书上署名。"

1962年12月,教育部发布《高等学校理科教学工作会议纪要》及有关文件。"纪要"指出,1961年选编出版的教材还存在不少缺点,主要是篇幅过大,分量过重,有些教材内容庞杂,文字不够通顺,插图、附表不够清晰等。要求在现有教材的基础上,进一步加以修改,提高质量。卫生部在《关于修订高等医药院校本科教材的意见》中提出了修订教材的原则:

(1)应该按照教学大纲的要求,根据教学计划规定的讲授时数进行修订。教材内容要根据现代医学科学的最新成就,不断充实与更新,但课程和学科的体系不要随意改变。

（2）要符合党的方针政策，在学术问题上尤应贯彻党的"百花齐放，百家争鸣"方针，对不同学派、不同学说应给以实事求是的介绍和公正的评价，同时也可以有自己独特的学术见解。必要时，同一课程还可以分别编写介绍不同学派的教材。

（3）中西医结合是一个比较长远的过程。中西医有共同的规律，也有各自的特殊规律，因此在中西医结合上，"要能结合才结合，不要勉强结合"。一般中医的内容，应主要放在中医课的教材中去。至于中西医结合探讨研究发病机制等方面的材料，凡是不够成熟的不要写入西医各科教材中去。

（4）一门课程的基本理论、基本知识、基本技术要讲透讲彻底，符合教学要求，不要受字数的限制。基础课程的教材应首先保持其系统性，不要过分强调结合专业和勉强联系当前实际，以免削弱其基础理论知识。

（5）尽量反映国内外比较成熟比较肯定的科学研究成果，不成熟不肯定的东西不写进教材，以保持教材的相对稳定性和科学性。

（6）内容分量应当适当，每学时一般可在 3 000~5 000 字左右。对于主要课程教材的内容，既要符合教学要求也要考虑到学有余力的优秀学生进一步学习的参考。有的重要参考材料如果不需学生掌握时可用小字编排（不计在 3 000~5 000 字内）。

（7）文字要简明扼要，通顺易懂，专有名词应附上外文（俄文、英文或拉丁文）或将专有名词列成中外文对照表附在书后。以帮助提高学生阅读外文专业书籍的能力。

（8）不泄露国家机密。

1964 年以后，为适应高等学校进行教学改革和减轻学生学习负担过重的需要，高等学校教材的编审，强调加强思想性，贯彻理论联系实际的方针和"少而精"的原则。

1964 年 7 月 31 日，高等教育部党组《关于进一步开展高等学校及中等专业学校理工农医各科教材建设工作的报告》提出，要"根据'理论联系实际'的方针和'少而精'的原则，改进教材内容"，指出："教材应该根据教学工作中加强基本理论、基本知识、基本技能的精神精选内容，把基本理论、基本知识阐述清楚，引导学生学好基本技能。教材内容应该是比较成熟的、稳定的和典型的，分量要适当，并努力提高科学水平""进一步使教材内容更好地结合我国的实际。"

为了做好高等学校教材的编审出版工作，1961 年中共中央书记处决定成立高等学校及中等专业学校理工农医各科领导小组，由教育部及各有关部委主管教育工作的负责同志参加。领导小组下设办公室。同年 3 月 21 日，教育部发布《解决高等学校和中等专业学校理工农医各科教材的具体分工办法》。这个办法根据"专业归口，分工负责，加强协作"的原则，规定了具体的分工。高等学校教材的分工如表 3-1 所示。

表 3-1　高等学校教材专业分工(1961 年)

专业	分工
理科(包括本科及专科)	全部教材由教育部负责
工科(包括本科及专科)	基础课和各类专业共同的基础技术课教材,由教育部负责;各类专业专用的其他基础技术课和专业课,按专业归口,分别由中央各主管部门负责
农林科(包括本科及专科)	全部教材分别由农业部、林业部负责
医科(包括本科及专科)	全部教材由卫生部负责
师范(包括本科及专科)	全部自然科学方面的教材由教育部负责(文科方面教材另外分工)
体育系科的教材	由国家体委负责

到 1964 年,已有 23 个部委组织了教材编审委员会(或小组)共 344 个,聘请委员 3 036 人,逐步开展了各项工作。

2. 主要任务

(1) 理工农医教材建设

1961 年 3 月 21 日,教育部发布《解决高等学校和中等专业学校理、工、农、医各科教材的具体分工办法》;3 月 22 日,教育部发布《关于解决高等学校理科各专业全部课程及工科各类专业基础课程和共同的基础课程的教材问题的计划》。根据中共中央书记处的指示,国务院所属 28 个有关业务部门及所属 11 个出版单位以及科学出版社、上海科技出版社、江苏人民出版社、湖北人民出版社,紧张地进行了通用教材的选编、出版工作。在选编出版过程中,教育部又先后转发了或发布农业部《关于教材审查应注意的几个问题》《关于确定编著者名义的意见》《关于 1961 年秋季高等学校及中等专业学校理工农医各科教材稿酬问题的通知》等,对若干政策性问题作出了规定。

1962 年 1 月,教育部发布《关于编制高等工业学校基础课程和各类专业共同的基础技术课程三年工作规划的初步意见》,提出:"要根据《教育部直属高等学校暂行工作条例(草案)》规定的有计划地进行教材建设,鼓励水平较高、经验较多的教师在若干年内逐步为各门课程编出优秀的教科书的要求,编制 1962—1964 年教材规划,在去年已经选编出版的通用教材的基础上,进一步提高教材质量。同时,适当增加出版新的教材,做到基本种类齐全。"

1962 年 5 月,教育部召开了高等工业学校教学工作会议。会议期间,高等学校工科基础课程教材编审委员会研究和修改了教材编审原则,审议了教材工作三年规划草案。1962年6月下旬,教育部召开了高等学校理科教学工作会议,高等学校理科教材编审委员会委员52人参加了会议,研究讨论了提高教材质量的措施,制订了高等学校理科教材工作3年规划,"要求在现有教材基础上,进一步加以修改,并使每门主要课程,都有2~3种通用教材,供各校自由选用。"1962年7月9日,教育部正式发布了《高等工业学校基础课程和各类专业共同的基础技术课程教材工作三年规划(草案)》。

1962年7月,高等学校及中等专业学校理工农医各科领导小组会议,提出组织各科教材编审委员会,作为加强今后教材建设的一项措施。教材编审委员会的任务是在中央各有关部委的领导下,拟订教材工作的长远规划及年度选编出版计划,研究提高现有教材的质量,选编审查新的教材以及组织推动教材评介等。委员会的成员主要是学术水平较高、教学经验丰富的教师,也可以包括少数生产和科学研究单位的科学技术人员及主管教学工作的行政人员。1962年以后,各有关部委,高等学校理工农医各科先后按专业和学科(课程)建立了教材编审委员会。

1962年7月7日,教育部发布《关于正式成立高等工业学校基础课程和各类专业共同的基础技术课程教材编审委员会的通知》,正式成立了高等数学、普通物理、化学(下设普通化学及无机化学、有机化学、分析化学、物理化学4个编审小组)、力学(下设理论力学、材料力学、结构力学、水力学4个编审小组)、画法几何及制图、电工(下设电工学及电工基础、工业电子学、无线电技术基础3个编审小组)、机械(下设金属工艺学、机械原理、机械零件3个编审小组)、热工学、外国语9个编审委员会,聘请委员130人。1963年2月23日,教育部发布通知,成立高等学校理科数学、力学、天文学、物理学、化学、地理学、地质学等7个教材编审委员会,共聘请委员81人。

1964年以后,我国开始注意引进其他外国教材。1964年6月9日高等教育部发布《关于集中进口部分专业、课程外国教材的通知》,通知指出,1964年3月领导小组会议认为,今后教材建设工作,除了要首先作好自编教材的编写出版工作,还要积极引进较好的外国教材和教学参考书,作为参考,或在一定时期内加以借用。通知要求进一步加强这方面的工作,争取在今后几年内,尽快将若干主要国家最有代表性的和参考价值最大的教材和教学参考书引进国内。

根据1962年、1964年教材领导小组讨论的意见,教育部党组起草了《关于进一步开展高等学校及中等专业学校理工农医各科教材建设工作的报告》。"报告"在总结了三年来教材工作成绩的基础上,提出1964年至1970年期间,理工农医各科教材建设工作的任务是:在现有通用教材基础上,密切配合教学改革,逐步提高教材质量,扩大教材的种类,尽可能满足教学的需要,为初步形成一整套质量较高的教材打下基础。报告提出拟采取的措施是：根据"理论与实际相结合"的方针和"少而精"的原则，改进教材内容；继续贯彻"百花齐放、百家争鸣"的方针，促进教材工作的繁荣和发展；采用出版通用教材与学校自编讲义两条渠道，解决各校的教材供应问题；根据教材工作的发展，逐步建设起一支又红又专的教材编审、编辑和出版队伍；进一步加强教材工作的领导。1965年1月29日高等教育部党组将"报告"报送中共中央书记处备案并直接发给有关单位。

(2) 文科教材建设

1961年3月31日，教育部根据中共中央书记处的决定，结合学校实际情况，向书记处作《关于解决高等学校教材问题的请示报告》。"报告"提出，文科共有专业66种，基本课程240多门。据在北京的10所高等院校的调查，85%的课程有教材，但其中只有48%能课前发到学生手中。已有的教材，很多质量不高。学校教学计划没有统一的标准；有些学校的课程设置和课程内容经常自行变动；教材修改频繁；某些基本理论知识课有所削弱。为了改变这种情况，拟在原有教材的基础上，分期分批，组织力量，进行编订。本着"未立不破"的精神，先解决有无问题，再求质量的逐步提高。在编订教材的同时，为了统一各个专业的培养目标和对学生的规格要求，并使同一专业的课程设置大体一致，拟在年内(1961年)协同各有关部门，组织各学校的力量，陆续制订出各个专业的指导性的教学计划。中共中央书记处批准了这个报告。

1961年4月11—25日，中共中央宣传部会同教育部、文化部，在北京召开全国高等学校文科和艺术院校教材编选计划会议。这次会议是根据党中央1961年制订的"调整、巩固、充实、提高"的方针和中共中央书记处关于大、中、小学教材问题的决定召开的。会议在总结新中国成立以来高等文科教育经验教训的基础上，着手纠正过去工作中"左"的偏向，比较系统地规定了文科的培养目标、课程设置、教学方针和教学计划。制定了224门课程所迫切需要的297种教材的编选计划。从此，开始了有领导、有计划、有组织地自力更生建设我国高等教育文科教材的新阶段。

会议结束后，中宣部副部长兼文化部副部长林默涵主抓了音乐、美术、戏剧、舞蹈等7个专业的教学实施方案，组织全国著名的艺术学科专家深入研究，建立了较为完整的适合中国国情的艺术教育教材体系。

1961年5月19日，中央宣传部向党中央作《关于高等学校文科教学方针和教材编选工作的报告》，汇报了文科教材会议的情况。"报告"指出，会议就有关文科教学的若干根本方针性问题，如培养目标，教学、劳动和科学研究三者的正确结合，各类课程的比重和相互关系以及如何在文科教学中贯彻执行百花齐放、百家争鸣的政策等重大问题进行了热烈的讨论。在经过党内外充分民主讨论，逐步达到统一认识的基础上，修订了文科7种专业(语文、历史、哲学、政治、政治经济学、教育、外语)和艺术院校 7 类专业(戏剧、音乐、戏曲、电影、美术、工艺美术、舞蹈)的教学方案的草案,并且相应地制订了 224 门课程的教材编选计划,包括教材 297 种(其中文科 126 种,艺术 171 种)。

"报告"指出,教材是保证教学质量,提高教学效果的关键,也是这次会议所需要解决的中心问题。建设文科教材是一个长期的任务,而目前又迫切需要在尽可能快的时间内解决主要的教材,因此,对教材质量的要求不能太高;只要材料比较充实,观点大体妥当,尽可能做到观点和材料统一,叙述简明扼要,比较适合学生的程度和教学的要求,就可以了。教材要尽量反映对现状和历史比较成熟、比较肯定的经验总结和研究成果,不成熟、不肯定的东西不写进教材,以保持教材的相对稳定性和科学性。首先解决文科各主要专业主要课程的论和史的教材以及有关参考资料。在计划编选的 126 种文科教材中,属于论的 35 种,重要资料选本 57 种。资料中包括一小部分反面材料。

1961 年 11 月,历史专业教材编审工作组组长翦伯赞为《中国通史纲要》编写组提出《对处理若干历史问题的意见》,他的这些意见对历史教材的编选工作起到了指导作用。

1961 年,为了组织、推动教材的编审工作,高等学校的文科按专业分别成立了14 个教材编选工作组。

1962 年 5 月 5 日,周扬向党中央和周总理呈送了《关于高等学校文科教材编选情况和今后工作意见的报告》。"报告"总结了一年来文科教材编选工作的经验,阐明了教材建设的长期性和阶段性相结合的方针,提出了对教材质量的要求,以及今后工作的具体意见。中共中央书记处批准了这个报告。

1964 年 4 月 1 日,教育部转发了高等学校文科教材编审工作办公室、中国科学院历史研究所、中国社会科学院近代史研究所和人民教育出版社四单位《关于历史教材中涉及我国同邻国关系问题的情况和今后处理意见的报告》,这份报告经中央审批同意。"报告"提出,在编写历史教材时,对待涉及我国同邻国关系的问题,应该贯彻以下四项原则:

(1) 必须注意教材的革命性和科学性的统一,力求用辩证唯物主义和历史唯物主义的原则叙述历史事实,分析批判历史上的问题。

(2) 在叙述历史上有关我国同邻国的关系问题时,必须坚决反对大国沙文主义。对于我国历史学家的传统看法,应该重新用马克思主义的观点加以审查。凡是观点错误、违背历史真实和有伤邻国民族感情的说法,应该加以改正。

(3) 在叙述到历史上有关我国同兄弟国家的关系问题时,必须认真贯彻国际主义的精神。写入教材的,应该是双方看法比较一致的问题。双方看法出入很大而一时又很难分清是非的,在教材中宁可暂时不写;如果不写会影响到反映历史真实情况或可能造成不良的政治影响,则可以经过调查研究、说明事实真相,同时也应该把兄弟国家历史学家的看法作客观的介绍。对于我国历史上的统治者做错了的、使这些国家的人民深为不满的事情,在写历史教材时,也应该用阶级分析的方法实事求是地加以叙述和批判。

(4) 对于现代修正主义者、反动民族主义者和帝国主义者歪曲历史事实、诬蔑诽谤我国的言论,必须根据历史事实和我国对外政策,加以揭露和批判。

三、教材建设成效

1958 年教育大革命中,高等学校文科学生集体编写了不少教材。据 17 所院校统计,文学、历史学、哲学、经济学、政治理论、教育学 6 个专业共编写出版了 88 门课程的 154 种教材。关于学生编写教材的问题,中共中央于 1959 年 5 月 24 日,批转教育部党组《关于高等学校学生自编讲义问题的意见》时指出,编写讲义主要是教师的责任,不应把编写讲义的担子放在学生身上;学生的主要任务是学好规定的各种课程,时间、精力主要应当用在学习功课上。

在各有关方面的积极努力下,到 1961 年 5 月,高等学校及中等专业学校理工农医各科 1961 年秋季教材的选编工作已基本告一段落。根据当年 5 月中旬的统计,统一出版的通用教材达 2 187 种。详见表 3-2。①

表 3-2　1961 年秋季各有关业务部门选编出版的通用教材统计表

科别	专业及课程名称	负责部门	主要出版社名称	统一选编出版的教材种数		
				教材种数	高等学校教材数	中等专业学校教材数
理科	数学、物理、化学、生物、地理各专业基础课	教育部	人民教育出版社 科学出版社 上海科技出版社	76	76	0
工科	基础课及共同的基础技术课	教育部	人民教育出版社 上海科技出版社 湖北人民出版社 江苏人民出版社	117	83	34
	地质类	地质部	中国工业出版社	70	28	42
	冶金类	冶金部	中国工业出版社	159	81	78

① 王润孝,万小朋,李辉等. 我国高等教育教材建设与改革研究项目[Z]. 西北工业大学,2009.

续表

科别	专业及课程名称	负责部门	主要出版社名称	统一选编出版的教材种数		
				教材种数	高等学校教材数	中等专业学校教材数
工科	煤炭类	煤炭部	中国工业出版社	44	25	19
	石油类	石油部	中国工业出版社	72	26	46
	机械类	一机部	中国工业出版社	182	108	74
	农机类	农机部	中国工业出版社	19	15	4
	化工类	化工部	中国工业出版社	51	28	23
	水电类	水电部	中国工业出版社	129	75	54
	土建类	建工部	中国工业出版社	104	57	47
	测绘类	测绘总局	中国工业出版社	10	8	2
	交通类	交通部	人民交通出版社	63	22	41
	铁道类	铁道部	人民铁道出版社	65	33	32
	邮电类	邮电部	人民邮电出版社	31	19	12
	轻工类	轻工部	中国财经出版社	28	16	12
	纺织类	纺织部	中国财经出版社	42	27	15
	粮食类	粮食部	中国财经出版社	0	0	0
	商业类	商业部	中国财经出版社	27	12	15
	原子能类	原子核委员会 教育部	人民教育出版社 中国工业出版社 国防工业出版社 科学出版社	52	52	0
	无线电类	教育部等	人民教育出版社 人民邮电出版社 科学出版社	48	48	0
	国防军工类	国防科委 三机部	中国工业出版社 科教编辑室	183	50	133

续表

科别	专业及课程名称	负责部门	主要出版社名称	统一选编出版的教材种数		
				教材种数	高等学校教材数	中等专业学校教材数
农科	农业类	农业部	农业出版社	214	143	71
	林业类	林业部	农业出版社	116	61	55
	水产类	水产部	农业出版社	66	34	32
	气象类	气象局	农业出版社	14	0	14
	农垦类	农垦部	农业出版社	4	4	0
医药	医药类	卫生部	人民卫生出版社	182	99	83
体育	体育类	国家体委	人民体育出版社	19	12	7
合计				2 187	1 242	945

1964年3月5日，高等学校及中等专业学校理工农医教材领导小组召开会议，总结了自1962年7月领导小组会议以来的工作情况。一年半以来，25个负责高等学校教材的部门都已经制订了3~5年的教材规划，24个部门已经建立了教材编审委员会。高等学校及中等专业学校理工农医各科共修订了39种原有的通用教材，新编选或翻译出版了通用教材564种，供应学校的通用教材达3 603种。新编译或修订的教材，质量上一般都有较大的改进与提高。1963年秋季约有90%的通用教材能于开学前发到学校，比1961年秋季的60%和1962年秋季的80%又有所改进。一年半以来，各出版社还对某些教材中存在的政治性和技术性错误，陆续作了订正，特别是1963年秋季前还对教材普遍进行了一次政治检查，对发现的问题区别情况作了处理。领导小组会议提出，要抓紧教材规划的落实工作，做到"三定"（定书、定人、定时间）和"三通过"（通过编者本人、通过学校、通过出版社）；要采取适当的措施（遴选高水平的编者和鼓励教师编写书稿参加评选，保证编审人员必要的工作时间，严格进行教材的审阅及试用，认真开展教材评介）大力提高教材质量；大力加强通用教材编辑、出版队伍的建设；进一步改进通用教材的供应工作等项任务。

1961年至1966年期间，按照教育部于1961年3月21日发布的《解决高等学校和中等专业学校理工农医各科教材的具体分工办法》，承担通用教材出版工作的出版社有：人民教育出版社、高等教育出版社、中国工业出版社、人民交通出版社、人民铁道出版社、人民邮电出版社、中国财经出版社、国防工业出版社、农业出版社、人民卫生出版社、人民体育出版社、科学出版社,以及上海科技出版社、湖北人民出版社、江苏人民出版社等。

其中,高等教育出版社于1954年5月建立后,初期与商务印书馆联合经营,1958年以后独立经营,1961年与人民教育出版社合并,1965年高等教育出版社又恢复建制。

1962年以后,随着通用教材出版任务的扩大,需要相应地加强编辑、出版队伍和印刷力量。1962年8月1日《高等学校及中等专业学校理工农医各科教材工作领导小组会议纪要》引述了中共中央文教小组成员林枫在会上的讲话。林枫指出:有的出版社反映编辑、出版力量不够,应该本着精简节约的精神,实事求是地加以研究,如确有必要加强和补充,可以提出意见。他要求把教材工作搞好,领导给予关心、支持,创造必要的条件,及时解决存在的问题。

1964年7月31日高等教育部党组发布《关于进一步开展高等学校及中等专业学校理工农医各科教材建设工作的报告》。"报告"指出:为了实现今后教材建设任务,不断提高教材质量,必须建立相应的编著、编辑和出版队伍。据有关部门的统计,今后几年,需要一支三四百名编辑人员和相应的其他业务人员组成的编辑队伍。必须大力加强编辑队伍的建设工作。编辑任务较大的部门,一般应建立专门的教材编辑室。为了解决教材的出版问题,从长远来看,承担大量教材任务的出版社,有必要逐步扩大印刷力量,以求大部分教材由本社印刷厂印刷,保证及时供应。

经过这一阶段的努力工作,我国高等教育教材建设有了很大起色,出版数量大为增加,详见表3-3。①

表3-3 1961—1966年全国高等学校(含中等专业学校)教材出版情况表

年份	合计(种)	其中新出数量(种)	印数(万册)	印张数(千印张)
大专教材				
1961	1 717	1 126	15 147	189 618
1962	186	352	12 253	157 086
1963	986	244	7 429	93 429
1964	1 286	285	10 158	118 915
1965	1 086	270	6 696	82 208
1966	264	51	1 132	9 157
合计	5 525	2 328	52 815	650 413

---

① 王润孝,万小朋,李辉等.我国高等教育教材建设与改革研究项目[Z].西北工业大学,2009.

续表

年份	合计（种）	其中新出数量（种）	印数（万册）	印张数（千印张）
中专教材				
1961	1 015	742	11 796	108 890
1962	794	118	4 039	33 792
1963	564	134	3 641	21 546
1964	608	109	5 191	42 762
1965	664	101	9 408	78 421
1966	352	56	8 276	47 848
合计	3 997	1 260	42 351	333 259

四、教材建设特点

从新中国成立后到"文革"之前,我国高等教育教材建设历经曲折,从改造旧时教材,引进苏联教材,再到自编教材,教材建设得到普遍的重视和长足发展,取得了历史性的成就,建立起相对完整的教材建设体系,较好地适应了我国高等教育事业发展的需要,并为后来高等教育教材建设的快速发展打下了良好基础。

（一）在艰难和曲折中发展

这一时期,一个以普通高等学校本科教材为主,包括各学科、各层次(研究生、本科、专科)、各类别(教科书、教学参考书、习题集、实验实习教材、参考图册和手册等)的教材体系已经初步形成。教材普遍具有理论性、系统性比较强,讲究教学法,便于自学的特点,较好地反映我国社会主义建设的实际,并程度不同地吸取了国内外文化科学技术的成果。但是,随着政治、经济政策、环境的变化,这一时期的高等教育教材建设也面临着很多困难和问题。政治环境方面,1958年以后,在"左"倾思想影响下盲目冒进,出现了"教育大革命"和"教育大跃进",教材编辑、出版等工作出现了一些违反教材建设科学规律的不正常现象。

1959年"教育大革命"中的大破大立,批判资产阶级学术权威,"拔白旗、插红旗","上、管、改"等运动,迫使这一时期中国高等教育教材建设走出了一个"从无到有,又从有到无"的困难历程。

1960年,学术批判运动以反对所谓"现代修正主义"为中心,提出要在哲学、社会科学和文艺领域批判修正主义,挖十八九世纪资产阶级学术思想的"老祖坟",要大破大立。这次批判,再次引起思想上的混乱,挫伤和打击了一批知识分子的积极性,严重影响了高等学校的文科教学和教材建设。

1965年初,高等学校开展社会主义教育运动,学校受到越来越大的冲击,正常的教学、学科建设、教材建设遭到很大干扰。

经济方面,新中国是在一穷二白的基础上建立起来的,成立之初我们的物资非常紧缺,上课前教材的到手率不高,许多是教师编讲义再油印,上课时发给学生,这样的讲义字迹模糊,影响学习。

1958年的"大跃进"以及1959—1961年国民经济发生的严重困难,农业连续几年减产,直接影响到造纸工业的生产。由于纸张短缺,不少报纸、杂志停刊,出书数量锐减。许多学校不少课程上课没有教材,不少教材不能课前发到学生手中,许多讲义纸张质量差,印刷不清楚,印刷力量也严重不足。

编辑队伍是整个出版工作的中心环节,加强编辑队伍的建设是保证多出书和出好书的基本条件。但编审处、出版社的编辑人员缺乏,难以承担大量的出版工作。如高等教育出版社建社之初根据教材任务曾提出要建立100人以上的编辑队伍。开始时只有15人,经过几年努力,到1959年才发展到63人,到1960年与人民教育出版社合并时精简到21人。1961年后,根据任务发展情况,又提出编辑队伍170人的编制计划,由于中央对教材工作的重视,教育部对调配人员的支持,在当时机构精简情况下,大力为高教社补充编辑人员,到1966年发展到88人,但仍然面临着人手短缺,编辑任务繁重的问题。

在政治、经济、师资等因素的影响下,这一时期的高等教育教材建设存在以下主要问题:

首先,高等教育教材的总体水平还不够高。受当时"左"的思潮的影响,理论和内容上还存在片面性;在教学上比较忽视对学生认知规律的研究,比较强调"灌输",强调"循序渐进",忽视启发性教学;受到当时国内生产水平的限制,有关实践的内容很少或者水平很低,或者照搬苏联,脱离国内实际等。

其次,高等教育教材的总体品种数量很少。多数课程特别是专业课程普遍只有一种教材,有些甚至没有可供选用的教材;一些公共基础课教材虽然有多种版本,但是无论内容还是体系都没有脱离苏联教材的框框,再加上苏联教学体制的影响,多数版本雷同。

再次,教材的总体出版印刷质量较差。受经济发展水平制约,多数教材印刷质量较低,在三年经济困难时期曾一度使用很黑的再生纸印刷教材。学生使用的教材中手刻油印讲义占有很大比重。

最后,教材编审管理制度方面也有待进一步完善。例如,提出"职务作品"的概念,大大降低了教材编写的稿酬标准,稿酬到了学校还要被扣去一大部分,教师编写教材全靠政治热情和责任感,大部分是依靠行政安排。

(二) 初步建立起了教材编审、出版、发行的管理体系

1956年以前,高等学校教材工作的组织领导集中在当时的教育部、高等教育部。1956年以后由国务院各有关部委按专业对口的原则,规划和组织各类专业教材的编审出版工作,加强了专业领导。

高等学校教材的编审工作,从1961年起分别由各有关部委聘请各学科领域内学术水平较高,教学经验比较丰富的专家、教授,组织专业组(文科教材)或教材编审委员会来承担。

这一时期,我国已初步建立起包括各专业出版社、地方出版社等在内的较完整的教材出版体系。有的出版社多年来出版了大量教材,每年出版教材任务较大,贡献尤为突出。如高等教育出版社,1954年至1959年,出版了苏联教材的中译本和部分自编教材,1960年至1966年,出版了大批自编教材和部分国外教材的中译本,满足了高等学校和中等专业学校的教学需要,实现了中共中央书记处关于"教材分两步走,先解决有无,再解决提高"的要求,是我国教材出书品种最多,印量最大的出版社。该社曾在条件比较困难的情况下,在短短的二三年内,组织翻译出版了苏联理、工、农各科的大部分教材,对建立社会主义的教材出版事业做出了巨大的贡献。人民卫生出版社、农业出版社、机械工业出版社等专业出版社,也都十分重视教材工作,从20世纪50年代初到70年代末,集中力量,精心组织,分别编审出版了医药、农科和机械类各专业的全套教材,每年供应的教材各有数百种之多。教材任务大的一些部委,还专门设置了教材办公室或教材编辑部(室),其中包括原航空部、原电子部、原铁道部的教材办公室、原机械部、原冶金部、原煤炭部、原兵器部、原石油部、原地质矿产部、船舶工业总公司、司法部的教材编辑部(室)等,长期从事教材的组织和编审工作,对高等学校教材建设工作做出了很大的贡献。多年来,不少地方出版社积极承担高等学校教材的出版任务。其中上海科技出版社出版的中医类、水产类、电子类教材质量较高,受到好评。

新中国成立初期,我国印刷力量并不充裕,印刷技术比较落后(主要是铅排铅印),各校的讲义大部分是油印,成本高,质量差,严重影响教学效果,国家明确教材出版工作处在出版工作第一位的目标,各相关部门积极支持,保障了教材出版的进度安排、纸张供应工作,使教材出版工作处于平稳有序运转状态。

(三) 明确了教材建设的指导思想和编审教材的基本原则

教材是教学经验的总结,又是科学知识的凝结。但是教材又不是一般的科学著作,需要按照一定的教学要求进行编著。我国是社会主义国家,教材是教书育人的工具,应该有较强的思想性。但是,教材是科学著作,也应该具有科学性,要体现"双百方针"。在总结正反两方面的经验的基础上,1961年,国家对文科教材提

出了"材料比较充实,观点大体妥当,尽可能做到观点和材料的统一""叙述简明扼要,比较适合学生的程度和教学的要求""尽量反映对于历史和现状比较成熟、比较肯定的经验总结和研究成果,不肯定的东西不写进教材,以保证教材的相对稳定性和科学性"的要求。对高等学校理工农医各科,1962年规定了编审教材的基本原则:以马列主义,毛泽东思想为指导;符合教学要求;具有与本门学科发展相适应的科学水平;贯彻理论与实际相结合的原则;贯彻"少而精"的原则;体现"循序渐进"的原则;遵循"百花齐放、百家争鸣"的原则;文字通顺易懂,图表正确清晰。

在这一时期,教材的编审、出版发行等各项工作的规章制度也都基本形成。

(四)以引进教材和自编讲义为主

新中国成立初期,受条件限制,教材建设尽管投入的人力、资金较大,但短期内仍以使用原有教材和学校自编教材为主。自编讲义是这一时期教材的重要组成部分。据调查,重点高校师资力量雄厚,一般自编讲义(不包括本校正式出版教材)占40%~60%。这些讲义,大多为油印或铅印,具有便于修改,密切结合本校教学条件、学生水平,反映本校特色及教师水平,教学适用性好的特点;一般院校自编讲义占比重少,为20%~40%。但这些自编讲义普遍印刷较差,字迹往往模糊不清,印刷成本也较高,总体上说,无论内容与印刷质量都参差不齐。

这一时期还大量引进苏联优秀教材并推荐各校使用或供教学参考。引进国外教材方式有两种:一是采用原教材;二是采用中译本。这对解决科技类教材的缺口,保证有可用教材是极为重要的。

长时期以来,受苏联教材模式和我国教学体制影响,不少基础课、专业基础课教材,版本多达一二十种。虽然也有教学要求和专业类型的区别,如材料力学课编有多、中、少学时的教材,机械制图分机械类和非机械类等教材,以满足不同学校,不同专业的教学需要,但"千人一面,千部一腔"的现象严重。有些老教师回顾当时教材状况时说:"多年来确实存在教材内容未变,讲述方法未变,也没有反映现代本学科对自然规律的新观点、新解释,与中学教学的衔接也不好。如大学物理学总是走'力(声)、热、电、光'之路,化学是'三酸二碱',教材在传统的模式里搞文字的排列组合。"究其原因,与我国教材采用国定制或审定制有关。具体说,教材必须纳入国家的统一模式,其衡量标尺就是教学大纲。在教材审定中,符合教学大纲的就出版,不符合大纲的就不出版,即使是教学参考书,也是围绕着教学大纲打转,不敢贸然离得太远。①

而国外教材,则显得比较自由与活泼,模式也比较多。同一国家的同一学科教

---

① 李正义. 谈谈商业中专教材建设的总体特点[J]. 职业技术教育,1997,(1):44-45.

材,往往差别较大,风格迥异,特色突出。至于不同国家的同一学科教材,那就存在着更大的区别。如法国物理学的教材,最大的特色是注重数学工具的运用,并尽可能地注重形式体系的完美,而我国普通物理学教材的内容略显陈旧,各版本趋同,特色较少。

在自编教材的后期,广大教师对单一化的教材模式,有了一些革新,有些学科增加了一些教材品种。

(五) 联系国情走自编道路

一般说来,英国、美国的教材比较重视实践知识,重视应用;苏联、德国教材比较重视理论;而我国开始编教材时,大多是仿照苏联的模式,比较注重理论,课程内容多,讲得比较深入。自编教材的后期则在注重基础理论的同时,加大实际应用的分量。在这种理论联系实际的思想指导下,编出了一批好教材。

如1958年同济大学樊映川教授编写了《高等数学讲义》(见图3-1),由高等教育出版社出版,在新中国成立后数学基础学科建设及人才培养方面发挥了举足轻重的作用。1978年同济大学数学教研室在此基础上编写了《高等数学》,至今已累计出版9个版本(见图3-2),总发行量超过6 000万册,几十年来畅销不衰,广受读者欢迎。《高等数学讲义》曾获"1982年度全国优秀科技图书一等奖",1987年获"国家教育委员会高等学校优秀教材优秀奖"。《高等数学》第二版于1987年获"国家教育委员会高等学校优秀教材一等奖",第三版于1997年获"普通高等学校国家级教学成果一等奖",第六版被评为"2008年度普通高等教育精品教材"。同济大学《高等数学》是全国使用范围最广、影响力最大的一部高等数学教材,在我国大学数学课程教学中发挥了重要的历史作用。

又如,当时的西北工业大学机械零件教研室在濮良贵教授的带领下,结合校内使用的讲义,自编了《机械零件》(第一版,再版后更名为《机械设计》),于1960年

图3-1 高等数学讲义

图 3-2　同济大学《高等数学》教材

由人民教育出版社出版发行,之后几十年中,这本教材作为全国普通高校的推荐教材连续再版发行,并获全国第一届高等学校国家级优秀教材奖。2013 年,《机械设计》第九版刊印发行,已成为国内同类教材中最受欢迎的教材之一。画法几何及机械制图课程的教材建设也体现了这一时期的特色。1957 年至 1958 年,教育部邀请苏联专家在清华大学举办了画法几何及机械制图教学研究进修班,在总结交流的基础上,初步形成了工程制图的教学体系和框架。1962 年,教育部成立高等学校工科画法几何及工程制图教材编审委员会,审定出版了一批高水平的教材。这一时期出版的具有代表性的新编工程图学教材有:大连工学院《画法几何学》及《机械制图》(1957 年),同济大学《画法几何及建筑工程制图》(1959 年,第二版于 1961 年出版,"文革"中停印),唐山铁道学院《画法几何及建筑工程制图》(1960 年),华东纺织工学院制图教研组《工程制图学》(1960 年),西北工业大学机械制图教研组《画法几何及机械制图》(1961 年)等。

高校教材联系我国实际,首先要结合我国社会主义建设的实际,体现了我国科技发展的成就和进步。编者尝试对陈旧过时的内容进行较大的修改,从而反映教材跟踪科技发展的先进性。

高等教材联系我国实际,要适应我国教学需要。1962 年以后,鉴于我国实际,提出精简教材,减少课时,提高教材的教学适用性。为了提高学生的能力,教材中力图运用辩证唯物主义观点来阐述分析问题,并培养学生运用本学科知识去解决实际问题。在习题中,结合我国当时实际,力求多样化,以培养学生独立思考的能力。

中国高等教育教材的自编道路,是不断学习总结本学科国内外同类教材的优点和经验,取人之长,补己之短,不断成熟的过程。教材建设应反映教法、体系、内容上的创新。有鉴于此,在新编或修订教材中,大多作者都对国内外同类教材进行广泛研究,并且结合我国国情,加上自己创造和积累的经验,编写水平在不断地吸收和扬弃中显著提高了。

此外,自编的高校教材还联系我国科技成果史,把中国人创造发明的光辉业绩写进教材,激发学生的民族自豪感;同时吸收我国相关学科的最新科技成果,拓宽学生视野。

教材的内容要成熟,但也要反映时代的风貌。教材的特色是随着国家指导方针、政策及科学技术的发展和教学改革的深入发展而变化的。教材反映时代的风貌可以说是教材建设的一个动态过程。这一时期,不少教师从不同侧面作了不懈的努力,编出了一些富有时代气息的好教材,显示了我国教材的时代特色。新中国成立初期,我国人民战天斗地,加快建设社会主义,人民群众奋发向上、苦干巧干的精神,以及当时高度的社会责任感和精神文明内容等都在教材中有大量的反映。

(六)"全国一盘棋",开展教材建设

新中国成立初期,百废待兴,在教育部的组织下,各部门、各高校大力协同,合作攻关,取得了高等学校教材建设工作的一项项成果,开创了新中国高等教育教材建设工作的崭新局面。为了解决翻译苏联教材的原版书问题,高等教育部教材编审处陆续向出版总署、北京图书馆以及中国科学院等单位借到俄文图书 1 000 余种;东北文委编译处结束后,转送给教材编审处俄文教学用书 700 余种,工具书及一般参考书 200 余种。后来,出版总署又把苏联推荐的供翻译使用的赠书中属于高等学校教材部分的 500 余种全部转赠给教材编审处,连同各高等学校俄文藏书中可供翻译使用的,总计达到 4 000 余种,5 000 余册。[①]

由于经济困难等因素,在 1960 年前后,纸张供应十分紧张,灰色纸张教材十分突出,国家出版局和轻工业局采取了不少应急措施,甚至以减少图书和杂志用纸来保证教材用纸。印刷公司为了解决印刷生产能力的严重不足,采取每年召开印刷生产调度会,挖掘生产潜力来安排教材印刷任务。为了保证教材用纸,文化部出版局所属的纸张公司和印刷公司采取了各种措施,克服种种困难,为教材的及时供应作出了很大的努力。由于京、沪两地的印刷生产能力十分紧张,高等教育出版社将印刷任务分散,每年承担教材代印、代发任务的省市少则 12 个,多则 18 个,北京、上海、江苏、浙江、安徽、山东、湖北、湖南、陕西、甘肃、重庆、成都、山西、河北、辽宁、吉林、黑龙江等省市都曾代印、代发过。其任务量占高等教育出版社任务量的一半以上。这些教材的顺利出版,无不体现着教材建设"全国一盘棋"的可贵精神。

---

① 王润孝,万小朋,李辉等.我国高等教育教材建设与改革研究项目[Z].西北工业大学,2009.

第二节 "文革"期间高等教育教材建设

从 1963 年到 1966 年春,在"以阶级斗争为纲"的理论方针指导下,以"反修防修"为名,整个社会主义思想文化战线,包括文艺、教育、哲学、经济、历史、社会道德等各个领域,都出现了越来越严重的"左倾"偏差。对阶级斗争的错误估计,左倾思想的膨胀,使正常的教学和教材建设遭受了剧烈冲击。1966 年 5 月到 1976 年 10 月的"文革"使整个国家陷入严重的浩劫,极大地破坏了教育事业尤其是高等教育事业的发展。教材的编辑被迫停顿,出版社被封,学生几乎不上课,上课几乎无教科书。

1966 年 8 月 1 日至 12 日,中共八届十一中全会通过的《中国共产党中央委员会关于无产阶级文化大革命的决定》中提出:"改革旧的教育制度、改革旧的教学方针和方法,是这场无产阶级"文革"的一个极其重要的任务"。1971 年 4 月 15 日至 7 月 31 日召开的第二次全国教育工作会议提出的"两个估计"认为,"解放后 17 年毛主席的无产阶级教育路线基本上没有得到贯彻执行",教育战线是"资产阶级专了无产阶级的政",大多数教师和解放后培养的大学生的"世界观基本上是资产阶级的"。在学校中鼓吹"踢开党委闹革命",取消党对教育事业的领导,造成教育行政机构和学校领导机构的瘫痪。在改造旧教育制度的旗号下,片面强调放权,否定中央统一领导。从 1966 年起,高等学校被迫全面停止招生达 6 年之久,停止招收研究生达 12 年之久,停止派出和接收留学生近 7 年。教学科研工作完全服从"革命"的需要,人员下放,图书资料损坏,一些高等学校被拆并、搬迁、撤销,教师队伍受到了极大的摧残,正常教育秩序被完全打乱,社会科学研究几乎全部停顿,违背教育规律,片面强调"突出政治""教育与生产劳动相结合",造成教育事业的混乱、停滞和倒退。虽然在 1972 年周恩来总理主持党中央日常工作和 1974 年邓小平任国务院第一副总理期间都进行了一些整顿和挽救工作,但都随着"批邓和反右倾翻案风"的展开而中途夭折。

教材建设也同样遭受了严重打击。教材工作被诬蔑为执行了"脱离政治""脱离实际""脱离群众"的反革命修正主义路线,原有教材都被视为"封、资、修"的"黑货",受到批判和否定。教材编审、出版机构被撤销,编审、编辑队伍被拆散,通用教材出版、发行工作被迫停顿。

这个时期学校大量使用自编讲义,而这些讲义大多体系支离破碎,基础理论十分薄弱,以致教师无书可教,学生无书可读。"文革"初期,很多学校取消课程出去"闹革命",后来一些学校响应中央号召回到学校"闹革命",但由于交通等各种缘故,很多学校的学生并没有归校,许多在校的师生受政治影响把上课作为副业,同时教材建设的主体——教师队伍大量流失,教师编写教材的积极性受到严重打击。此阶段,我国高等教育遭到极大破坏,中国与世界较高水平的高等教育差距加大,高等教育教材建设严重倒退。

尽管政治环境恶劣,但是广大教师、学生并不完全被形势左右,教学并未完全停顿,有很多教师坚持教学,在力所能及的范围认真编写讲义,为教育教材建设保留了希望的火种。当时的高等学校先是停止招生,之后通过"推荐"的办法部分恢复招生,大量的工农兵学员进入学校,他们的基础参差不齐,有的甚至小学没有毕业就被推荐上了大学。为了教书育人,高等学校的教材编写工作也具有很大弹性,讲义基本上可以照顾大多数工农兵学员。另外教师还深入工厂农村结合实践编写教材,例如当时西部航空院校的多个专业的教师(如数学、力学、制图、外语等基础课教师和飞机设计、飞机工艺、飞机强度、飞机结构等专业课教师)组成"教改小分队",进驻到附近的军工大厂,在长达半年多的时间里与现场的工人一起生产、改造,同时也负责对工人的文化技术教育,他们经常一边讲课、一边和技术能手讨论、一边根据意见编写教材,做到教学与实际的紧密结合。虽然当年工农兵学员肩负"上大学、管大学、改造大学"的革命重任进入高校,但他们中很多人也自觉做好了学生的本分,刻苦学习。

恢复重建与改革提高阶段

（1977—2015）

第四章 改革开放初期的高等教育教材建设

"文革"时期,我国高等教育事业遭到严重破坏。高考制度被废除,大批教师被下放,高校校舍大量被占,教学仪器、设备、图书资料被严重毁坏,教学秩序受到严重干扰。作为高等教育重要支撑的教材建设也未能幸免,新中国成立以来的教材建设成果被全盘否定,出版社停办,教材编审委员会被解散,编审编辑人员下放,教材出版发行工作基本停顿,从而造成了我国高等教育史上严重的"书荒"。

粉碎"四人帮"后,邓小平同志在百废待兴之际亲自抓教育,一开始就敏锐地抓住了教育改革的核心——教材问题。他对高等教育教材建设多次作出重要指示,高等教育教材建设进入新时期。

从1977年到1995年的近20年间,我国高等教育已形成了两个系列(普通全日制教育系列和继续教育系列)三个层次(研究生教育、本科生教育和高等专科教育)的教育模式。两个系列协调发展,既符合了邓小平同志对高等教育"两条腿走路"的指示,也满足了现代化建设不同行业对人才的需求。三个层次分类培养,既体现了因材施教,也与国际教育模式接轨。

这一时期的高等教育教材经过全面恢复(1977—1980年)、"六五"(1981—1985年)、"七五"(1986—1990年)、"八五"(1991—1995年)四个阶段的建设,逐渐从"无教材可用"到"解决有无",经过"扩大品种""提高质量",最终形成了"种类齐全、质量较高、系列配套"的教材体系。

第一节 全面恢复时期高等教育教材建设

"文革"结束后,邓小平同志刚刚复出,就亲自抓教育工作。他要求把教材编写工作首先抓起来,先后指示有关部门"编好教材是提高教学(质量)的关键,要有足够的合格人力加以保障""关键是教材。教材要反映现代科学文化的先进水平,同时要符合我国的实际情况""教材很重要,要统一教材""要引进外国教材,吸收外国教材中有益东西",这些重要指示既为当时的高等教育教材建设创造了条件,也为今后一个时期的高等教育教材建设指明了方向。

依据中央指示精神,全面恢复阶段高等教育教材建设的主要任务是解决教材的"有无问题",指导方针是有计划、有步骤地加快高等学校的教材建设工作,努力做到1978年秋季入学新生从一年级起,逐年都有新教材使用,1980年以前编审出版一套质量较高的通用教材,以及相当数量的教学参考书、工具书。

这一时期,高等教育与教材建设在"文革"后的废墟之上起步,教材编审、出版、发行体系相继得到重建,教材建设蓬勃发展。

一、重建教材编审机制

为了贯彻执行中央领导同志的重要指示,教育部于1977年8月在北京召开了高等学校教材编审出版工作座谈会。会议研究讨论了教育部起草的《关于高等学校教材编审出版工作若干问题的暂行规定》。1978年2月15日国务院以[1978] 23号文件批转了这个"规定"。"规定"提议由国务院各有关部委在地方协助下,按照专业对口的原则,负责组织编审出版;建议在国务院领导下,由教育部和有关部委主管教育工作的部一级负责同志组成高等学校理、工、农、医教材工作领导小组,统一研究教材工作中的重大问题,并在教育部内设立理、工、农、医教材办公室,处理日常工作。努力做到1978年秋季新生入学就有新教材使用,1980年以前编审出版一套质量较高的通用教材,以及相当数量的教学参考书、工具书,1985年以前编审出版几套适应各种办学形式和要求、具有不同风格和特色、反映国内外先进科学技术水平的社会主义新教材。为了实现这一目标,国务院各有关部委必须加强对口专业的教材建设,并规定其任务是:

(1)根据有关教学计划的基本要求,制订本部委对口专业的全国通用教材的编审出版规划。

(2)组织本部委所属院校及其他有关院校和出版社进行对口专业的全国通用教材的评选、编审和出版工作。

(3)组织交流本部委对口专业的教材改革和教材建设经验。

(4)指导和帮助各地搞好有关教材的编审工作。根据地方要求,帮助审查有关教材中地方难以审查的重大政治、政策性问题和保密问题。

文件对国务院各部委在高等教育教材建设方面的分工也做了安排:

各类专业的公共课(包括基础外语和体育)教材,理科教材,以及工科各类专业中适应面较广的基础课教材,由教育部及所属出版社负责组织编审和出版;工科各类专业中全国通用的专业课教材和部分基础课教材,以及农科、医科及体育、艺术类的全部通用教材由有关对口部委及出版社负责组织编审和出版;文科及艺术类教材由国家出版事业管理局所属有关出版社出版(教育方面由教育部所属出版社出版);各部委之间有交叉的教材以对口部委为主通过协商解决。

1978年8月及10月,教育部分别在北戴河及北京召开了高等学校理科教材座谈会和工科基础课程教材座谈会。会议明确了编审教材的前提及指导思想,制订了高等学校理科和工科基础课程教材编写规划的草案。接着,从1978年8月到1979年1月,教育部又分别委托部分省市和高等院校,先后召开了高等学校理科数学、物理、化学、生物、地理等专业,工科高等数学、普通物理、化学、制图、力学、机械基础、电工无线电基础、水力学等课程以及理工科公共外语、自然辩证法等15个教材编审委员会,制订了200多种教材的编写大纲,调整、补充了教材规划草案,落实了编写任务及编审出版计划。

1979年10月5日,教育部发出了《关于建立高等学校理科和工科基础课程教材编审委员会的通知》。同年11月及12月,教育部先后在北京召开了高等学校工科基础课程和理科教材编审委员会预备会议。会议回顾了新中国成立30年来,特别是粉碎"四人帮"以来教材工作的发展历程,初步总结了教材工作的若干经验教训,提出了做好教材工作应该注意的几个问题:

(1) 教材要保持相对稳定性,在相对稳定的基础上,结合教学的改革,逐步地进行教材的改革。

(2) 教材工作要尽可能按照教学工作正常的"工艺流程"来进行,要修订好教学计划、教学大纲,使教材编审工作有可靠的依据。

(3) 认真贯彻"双百"方针,要鼓励编写不同学术观点、不同风格和不同改革试验的教材,要鼓励编者阐述自己的学术见解,总结和反映各自的教学经验。

(4) 教材的编审出版工作中,要有集中统一的领导和规划,也要注意发挥各方面的积极性;允许教师灵活地使用通用教材,也可以另外自编讲义,要开展教材的评介。

(5) 加强教材编审工作的责任制。

(6) 对积极从事教材编审工作的教师给予表扬和鼓励。

(7) 明确提出教材的方向,大力提高教材的质量。

(8) 积极引进外国教材。

(9) 建设起与教材任务相适应的物质技术力量。

经过1979年底高等学校理科及工科基础课程教材编审委员会预备会议的认真研究讨论,1980年4月28日,教育部发布《关于编审高等学校理工科基础课和技术基础课教材的几项原则(试行草案)》。要求"有计划地进行教材建设工作,逐步为每门课程编写、出版各种具有不同风格和特色,反映国内外科学技术先进水平的教材,以利于不断提高教学质量"。明确指出"教材既是教学经验的总结又是科学的著作"。并提出编审教材的8项基本原则:

(1) 以马列主义、毛泽东思想为指导。

(2) 符合教学要求。
(3) 具有与本门学科发展相适应的科学水平。
(4) 贯彻理论与实际相结合的原则。
(5) 贯彻"少而精"的原则。
(6) 体现循序渐进的原则。
(7) 遵循"百花齐放、百家争鸣"的方针。
(8) 文字通顺易懂,图表正确清晰。

1980 年 4 月 28 日,教育部发布了《高等学校理科教材和工科基础课程教材编审委员会暂行工作条例(试行草案)》,决定恢复有关各科教材编审委员会。《条例》规定,教材编审委员会是各主管部门领导下的教材和教学工作方面的一个经常性的业务指导机构,教材编审委员会的五项重点工作是:

(1) 组织草拟和审定各门课程的教学大纲(理科教材编审委员会还要制定有关专业的教学计划),并根据科技发展和教学经验的积累,向教育部及时提出修改各种教学文件,促进教学更好地符合现代化要求的建议。

(2) 研究各科教材编审中的方针原则性问题及促进教材内容现代化的具体措施,制定教材建设的长远规划,报教育部审批。

(3) 组织评选各校新推荐出版的讲义,审查新教材和某些教学参考书书稿。

(4) 组织编委会成员及其他老师对教材情况作比较系统的调查研究,撰写教材评介和教学经验介绍的文章,组织召开有关教材和教学经验的讨论会和交流会,评选优秀教材。

(5) 开展外国教材的研究与评介工作,组织交流外国教材的研究情况和成果,向教育部和有关出版社提出选购及翻译,影印外国教材的建议。

此外,"条例"还对编审委员会成员的基本组成和应该享受的待遇都作了明确的规定:

编委会的成员主要是政治思想好,学术水平较高,教学经验丰富,并具有编审教材能力的高等学校的教师,也可以包括少数生产和科学研究单位的科学技术人员及有关出版社的编辑人员。"文革"前的原有编委一般均仍聘为编委。

编审委员会的成员和秘书、联络员以及编审委员会(小组)提出的、经教育部同意的教材编译人、修订人及审阅人所担负的工作,都应当列入六分之五的业务工作时间内,由所在单位予以保证。

从 1977 年到 1980 年,先后有 19 个部、委、总局建立了 124 个教材编审委员会,聘请了委员 2 630 人。"文革"后的教材编审委员会是在原有基础上的发展和壮大,规模更大、人数更多、分工更细,为"恢复阶段"的高等教育教材建设做出了不可磨灭的贡献。

二、制定教材编写计划

为了进一步在教材工作中拨乱反正,更加有领导、有计划地推进恢复阶段的教材建设工作,国务院承担高等学校教材编写任务的各个部委都十分重视,对这一时期的高等教育教材制定了详细的编写计划。

1978年3月15日,教育部下达了《高等学校理科基础课程教材编写出版计划》《高等学校工科基础课程教材规划》。之后,教育部又分别于1978年12月下达了《理工科公共外语教材补充规划》和《力学专业教材规划》,1979年4月及1980年2月分别下达了《高等师范院校理科部分基础课教材编写计划》及《高等师范院校数学、物理、化学、生物学、地理学五个专业教材编选计划》。以上各项教材计划及规划,共列有教材选题577种、817册,其中教科书359种、514册,参考书、翻译书218种、303册。

据统计,在全面恢复阶段,国务院30个承担高等学校教材编写任务的部委(包括教育部)共列有教材选题2 680种。从1977年底开始,各有关部委组织了数以万计的教师开展了高等学校新教材的编审出版工作。到1981年底,累计已编审出版2 149种,完成了原定规划中的大部分任务,初步做到了理工农医各科基础课程及设置较多的各专业的主要专业课程大都有了通用教材可供选用,初步解决了教材的有无问题。

三、恢复教材出版机构

"文革"前,高等教育的教材出版机构主要是教育部直属的高等教育出版社以及各有关部、委领导下的专业出版社,而高等教育出版社在"文革"初期就被撤销,人员被遣散,其他一些承担过高等教育教材出版任务的出版社,相当一部分在"文革"中被撤销,未被撤销的,也受到很大破坏,根本谈不上出版高等教育教材。1972年,周恩来总理亲自决定,要恢复教材出版机构,重建人民教育出版社,高等教育出版社并入该社。但是,在"四人帮"的破坏下,人民教育出版社也是举步维艰。

据教育部原副部长浦通修同志回忆,"文革"刚结束时,原来编教材的机构和人员都没有了,原人教社的班子早已发配到外地。针对"文革"中教材混乱的状况,当时任党中央副主席的邓小平同志果断地指示:"要组织一个很强的班子,编大中小学教材。"根据邓小平同志的指示精神,教育部党组为尽快增强人民教育出版社的编辑出版力量,以适应编写出版教材的急切需要,报请中央批准从各省、市抽调一批编辑出版干部。邓小平同志在看到这份报告后,不到几天就作了明确批示,指出:"编好教材是提高教学(质量)的关键,要有足够的合格人力加以保障。所提要求拟同意。"在邓小平同志的亲自关怀下,1977—1978年教育部为人教社从全国18个省、自治区、直辖市抽调了大批干部。各路人马调集北京后,首先遇到的是房子问题,但当时的情况非常困难。当时分管人教社的教育部副部长浦通修同志几乎把北京城都跑遍了,到处为教材编辑干部找安身之地,但始终无法解决。后来在邓小平同志的关心下,调集北京的200多位同志很快得到了妥善安置,住进了西苑旅社9号楼,后来又搬到条件更幽静的香山饭店。

而其他一些出版社也是在1978年2月15日国务院指定承担通用教材主要出版任务以后才陆续得到恢复和重建的。但由于"文革"期间受到了不同程度的破坏,这些出版社的编辑出版能力都相当有限。

1979年,教育部有关负责人在高等学校理工科教材编审委员会预备会上提出:要加强教材编辑、出版队伍的建设,尽快建设起一支数量上、质量上都与出版任务相适应的、又红又专的教材编辑、出版队伍。在教材的出版工作上也要有适当的改变,要有灵活性。除了按1978年国务院批转的《关于高等学校教材编写出版工作若干问题的暂行规定》确定的分工承担各类教材的出版任务外,允许各高等学校、中央和各地出版社,出版各种有特色的教材,有条件的学校也可以建立自己的出版社。据此,各大学出版社纷纷成立,并在此后的一个时期得到长足发展。

这一时期,教材的出版发行也得到了国家的高度重视。两次全国教材出版发行工作会议相继召开,为教材出版发行工作的顺利开展奠定了基础。

1977年12月,教育部和国家出版总局联合召开了第一次全国教材出版发行工作会议。会议确定教材的出版发行工作,必须"切实保证做到'按时''足量'供应学校,实现'课前到书,人手一册'的要求"。会议决定高等学校及中等专业学校的教材供应,恢复"文革"前每年春秋两季预订供应的办法。会议强调"中央和地方各有关部门和单位,要把教材工作当做一项极其重要的任务,严肃对待,认真做好""在赶印教材期间,除紧迫的政治图书外,其他一般图书,都要为教材让路""铁路、邮电、交通运输部门,对各类教材要保证优先装运"。会议制定了1978年度大、中、小学教材的出版计划及用纸分配计划。1978年4月3日,国务院批转了该会议报告。"报告"指出,各地和各有关部委所属出版社印刷厂的生产能力要尽快与出版任务相适应,大力挖掘生产潜力,并充分利用社会印刷力量,确保教材印制任务按计划完成。1978年1月17日教育部和国家出版总局发布《关于高等学校、中等专业学校教材供应工作的通知》,1979年2月1日,国家出版总局、教育部、铁道部、邮电部、交通部发布《关于认真做好大、中、小学教材运输工作的联合通知》,规定对标明"教材"字样的运件,要及时受理、及时发运,不得积压。

1979年2月,教育部和国家出版总局联合召开了第二次全国教材出版发行工作会议。会议总结交流了一年来通用教材的出版发行工作,研究了工作中存在的问题和解决办法,安排了1979年大、中、小学教材的出版发行计划和纸张分配计划。会议指出,一年多来,在各方面的共同努力和大力支持下,教材出版发行工作取得很大成绩,但还存在不少问题,包括还有不少教材不能"课前到书",鉴于印刷生产能力严重不足,建议各有关部委要从长远考虑,为所属出版社(特别是人民教育、人民卫生、农业、机械工业等出版社)的印刷厂,给予投资,增加人员编制,尽快建设起与本社任务相应的印刷生产基地。

四、设立外国教材中心,引进外国教材

在编写符合我国社会主义建设实际的教材时,要注意借鉴外国教材。对于外国教材,我们既不能照搬照抄,但也要重视吸收各国教材的长处,这是我国高校教材建设中一贯坚持的方针。

1977年9月19日,邓小平在同教育部负责人的谈话中说:"我看了你们编的外国教材情况简报。看来,教材非最先进的内容不可,当然,也不能脱离我国的实际情况。"接着又先后作出"教材要反映现代科学文化的先进水平""要引进外国教材,吸收外国教材中有益东西"等重要指示。根据邓小平同志指示,中央在外汇十分紧缺的情况下,仍千方百计挤出10万美元专款拨给教育部,在我国驻外使馆的协助下,从美国、英国、法国、日本等国家选购了大批教材,并很快空运回国内,供我国编写教材参考和借鉴。

1977年底,中国图书进口公司组织选订外国教材,4所全国重点综合大学及4所全国重点工科大学选订了外国教材4 000余册,其他各有关部委组织选订外国专业课程教材1万余册。

1978年8月,教育部会同中国图书进口公司在北京召开了外国教材座谈会。与会代表阅看了已经购到的4 000余册高等学校理科和工科基础课程外国教材以及北京图书馆、中国科学院图书馆借出的部分新版外国教材,探讨了外国教材的特点,提出了急需引进的外国教材书目2 000种。这批教材的引进,很大程度上弥补了"文革"所造成的教材空白,为我国高等学校的教材编写工作提供了借鉴和参考,发挥了非常积极的作用。

1978年12月教育部在北京召开外国教材中心图书室座谈会,起草了《关于高等学校外国教材中心图书室若干问题的暂行规定(草案)》。1978年3月28日教育部发出通知,指出为了加强外国教材的引进、积累、管理和使用,推动我国教材建设工作,不断提高教学质量,决定在全国6个地区的南开大学、复旦大学、武汉大学、吉林大学、南京工学院、华南工学院、重庆大学、西安交通大学及人民教育出版社内

设立9个外国教材中心图书室。设在人民教育出版社的定名为教育部外国教材北京中心图书室,由人民教育出版社教科书图书馆兼办。中心图书室购置外国教材所需经费,由教育部外国教材北京中心图书室统一编造年度预算,报教育部核批。20世纪80年代,世界银行贷款2 000万元用于我国教育教材建设,其中中小学教育和高等教育各1 000万元。高等教育出版社充分利用其中的400万元,较大地提高了教材出版水平;北京大学、清华大学、复旦大学,以及华东师范大学等利用该项贷款建设和完善了出版社和印刷厂等。这一时期,世界银行贷款对我国高等教育教材建设起到了重要作用。特别是在图书价格大幅上涨、图书经费严重短缺的20世纪90年代,教育部外国教材中心的专项拨款,对国外教材的引进,对推动教材建设,提高教学质量,适应高等学校努力赶超世界先进水平的需要,起到了积极的作用。

至今,教育部外国教材中心已成立40余年,在高等教育出版社、北京大学医学部、清华大学、中国农业大学、南开大学、吉林大学、复旦大学、南京大学、东南大学、武汉大学、华南理工大学、重庆大学、西安交通大学、北京林业大学等高校的图书馆共设14个外国教材中心,覆盖了理、工、农、医、管理等各学科门类(见表4-1),并从以单一的引进服务为主,逐渐发展为引进服务与教材研究并举。在教育部的统一领导下,各中心在外国教材的引进、收藏、使用、评介、研究等方面开展了许多工作,建立了面向全国高校的外国教材资源共享服务系统。

表4-1 教育部外国教材中心所在单位及分工

外国教材中心所在单位	分工引进和研究的学科	外国教材中心所在单位	分工引进和研究的学科
清华大学	理科、工科、管理科学	西安交通大学	电子、电力类
复旦大学	数学类	东南大学	土木建筑、工程力学类
南开大学	物理类	华南理工大学	化工类
吉林大学	化学类	中国农业大学	农科
南京大学	地学、天文学、气象类	北京大学医学部	医科
武汉大学	生物类	高等教育出版社	理工基础类
重庆大学	机械类	北京林业大学	林科类

随着党的十一届三中全会的召开和"改革开放"基本国策的确立,我国社会在政治、经济、科教文卫等各个领域全面"拨乱反正"。这一时期,高等教育教材事业的主要任务是恢复和发展。

第二节 "六五"时期高等教育教材建设

"六五"时期,教材建设以"提高质量、扩大品种"为原则,教材编写、编审工作蓬勃发展,逐步实现了教材供应"课前到手、人手一册",教材建设取得了显著成效。

一、制定各门各类教材的"六五"规划

为了进一步有计划、有步骤地做好高等教育教材建设,教育部和相关部委按照分工,分别针对不同的学科门类制定了"六五"教材规划。

"六五"教材规划的指导方针是紧密结合我国社会主义现代化建设和高等学校的实际,总结历史经验,汲取国外有益的东西,在已有教材的基础上,大力提高质量,进一步扩大品种,逐步编写或修订出一套质量较高、符合教学大纲要求的教材和相当数量不同风格、特色的教材和教学参考书,翻译出版一大批外国教材。

"六五"规划的目标是1985年以前编审出版几套适应各种办学形式和要求、具有不同风格和特色、反映国内外先进科学技术水平的社会主义新教材。

(一)普通高等教育本科教材规划

1980年4月28日,教育部发布《关于编制高等学校理科教材及工科基础课和部分技术基础课教材编审出版五年规划的意见》的通知,并于四、五、六月,分别委托有关高等学校召开各教材编审委员会扩大的全体会议,审议了高等学校理科、高等学校工科基础课程及高等学校理工科公共外语课程的1981—1985年教材编写规划。1980年11月27日,教育部发出通知,下达了会上审订的3个教材规划,共列有教材选题808种。

由于国务院对各类教材的建设任务有明确的分工,所以教育部的通知中也明确指出:根据国务院的规定,高等学校理科和工科基础课程和部分技术基础课程的教材,由教育部所属人民教育出版社负责出版。因此,这个规划中只包括了由人民教育出版社承担出版任务的教材。有的部委、地方和学校出版社也在组织编写少数这类教材,按照"百花齐放、百家争鸣"的方针,只要组编的教材确有特色和有利于提高教材和教学质量,可以各自负责组织编审和出版,不必都纳入教育部教材规划,也不必经过教育部所属各教材编审委员会审稿,但要注意避免不必要的重复,保证教材质量和按时足量供应学校,做到课前到书,人手一册。为了保证教学工作的顺利进行,人民教育出版社仍应按照分工配套出版教科书、实验实习教材、习题

集和必要的教学参考书、工具书,承担教材出版工作的主要任务。

原三机部、四机部、六机部、水利部、电力部、地质部、煤炭部、卫生部、铁道部、国家体委等部委也相继制定了以提高教材质量为中心任务的"六五"教材建设规划。

这是我国改革开放以来高等教育教材建设的第一个五年规划,为今后"七五""八五"等教材规划的制定积累了宝贵经验。

(二)普通高等师范专科教材规划

1981年11月,教育部在天津召开了普通高等师范专科教学工作座谈会,讨论确定了编写普通高等师范专科二三年制教学大纲的意见及计划,并交换了解决普通高等师范专科教材问题的意见。1982年6月至11月,分别召开了普通高等师范专科生物、地理、物理、数学、化学专业的教学大纲审订会及教材编写计划的讨论会。1983年9月5日教育部高教一司印发了这些会上审议的《1983—1985年师范专科学校理科专业教材编选规划》,规划列有数学专业选题6种、物理专业选题11种、化学专业选题6种,这三个专业的其他教材及生物、地理专业的教材,先推荐选用已出版的师范学院本科或综合大学的同类教材。

(三)函授及职工大学基础课程教材规划

1977年,邓小平同志在《关于科学和教育工作的几点意见》中指出:"教育还是要两条腿走路。就高等教育来说,大专院校是一条腿,各种半工半读的和业余的大学是一条腿。"在大力发展全日制教育的同时,各类函授及职工大学也得到了长足的发展。

1981年4月12日,教育部在北京召开了高等工业学校函授教学工作预备会议,会上审订了机械制造工艺与设备、发电、工业与民用建筑三个专业的教学计划,商定了基础课、技术基础课程教学大纲的计划,以及组织编写这些课程的函授教材问题。1982年1月18日,教育部发布《关于编审出版高等学校工科基础课程函授教材和自学用书的几点意见》《高等学校工科函授教材及自学用书编写规划》《推荐选作高等学校工科函授及自学用书的普通高等学校教材表》,确定编选19门课程的25种函授教材。

1983年11月5—19日,在江苏省无锡市召开了职工高等工业专科学校基础课、技术基础课教学大纲审订会,会上审定了职工高等工业专科学校32门基础课和技术基础课40种类型的教学大纲,讨论、确定了借用教材的使用说明书,会议讨论通过了高等教育出版社提出的《关于职工高等工业专科学校基础课程第一期教材建设规划》。

职工高等工业专科学校基础课程的第一期教材建设任务是从1984年起,在较短的时间内,以借用的办法解决教学上的急需,并在此基础上,奋战五年,编写出一套符合社会主义现代化建设需要、充分反映职工大专学校特点的、有特色的教材，除个别特例外，原则上对每一种类型的经审定的职工高等工业专科学校教学大纲，都编审出版一本与之相应的教材。这个规划包括机械制造工艺与设备、工业电气自动化、工业与民用建筑和化工工艺等四个专业的20门基础课程（公共外语课除外）所需的30种教材（由高等教育出版社负责出版）。

当时确定的职工大学教材编审工作的方针、原则是，要坚持从职工大学的实际出发，既要充分反映职工大学的特点，又要保证大专水平。

二、出台保障教材编写工作的政策措施

编写教材是一项认真细致而又艰苦的工作，为调动教师编写教材的积极性，教育部先后出台一系列文件，为教材编写提供了政策保障。

（一）条件保障

教师编写教材要耗费大量的时间，所需的纸张等物品在当时的计划经济条件下，凭教师个人也很难解决。1980年4月28日教育部发布的《关于编制高等学校理科教材和工科基础课和部分技术基础课教材编审出版五年规划的意见》中提出："要切实保证教师编写、审阅教材的时间及其他必要的条件。教师编写、修订和审阅教材的工作可以列入教学工作时间内，也可以在业余进行。……编审人所在学校，省、市、自治区教育行政部门和出版社，应该给教材编写人创造必要的条件，并协助他们解决抄写、描图、纸张、资料供应等问题。"

（二）奖励制度

在《关于编制高等学校理科教材和工科基础课和部分技术基础课教材编审出版五年规划的意见》中明确规定："对积极从事教材编审工作的教师要给予表扬和鼓励。稿酬的标准不宜过低。要正确处理稿酬分配问题。对书稿的审阅人也要根据审阅的质量付给相应的审阅费。"

教育部相关负责人在高等学校理工科教材编审委员会预备会议上也指出："在表扬和鼓励时，必须贯彻精神与物质鼓励相结合的原则。教材稿酬原则上应发给编译者本人，即使是减免了工作任务编写的，交公的比例也要适当。"

（三）工作量计算

教育部1981年发布的《高等学校教师工作量试行办法》第三条规定：教师为编写教材（如教科书、习题集、实验集、设计图册、补充讲义等）所需时间（包括出席教材编写会议），可按领导核算的工作时数计入教学工作量。

1985年1月9日，教育部下发的《关于高等学校教材工作若干问题的通知》中规定："教师编写教材，是一项教学工作，也是一项科研工作。凡是承担教育部及有关部委的教材编选计划和经学校同意列入学校的教材编写计划的任务，均应列入

或减少学校规定的教师应承担的额定的教学工作量。"

（四）职称评定

教育部下发的《关于高等学校教材工作若干问题的通知》中规定："各学校教师编写的各种教材和讲义，包括出版社出版的以及各学校自行编印的，凡是经过教学中实际使用，证明确实具有较高的质量和特色的，均应作为科研或教学工作的成果，经有关专家评审后，作为评定各种职称的依据。"

同时教育部有关负责人也指出："高质量的教材和讲义，也是重要的科研成果，应该得到与重要的科研成果同样的奖励和表扬，并作为编（著）译者提升职称、级别和考绩的根据之一。"

这些文件和规定对保护和调动教师编写教材的积极性起到了非常重要的作用，为"六五"规划教材的出版奠定了良好的基础。

三、教材编审工作健康发展

教材编审委员会自恢复重建以来，就积极投入到教学计划、教学大纲、教材规划的制定中，在高等教育教材建设中发挥着越来越重要的作用。

（一）规模壮大

自 1979 年 10 月 5 日教育部发布《关于建立高等学校理科和工科基础课程教材编审委员会的通知》以来，教材编审委员会的规模越来越大，在"六五"期间，教材编审委员会覆盖的专业更加齐全。

1980 年教育部批准成立全国高等学校外语专业教材编审委员会，作为教育部在外语教材和教学方面的一个业务性指导机构和咨询机构，任命 89 名编审委员，其中王佐良为主任委员，陈嘉、李赋宁、许国璋、刘和民、严宝瑜、赵俊欣、赵辉为副主任委员。委员会分设英语、日语、德语、法语和俄语 5 个编审小组。

卫生部 1981 年 12 月 2 日发布《关于成立高等医药院校医学专业教材编审委员会的通知》，三机部 1981 年 10 月 15 日发出通知，成立航空专业教材编审委员会。

1982 年 3 月 18 日，教育部发出通知，决定对理科数学、力学、天文学教材编委会进行调整。天文学部分划归理科物理教材编审委员会。理科数学、力学教材编审委员会下设九个组，并增补 40 位同志为编委。1982 年 9 月 23 日建立天文学编审小组，增补了 6 位同志为编委。1982 年 2 月 22 日，生物教材编审委员会内分设 11 个教材编审小组，并增补 7 位同志为编委。1982 年 11 月 9 日，理科地理教材编审委员会内分设 7 个组，并增补 25 位同志为编委。1983 年 10 月 15 日，将原高等学校理科物理教材编审委员会电工、无线电编审小组改组为无线电教材编审委员会，增聘 14 位同志为编委。

1982 年 7 月 23 日，教育部在充分征求了各有关方面的意见后，发布了《关于增补高等学校工科基础课程教材编委会委员的通知》,确定增加编委 86 人。

1982 年 10 月 4 日,教育部发出通知,成立高等学校计算机软件教材编审委员会,聘请了 26 人为编委,任期四年。

1985 年,教育部将工科基础课程教材编审委员会更名为工科基础课程教学指导委员会,并成立首届高等学校工科基础课程教学指导委员会。

1986 年 10 月 13 日,国家教委办公厅发布《全国高等农林专科基础课程教材委员会暂行工作条例》,宣布成立全国高等农林专科基础课程教材委员会。

至此,理工农医等几个大类的教材编审委员会基本设置齐全。

(二) 政策支持

1981 年 11 月,教育部发布的《关于编制 1982 年高等学校教材编委会工作计划的通知》中规定:"教材编委会的成员和秘书从事编委会活动和通用教材编审工作所需时间,可参照教育部 1981 年所发布的《高等学校教师工作量试行办法》第五条的规定核算(该办法第五条规定:凡经批准兼任行政和党的工作的教师,应根据其兼任工作任务量的大小,核准其工作量,计入教师工作量,并减少相应的教学工作量)。"

(三) 经费保证

"文革"前,财政部未给高等学校通用教材建设拨给专项经费。粉碎"四人帮"以后,为了支持高等学校通用教材的编审工作,财政部根据工作的需要和财力的许可,核拨高等学校通用教材编审补助费。1981 年 3 月 30 日,教育部、财政部发布了《关于国务院有关部委所属高等学校通用教材编审补助费的通知》。"通知"指出,国务院各部委所属高等学校通用教材编审补助费,是补助有关部委和所属高等学校的专项经费,不得挪作他用。经费的开支范围是:

(1) 各有关部委所开展通用教材编审工作而召开的教材编审委员会会议,教材审稿、评选会,教材内容讨论及经验交流会所需会议补助费;

(2) 适当补助承担通用教材编审任务的部属学校为编审通用教材而开支的调查研究、搜集资料、组织统稿等项费用。

各有关部委通用教材编审补助费,由教育部归口管理,统一向财政部领报。教育部在财政部核给的数额内,按照各有关部委出版计划中所列编写通用教材任务(重印书除外),核定每种教材补助的数额,拨给有关部委。

(四) 成绩突出

1980 年 4 月至 6 月,教育部分别委托有关省市和高等学校召开了各教材编审委员会扩大的全体会议。会上,教育部向各委员发了聘书,宣读蒋南翔部长的慰问信。会上审订了综合大学理科教学大纲 78 种,高等师范院校理科教学大纲 79 种,高等学校工科基础课程教学大纲 46 种,审议了高等学校理科、高等学校工科基础课程及高等学校理工科公共外语课程1981—1985年教材编写规划。1980年11月27日,教育部正式发出通知,下达了《高等学校理科1981—1985年教材编写规划》《高等学校工科基础课1981—1985年教材编写规划》和《高等学校理工科公共外语课1981—1985年教材编写规划》。

1982年2月,教育部在郑州召开高等学校工科基础课教材编审委员会会议,出席会议的有工科基础课程编委会正、副主委和正、副组长及部分编委,会上制订的《关于大力提高高等学校工科基础课程教材质量的几点意见》指出:"为了实现规划的要求,有必要进一步明确提高教材质量的要求和方向""提高教材质量是一个长期任务。教材一般都要经过多次修订,长期锤炼,才能逐步臻于完善,达到较高的水平。从长远来说,提高教材质量的目标是从社会主义现代化建设和我国高等工业学校的实际出发,深入总结我国教学经验,充分消化、吸收国外有益的东西,逐步为各门课程编写出版一整套充分适应我国教学需要的高质量教材。"

"在执行1981—1985年教材编写规划中,提高教材质量的具体要求是努力为高等工业学校27门基础课程的46种大纲编审出版一种或几种参考教学大纲编写的,保证基本内容、要求合理、分量适当、篇幅有所控制而质量较高的基本教材;与此同时,在新编和修订教材时,要注意避免与克服现有教材中存在的各种缺点,力求教材质量普遍地提高一步。"

"提高教材质量应当遵循我部《关于编审高等学校理工科基础课和技术基础课教材的几项原则》。当前,应该特别注意'打好基础,精选内容,逐步更新,利于教学'。这4个方面中,打好基础是核心。打好基础就是要把本门课程所必需的基本理论、基本知识和基本技能精选出来,按照教学规律,组织到教材当中,阐述清楚。精选内容、逐步更新、利于教学,既要以打好基础为出发点,又要符合打好基础的要求。"

卫生部1981年12月2日发布《关于成立高等医药院校医学专业教材编审委员会的通知》,通知指出:"当前教材建设的首要任务是提高教材质量""要编审出一套能反映国内外科学技术先进水平,适应我国社会主义现代化所需要的高质量的教材"。

三机部1981年10月15日发出的通知中提出,"1981—1985年的教材建设工作,要在相对稳定的基础上,进一步提高质量。要抓紧教学急需的新教材、实验课教材、习题集、手册等,逐步解决教材的配套问题。要重视编写选修课、研究生教材和教学参考书,要重视外国优秀教材和参考书的引进,但是,及时抓紧现有教材的修订提高,努力提高现有教材质量,应是今后教材建设的重点。"三机部在总结中指出:教材不仅是教师科学实践的总结,也是教学实践的总结。编著教材的教师,除了具备较高的思想水平、科学水平之外，还必须具备较丰富的教学经验。因此，一本好的教材必然是教师科学实践活动和教学实践活动密切结合的产物。

"六五"期间，各教材编审委员会都在所属部委的领导下，开展了积极而富有成效的工作，制定了相应专业的"六五"教材规划，研究了提高教材质量的途径和方法，取得了良好的效果。

四、保障教材供应，做到"课前到手、人手一册"

鉴于"文革"后高等学校及中等专业学校教材通常有40%左右不能课前发到学校，教育部与国家出版局于1981年6月27日发布了《关于高等学校与中等专业学校教材问题的联合通知》，"通知"中转发了经国务院批准并指示由教育部、国家出版局下发的《关于高等学校与中等专业学校教材问题的紧急通知》。

"紧急通知"指出："高等学校、中等专业学校和技工学校教材，是进行教学的基本工具。党中央和国务院历来非常重视教材工作。1978年国务院曾连续发出指示，要求抓紧抓好教材工作，按时足量供应学校。几年来，教材工作虽然有很大的成绩，但也存在不少问题，主要是有相当一部分教材仍然不能课前发到学校，各种职业教育的教材得不到保证。1981年秋季要供应的高等学校、中等专业学校和技工学校教材共有1 300多种，任务大，时间紧，教材的印制、发行和运输工作都有不少问题。如不抓紧，教材的供应有可能还不如往年，这个情况必须重视。""紧急通知"强调并重申：

（1）教材必须切实保证"按时、量足"供应学校，做到"课前到手，人手一册"，并充分供应各种职业教育和尽量满足社会读者的需要。中央和地方各有关部门和单位，都要把教材工作作为一项极其重要的任务，认真做好。

（2）各承担教材出版、印制任务的单位，要按时、按质按量完成出版、印制任务。在赶印教材期间，其他印件要为教材让路。

（3）新华书店的发货部门和各级新华书店要努力做好教材的备货工作。要及时收货，及时发货，不得延误。某些已经脱期而又影响较大的教材，要及时与出版社协商，用快件，直至航空发运，加快补救。

（4）铁路、邮电、交通运输等部门，对各类教材要优先装运。对贴有"教材"标签的运件要优先受理，随到随运，不得积压。

1981年秋季，由于多方面的原因，教材课前到书的情况仍然未能得到较大的改进，有的地方及学校开学前只收到59%的教材，引起了各有关方面的关切。为了研究和改进教材"课前到手"的问题，1981年9月，教育部和国家出版局的负责人亲自听取了各地区学校代表的汇报，召开出版社和新华书店有关部门的座谈会。1981年10月，国家出版局和教育部发布的《试行"关于改进高等学校、中等专业学校教材出版供应工作的若干规定"的通知》指出,几年来,高等学校、中等专业学校和技工学校的通用教材,经编写、出版、发行等部门的共同努力,出版供应的品种已近2 000种,这对保证学校的教学工作起了很好的作用。但是由于教材多、印刷发行力量不足,印刷时间过于集中,运输困难较大等原因,教材的"课前到手"率还很低,对教学工作影响很大。"通知"指出:根据有关方面的建议,适当提前预订,增加印制教材的时间,是一项比较可行的应急措施。该"规定"确定:大学、中专、技校通用教材(包括作教材用的教学参考书),统一由新华书店发行,并由新华书店北京发行所集中编印教材预订目录发给各地。学校向当地书店预订,发给学生。教材每年办理预订两次,12月上半月预订次年秋季用教材,6月上半月预订次年春季用教材。为了认真抓好教材的出版发行工作,国家出版局建立了教材出版办公室。

1982年2月10日中共中央书记处讨论出版工作时,中央领导同志非常关怀教科书的出版发行工作,指出:教科书的出版工作任何时候都要放在第一位。教育部与国家出版局对中央负责同志的指示十分重视,立即分别召开了国务院各有关部委及所属出版社负责同志的会议以及各省、市、自治区文化(出版)厅(局)长的会议加以传达和贯彻,要求认真检查、督促1982年春季教材印刷和发行情况,努力搞好今后教材的出版发行工作,力争1982年秋季能实现"课前到书"的要求。

第三节 "七五"时期高等教育教材建设

1985年5月15日至20日,由党中央、国务院召开的改革开放后的第一次全国教育工作会议在北京举行。中共中央总书记胡耀邦,中共中央政治局常委、中央顾问委员会主任邓小平,中共中央政治局委员、书记处书记、国务院副总理万里,中共中央书记处书记胡启立,教育部部长、党组书记何东昌等出席了大会,邓小平在会上作了题为《各级党委和政府要把教育工作认真抓起来》的重要讲话。

会后不久,1985年5月27日,《中共中央关于教育体制改革的决定》由新华社发布。"决定"指出,教育体制改革的根本目的是提高民族素质,多出人才、出好人才;我国高等教育发展的战略目标是:到20世纪末,建成科类齐全,层次、比例合理的体系,总规模达到与我国经济实力相当的水平;高级专门人才的培养基本上立足于国内;能为自主地进行科学技术开发和解决社会主义现代化建设中重大理论问题和实际问题作出较大贡献。提出高等教育体制改革的关键,就是改变政府对高等学校统得过死、包得过多的管理体制,在国家统一的教育方针和计划的指导下,扩大高等学校的办学自主权,加强高等学校同生产、科研和社会其他各方面的联系,使高等学校具有主动适应经济和社会发展需要的积极性和能力。在高等教育教材建设方面,"决定"指出,"在执行国家的政策、法令、计划的前提下,高等学校有权调整专业的服务方向,制订教学计划和教学大纲,编写和选用教材",在很大程度上调动了各方面对教材建设的积极性。

一、制定"七五"教材规划,初步形成高等教育教材建设体制

在认真总结前两阶段教材建设工作的基础上,国家教委于1986年发布了《高等教育教材建设"七五"规划》,为"七五"时期我国高等教育教材建设指明了方向。由国家教委统一领导、规划、部署、协调,国务院各业务部门按照专业对口的原则分工负责,全国各高等学校具体组织编审,各有关出版社保证印刷出版,我国高等教育教材建设体制初步形成,为高等教育教材建设工作提供了基本保证。也是从"七五"开始,我国高等教育教材建设进入每五年一阶段的规划时期。

"七五"时期,将"积极扩大教材种类,大力提高教材质量,努力搞活教材工作"作为我国高等教育教材规划的指导方针,确定建设的总目标是:编审出版一套具有中国特色的、适应我国社会主义现代化建设和高等教育事业发展的、反映现代文化科学技术先进水平的教材;建设与教材编审出版任务相适应的高水平的编审出版队伍和现代化的教材出版印刷基地。经过几年的努力,共有7 000余种教材列入"七五"规划,本科各主要专业的基本教材、实验指导书、习题集及教学参考书已初步配套,部分主干课程已有2~3种或更多种可供选用的教材,一些连续使用四五年以上的版本,得到了适时的修订,多数专业理论课程教材解决得比较好,同时还编审出版了相当数量应用技术课程及实践环节的教材,极大地满足了我国高等教育教学的需要。

在丰富教材品种的同时,注重教材质量的提高,并通过激励机制来推动优质教材的建设。1987年进行了全国高等学校第一届优秀教材评选,评出261种国家级优秀教材,其中特等奖22种;23个部委共评出335种部委级优秀教材,还有部分省市和许多高等学校也评出了本省市或本校的优秀教材。优秀教材评选对激发教师编写教材的积极性,推动优质教材建设发挥了积极作用。

二、健全教材建设管理机构,强化教材编审专家组织

进一步强化教材建设管理机构建设,部分部委成立了以主管部长为首的教材工作领导小组,有的还成立了教材办公室、教材处或教材编审室,大部分部委有专人负责教材建设工作。很多高等学校的校领导亲自抓教材建设,全国重点高等学校多数成立了对全校教材建设工作进行研究、咨询及业务指导的教材工作委员会。国务院近50个部门组建了200多个教材编审委员会或其他教材编审专家组织,聘任了6 000余名专家、教授,从事教材编审及规划、建设工作。各部门普遍制定了

本部门对口专业的教材编审规划,组织了 1.7 万余名教师,参加"七五"期间高等教育规划教材的编写或修订工作。①

三、加强讲义交流,为教材出版创造有利条件

自编讲义是我国高校教材的重要组成部分,在我国的高等教育中一直发挥着非常重要的作用。在 20 世纪 80 年代,重点高校师资力量雄厚,印刷条件也好,一般自编讲义(不包括本校正式出版的教材)占 40%~60%。这些讲义便于修改,密切结合本校教学条件和学生情况,体现本校特色及教师水平,教学适用性好。一般院校自编讲义所占比重少,为 20%~40%。

随着高等学校教学改革工作的深入发展,各种不同风格和特色、不同教改试验、不同学术观点的教材,以及选修课、专业课、研究生用的教材大量增长。为了提高教学质量,促进教学改革工作,并为教材的出版创造有利条件,1984 年 12 月 25 日,教育部专门下发了《关于加强高等学校理工农医各科讲义交流工作的几项规定(试行)》,提倡并要求各高等学校尤其是重点高校推荐交流本校教师编写的高质量讲义,特别是那些反映学校特色,新开课程和其他学校空白缺门的基础课、技术基础课、专业课、选修课、研究生用的讲义(包括基本教材、实验实习教材、习题集等),都可以作为"交流讲义"加以推荐。被推荐作为"交流讲义"的教材一般都应该使用过一年以上,并有教授、副教授一至两人推荐。各教材编委会也可建议有关学校将某些书稿作为"交流讲义"推荐。每学期汇编统一的"交流讲义目录",进行校际交流。在高等教育出版社建立全国高等学校理工农医各科交流讲义中心;鼓励中央、地方和大学出版社派编辑人员到全国交流讲义中心查阅样书,并在取得原编著者同意后从交流讲义中择优组织编审、出版,但应避免重复出版。

四、实施教材补贴,鼓励教材出版

1986 年 9 月 24 日,根据中共中央书记处和国务院的指示精神,国家教委、财政部、国家出版局等八部委联合出台了《高等学校和中等专业学校教材定额补贴暂行办法》,对大中专教材的出版实行"低价微利、亏损补贴"的出版政策,加大了亏损补贴的总额度。实行这一政策是考虑到当时我国实行的出版专业分工制度和我国广大群众生活水平仍较低的实际情况,充分体现了社会主义的优越性。

---

① 王镭,孟祖贵,董锦歧等."七五"期间高等教育的教材建设和"八五"期间高等教育教材建设设想[J].中国高等医学教育,1990,(1):21-25.

"七五"期间,承担大中专教材出版任务的部委出版社和大学出版社已发展到100多家,形成了按不同专业、不同学科、不同层次分工协作的教材出版体系,每年安排出版的教材(包括重印)达 10 000 多种。由于我国高等学校有相当一部分专业招生人数较少,因此其专业课教材发行面窄、印数很少,出版社非经营性亏损严重。教材出版亏损补贴政策,在有关部门的支持下得到了认真的贯彻实施,使一大部分过去由于经济原因而无法出版的选修课、研究生课、专业课教材得以出版。

"七五"期间,共补贴专业课教材 10 000 多种,使我国的教材出版事业有了较大的发展,教材结构更趋合理。同时,由于对教材的价格进行了限制,有效地减轻了学生的负担,对高等学校教学秩序的稳定发挥了积极的作用。

五、专科教材——"先解决有无,再形成特色"

党的十一届三中全会以来,特别是 1985 年全国高等教育工作会议之后,我国普通高等专科教育事业有了很大发展,为社会主义建设事业培养了大批急需的专门人才,也使高等教育中长期存在的本科与专科学生比例不合理的状况有了明显的改变。但是,由于历史的、现实的种种原因,普通高等专科教育事业的现状还不能适应我国社会主义现代化建设发展的需要,面临着一些困难和问题,仍然是高等教育体系中比较薄弱的部分。

1990 年 11 月 27 日至 12 月 1 日,国家教委在广州召开了全国普通高等专科教育工作座谈会。1991 年 1 月 6 日,国家教委下发了《关于加强普通高等专科教育工作的意见(讨论稿)》,明确指出:"专科教材,是反映专科特色的重要方面。国家教委和有关部委将有领导、有组织、有计划地抓好专科教材建设。在近 5 年内,首先解决专科教材的有无问题,然后再经若干年的努力,形成特色明显的专科教材体系。"这为"八五"时期高等教育教材建设增加了新的内容。

六、健全出版发行体系

"文革"前,我国高等教育教材的印刷出版主要依靠教育部直属的高等教育出版社以及各有关部委领导下的专业出版社,当时的大学出版社也只有 1955 年成立的中国人民大学出版社和 1957 年成立的华东师范大学出版社两家。以上这些出版社,相当一部分在"文革"中被撤销,未被撤销的,也受到很大破坏,教材出版工作陷于停顿。

"文革"结束以后,国务院允许"有条件的学校建立自己的出版社",这为我国大学出版社建设揭开了新的篇章,并逐步形成了由部委专业出版社、高等学校出版社按学科专业分工的教材出版体系。以航空专业为例,大学出版社建立之初,每个部委一般下属一个出版社，但本着"立身西部，服务国防企事业单位"的目的，航空工业部除北京航空学院出版社外，还成立了西北工业大学出版社。

作为我国出版业的重要方面军，高校出版社始终高扬科学的旗帜，充分利用自身独特的教育背景和出版资源密集的优势，同我国经济、社会的发展紧密结合，以出版教材学术精品为己任，实施精品战略，以优秀的出版物传播先进文化，把出版工作同我国教育事业、文化事业的发展相结合，积极为学校的教学、科研和学科建设服务，出版了一大批高质量、高水平的各级各类教材和反映学科前沿研究成果的学术专著，促进了高校师资队伍建设和人才培养工作，有力地推动了高等教育的改革与发展。

到1987年，我国高等教育获得了长足发展，开设了多种学科、学制和长短期培训班，原来的统编教材已远远满足不了教学与科研需求，全国各大学出版社出版了数千种专业性强、批量小、质量高、使用面相对较窄的自编教材和学术专著，但是由于原有的图书发行体制僵化，供应滞后，流通渠道不畅，使大学出版社出版的大量自编教材、学术著作和其他教学用书出现了买卖两难的问题：一方面大量图书出版后不能迅速到达读者手中；另一方面读者不能及时买到自己所需图书。在此背景下，国家教委等部门决定高等学校出版社可以自办发行，扩大图书流通渠道，各校出版社出版的自编教材均可联合编辑征订目录，发到全国各大中专院校和科研部门，开展征订，同时设立高等学校出版社联合出版发行服务中心，在各地高校建立图书代办站，负责大学出版社自编教材征订发行工作。可以看出，新华书店与代办站分工明确，前者发行高校统编教材，后者发行自编教材，代办站对新华书店的教材发行工作起到补充作用。

第四节　"八五"时期高等教育教材建设

虽然"七五"期间我国高等教育教材建设取得了显著成效，但也存在着很多问题。比如部分规划教材和自编教材质量偏低；教材重复建设，特别是量大面广的基础课教材重复建设情况较为严重；教材尚不能做到成系配套；教材建设经费严重不足和部分教材出版困难等，对"八五"时期教材建设提出了更高要求。而随着我国改革开放步伐的不断加快，发展适应社会主义市场经济体制的高等教育成为这一时期工作重点。

1993年，中共中央、国务院印发《中国教育改革和发展纲要》，明确提出"教育工作的任务是：遵循党的十四大精神，以建设有中国特色的社会主义理论为指导，坚持党的基本路线，全面贯彻教育方针，面向现代化，面向世界，面向未来，加快教育的改革和发展,进一步提高劳动者素质,培养大批人才,建立适应社会主义市场经济体制和政治、科技体制改革需要的教育体制,更好地为社会主义现代化建设服务"。要求"高等教育要重点发展应用性学科和专业,适度发展新兴学科、边缘交叉学科,稳定和提高基础学科;要努力培养高层次复合型人才;要特别重视培养农村和乡镇企业需要的各种人才,开拓人才通向农村的途径"。"八五"时期的教材建设也正是在这样的政策指引下不断发展和完善。

一、抓好重点,提高质量,加强管理

《中国教育改革和发展纲要》提出:"高等学校教材要在积极扩大种类的同时,不断提高质量,加强理论与实际的联系,力求思想性与科学性的统一。"结合"纲要",教育部制定了《全国普通高等教育"八五"期间教材规划纲要》(简称《教材规划纲要》),指导全国高等教育教材建设。

"八五"期间高等教育教材建设工作的指导方针是"抓好重点教材,全面提高教材质量,适当发展品种,加强组织领导",全面提高质量是实现"八五"规划的重点和关键。

根据《教材规划纲要》,"八五"期间高等教育教材建设的主要任务是:

(一)加强教材的思想性,全面提高教材质量

要求哲学社会科学教材必须坚定地以马克思主义理论为指导,牢固把握住政治方向,坚持四项基本原则,批判资产阶级自由化思潮和观点。紧密联系中国的实际,反映时代特点。国家教委决定在"八五"期间,全面规划文科教材建设,组织力量,审定一批已有教材,修订一批教材,重编一批教材。着重抓好文学、史学、哲学、政治学、社会学、新闻学、经济学、法学、艺术、教育学十类学科专业的基础课程和主要专业课程教材的统一编审出版工作。新编或修订的教材应该政治观点正确,学术水平较高,并能较好地阐明社会主义建设中有关理论和实践问题。哲学社会科学的教材未经审定,不得使用。

理、工、农、医各科教材要注重思想性,要结合课程内容对学生进行辩证唯物主义和历史唯物主义教育,努力体现社会主义方向和爱国主义精神,加强理论与实际的联系,做到思想性、科学性与先进性的统一。

同时要求及时做好原有教材特别是重点教材的修订工作,不断地将反映现代科学、技术、文化发展新水平的成熟内容及教育改革的新成果补充到教材中去,使原有教材质量提高到新的水平。淘汰那些内容陈旧、质量差、缺乏特色而难以修订的教材,必要时重新组织编写。教材的修订要作为一种制度,一般应每4~5年修订一次。

要求集中力量抓好本科主要专业主干课程教材建设,特别是要有计划、有步

骤地继续抓好在专业建设、课程建设上起决定作用的主干课程教材的编审或修订。在"八五"期间每个本科专业要确定 2~4 种重点教材,从绪论的编写到体系内容的安排,与相关课程内容的分工、衔接,图表的选择,以及思考题、习题、重要内容的引用文献等方面,下功夫全面提高质量,力争在"八五"期间产生一批国内外公认的高质量、高水平的教材。新编教材(包括讲义)要求一律使用国家标准局颁布的标准计量单位、制图和图形符号。

要根据文化、科学、技术发展和高等教育改革的需要,加强教材内容、体系改革研究。努力改变教材(特别是基础课教材)内容陈旧的状况,进一步拓宽教材的专业适用面。

(二)抓好系统配套,适当发展品种

高等专科教材的编写出版是"八五"期间高等教育教材建设的一项重要任务,要集中力量先抓好适合专科教育特点的基础课和主要专业课教材的编写出版。高等专科教材的编审出版工作,同样贯彻与本科教材编审出版一致的专业分工原则,并由国家教委统一协调,以避免不必要的人力、财力浪费。要求专科教材的内容要体现专科教育的针对性、实用性较强等特点,适应各类高等专科教育培养目标的需要。要注意理论的应用和实践技术的训练,恰当地掌握内容的深度和广度。

加强本科各主要专业与理论课教学相配合的实践性教学环节用的教材建设,包括实验、实习、设计指导书、习题集、计算机辅助教材等的编审出版,力争在"八五"期间做到基本系统配套。对尚属缺门的新兴学科或一些特殊的专业的教材要求尽快补齐。

要求适当编写出版使用面较宽的基础理论和公共学位课程的研究生教学用书,对研究生教育所需的参考用的学术专著,编写的重点放在那些具有我国特色,在国际上处于领先地位的学科专业,以及被评为全国重点学科的博士点和荣获国家级科研成果奖励的项目上。编写研究生教学用书,要坚持高质量、高水平。

同时要有计划、有选择地抓好若干种与文字教材相配套的声像教材,如录像片、幻灯片、投影片及计算机软件等的建设。

(三)进一步提高对教材建设工作重要性的认识,加强领导,健全管理体制

要求相关各方充分认识教材建设在高等教育中的地位和作用,切实解决教材工作中的实际问题;加强对教材工作的领导,健全管理机构,理顺管理体制;认真贯彻教材建设工作的各项方针、政策。

要求国务院各有关业务部门按国务院发布的《高等教育管理职责暂行规定》的精神,在国家教委的统一部署下,组织和规划对口专业的教材编审工作,加强对本部门分工负责的教材编审出版工作的领导,不断研究新情况,解决新出现的

各种困难和问题,保证教材建设工作的顺利进行。在新的情况下,国家教委可以对国务院各业务部门的有关教材工作职责,进行必要调整和分工。各业务部门则根据本纲要的基本精神和要求,设置专门的机构或专人负责教材建设工作,已建立的各种教材编审及管理机构,力求相对稳定,不要轻易撤销或合并。教材建设任务重而目前尚无专门的教材建设管理机构的部门,应创造条件,尽快设立。

各省、自治区、直辖市教育行政部门则要加强对本地区教材建设工作的宏观指导,对本地区高等学校贯彻执行国家教委有关教材工作的方针、政策进行监督和指导,推动本地区教材工作评估,开展经验交流,培训教材管理干部。加强对各院校教材编审、出版及教材选用方面的指导与管理,制止乱编滥出教材,纠正选用教材方面的放任自流现象。

各高等学校的教材建设是全国教材建设的基础。要求高等学校,特别是重点高等学校,应按照国家教委《高等学校教材工作规程(试行)》及有关教材建设工作的政策,确保国务院各业务部门规划教材编写任务的完成;支持各科类教材编审委员或教学指导委员会委员的工作;加强对教材的编写、出版及选用的指导与管理;采取切实措施杜绝质量差、水平低的教材的出版及选用。不要求每个高等学校都编制本校全面的教材编审出版规划,不片面地强调提高学校教材的自编率。要求各高校加强对本校出版社的领导和管理,把教材编审出版工作的重点放在师资力量强、教学和科研水平高的专业上。优化教材选题,减少重复品种,自编教材选题要经过本校教材委员会及教务部门的审核同意,由出版社汇总上报有关部委教育司(局),有关省(区、市)教育主管部门按国家教委的有关规定审批。国家教委直属学校出版社的教材选题报国家教委条件装备司并由国家教委有关业务司会签审批,严格把好质量关。

(四) 加强教材的研究工作

各部委、各科类的教材编审委员会或教学指导委员会,要制订教材研究计划。对于重点研究课题,在经费、条件等方面给予支持,以保证做出预期的成果。了解社会主义现代化建设对本学科专业人才培养的新要求,以及本学科专业的教学改革、教学内容的新进展、新变化。对国外重要学科专业教材的新版本进行研究、剖析和评介,对有重要参考价值的,要列入教材规划,翻译出版。

各外国教材中心有组织、有计划地与各学科专业的教材编审工作紧密结合,使引进的外国教材切实为教材编审服务。引进教材的书目、教材的评介研究计划、翻译选题等工作主要由教材编审委员会或课程教学指导委员会提出并进行业务指导。

二、完善政策措施,加强高等教育教材建设

(一) 进一步完善教师编写教材的有关政策

国家教委进一步完善了《关于高等学校教材工作若干问题的通知》中规定的若干政策,调动马克思主义观点正确、学术造诣深、科研成果显著、教学经验丰富的教师编写高质量教材的积极性。

(二) 加强教材编审、出版和选用的指导和管理

鉴于教材的编审、出版及选用方面存在的某些混乱状况,国务院有关业务部门,各省、自治区、直辖市教育行政部门,各高等学校及有关出版社进行了必要的治理整顿,防止低质量教材的出版及选用,以保证教学的基本质量。国家教委制订了具体的管理办法。

(三) 教材补贴制度得到完善和发展

国家教委改善了对教材编审经费的投入,研究和落实了广开教材编审经费来源的途径。国务院各有关业务部门和高等学校,拨出专项经费,保证了教材编审费用。

1991年4月24—28日,国家教委副主任朱开轩在全国大中专教材出版发行工作会议上明确指出:"为了保证国家规划的、高质量的教材出版,对教材补贴的品种和类别要严格控制。今后,教材亏损补贴的范围是:国家教委统一规划,国务院各部委、局、署、行、总公司组织编写和审定的普通高等学校和中等专业学校的教材,以及经国家教委、省教委和有关部委批准的,由高等学校教材委员会组织编写和审定的自编专业课教材,其他教材不在此列。"改进了大、中专教材出版亏损补贴的分配使用和管理办法,有效避免了一些教材严重超字数,越编越厚,既不利于提高教材质量,又给国家的资财造成浪费的问题,重点保证了各部门统一规划教材及有特色、高质量教材的出版。

(四) 充分发挥教材编审委员会或课程教学指导委员会的作用

国家教委就教材编审委员会或课程教学指导委员会的性质、职能及组成作出统一的原则性规定,通过调整和整顿,理顺各种专家组织在教材编审、教学改革、课程评估工作中的相互关系,以更好地发挥各种专家组织在教材建设中的作用。各高等学校认真落实各部门、各学科教材编审委员会或课程教学指导委员会委员有关工作量的规定,解决他们参加教材会议的旅差费用等。

(五) 坚持优秀教材评奖制度

继续做好四年一度的全国优秀教材评奖工作。进一步完善了优秀教材的评定标准指标体系及评奖办法,鼓励教师编写教材的积极性,推进教材建设工作的发展及教材质量的提高。国家级的优秀教材在高等学校,各省、自治区、直辖市,国务院

各有关业务部门普遍评奖的基础上评出,构建三级优秀教材评奖机制。

三、建立教材质量跟踪调查制度,开展教材质量评价

"八五"时期,各级教育部门按照专业分工归口管理的原则,对已出版的规划教材及自编教材,在跟踪调查的基础上,有计划地组织专家、教授对教材质量的优良低劣进行评价,定期公布结果,以促进教材质量的提高。评价的标准体系及办法由国家教委与有关业务部门共同制定。

四、普及激光照排技术,提高教材印刷质量

长期以来,囿于印刷技术的制约,我国教材印刷一直采用铅字排版技术,教材出版数量和印刷质量颇为受限。直到20世纪90年代,两院院士、北京大学教授王选发明的"激光照排技术"被广泛应用,使中文印刷业告别了"铅与火",大步跨进"光与电"的时代,使我国沿用了上百年的铅字印刷得到了彻底改造,高等教育教材的印刷出版工作也因此实现飞跃发展,为高等教育教材品种的丰富、版式的灵活多变、教材质量的提高提供了技术支撑。

第五节 改革开放初期高等教育教材建设的主要特点

从粉碎"四人帮"到"八五"结束的20年间,我国的高等教育教材建设取得了巨大的成绩,形成了较为完备的教材体系,组建了相对稳定的教材编审和研究队伍,建立了教材印刷出版质量监督体系,形成了由高等教育出版社、部委专业出版社、大学出版社等按学科专业分工的教材出版体系,以新华书店为主渠道、高校图书代办站为补充的教材发行体系,建立了四年一次的优秀教材评奖制度,为我国高等教育教材建设事业的繁荣和高等学校教学秩序的稳定发挥了积极的作用。回顾这一阶段的教材建设历史,主要有以下特点。

一、高等教育教材建设管理体系得到恢复和完善

通过拨乱反正,恢复并进一步完善了适应我国社会主义计划经济时期高等教育的一整套高等教育教材建设管理体系,这是这一时期中国高等教育教材建设得以迅速发展的根本保证。包括:

(1)中共中央书记处、国务院多次召开专题会议研究高等教育教材建设问题,中央领导针对不同时期高等教育教材建设出现的问题及时做出了重要指示。

(2)初步建立了与国民经济建设五年计划同步的高等教育教材建设每五年进

行规划的管理机制。

（3）各专业（学科）教材编审委员会（或课程教学指导委员会）得到了恢复或组建，并逐步完善了管理制度。

（4）国家教委及各主管部门、部分高等学校建立了优秀教材评选奖励机制；各高等学校先后出台各种激励政策，调动了广大教师从事教材建设工作的积极性。

（5）恢复并新建了一批高等教育教材出版、发行机构。特别是大学出版社及其联合发行中心的建立，打破了计划经济时期新华书店对高校教材发行的垄断局面，有效地解决了当时一度出现的教材"买书难、卖书难"的问题，完善了教材出版、发行管理机制。

（6）各部委相互配合，分工合作，多次联合发出通知解决教材建设中的物资供应、出版印刷、交通运输等问题，内部还相继设置常设机构，专门负责高等教育教材建设工作。

1988年11月5日颁布试行的《高等学校教材工作规程》，是这一时期高等学校教材工作规范化建设的里程碑，"规程"对高等学校教材工作的地位、作用、方针、任务等都作了明确的规定。我国高等教育教材建设呈现出根据国家统一的指导意见，国家、省（部）、高校三级规划，各有侧重，齐抓共管的兴旺局面。

二、高等教育教材品种丰富、形式多样，高质量教材脱颖而出

"文革"十年浩劫，新中国成立17年的高等教育教材建设成果几乎毁灭殆尽，残留的大多是为培养"工农兵学员"而编写的革命教材，真正适合培养现代化建设人才的高等教育教材难觅踪影。

"扩大品种，提高质量"是这一时期我国高等教育教材建设的中心任务。除前三年恢复期的主要任务是解决教材的有无问题外，"六五""七五""八五"，连续三个五年规划都提出了这样的要求。通过近20年的建设，高等教育教材建设取得了重大成就，出版教材品种较"文革"前的三四千种有了大幅度增加，仅教育部负责的各科类教材就有两万余种，大部分课程都有多个品种可供选择。在教材质量方面也有了很大提高，特别是"七五""八五"期间，修订和新编的大部分教材在内容取舍上和体系安排上都突破了原来苏联教材框架的束缚，编写出适合我国国情的新教材，教材建设无论从形式选择还是内容安排上都真正开始走自己的路。

经过全面恢复阶段和"六五"时期的建设，初步解决了适合我国国情的高等教育教材的有无问题，并出现了一些有较大影响的优秀教材，如樊映川编著的《高等数学讲义》、程守洙与江之永合编的《普通物理学》、邢其毅编著的《有机化学》、黄

锡凯编著的《机械原理》、俞大光编著的《电工基础》等。

经过"七五""八五"这十年的建设,我国的高等教育教材质量全面提高,并出版了一批有别于传统风格的特色教材,如1990年北京大学物理系赵凯华教授编写的《定性与半定量物理学》等。教材的品种也较为齐全,公共基础课和用量较大的专业课都有相当多的版本可供选择。各类教学参考书、辅导书等配套教材各具特色;专科教材和研究生教材也得到了加强,基本满足了教学的需要。

这一时期累计出版了两万余种教学用书,较好地、适时地满足了教学的需要,"品种齐全、质量较高、系列配套"的高等教育教材体系已经基本形成。

随着科学技术的发展,高等教育教材的形式也逐步多样化。在恢复阶段,一些学校就相继出现了以拍摄16毫米胶片电影为主的电影教材,这部分教材的内容主要以录制实验操作为主,配合课堂教学,从而规范和提高学生的实验技能。这类教材一般以校内使用为主,但也有部分供全国高等院校使用。如20世纪60年代由华东纺织学院(现东华大学)等编制拍摄的机械制图教学电影《视图、剖视、剖面》等在全国发行,教学效果反映良好。

"六五"期间,电影教材发展到了鼎盛阶段,优秀的电影教材也逐渐走出校门,为学校创造效益。其中有代表性的是华东理工大学1982—1983年拍摄的《化学实验基本操作(上、中、下)》,发行数高达300余部,为学校创造的净利润超过20万元。

"七五"期间,由于电视片制作方便,周期短,电视教材逐渐增多。各高校相继成立了电教制作中心,建设了电教专用教室,为电视教材的推广和普及创造了良好的条件。国家教委和各级教育部门也组织了多次电视教材评比,极大地调动了高校教师制作和使用电视教材的积极性。这些电视教材不仅在学校使用,而且还经常在电视台播放,深受群众喜爱。

"八五"期间,计算机技术逐渐被应用于教学领域,电子课件、计算机辅助教学软件开始流行。这些多媒体手段减轻了教师板书的工作量,既生动又形象,取得了良好的教学效果。

这一时期,涌现出了一大批高质量的教材,如《微分几何讲义》(陈省身、陈维桓著)、《中国史纲要(上、下)》(翦伯赞主编)、《固体物理学》(黄昆原著、韩汝琦改编)、《数据结构题集》(严蔚敏、吴伟民、米宁编著)等,这些教材经过多次再版、修订,已经成为经典教材。

从编写队伍上看,这些教材的编写成员大多是老中青结合,既总结了老教师多年的教学经验,也涵盖了中青年教师接触到的学科前沿知识,同时也起到了老教师对年轻教师的传帮带作用,这些教材均获得了国家优秀教材奖,成为全国同类专业中的通用教材。

三、教材编审和研究队伍逐步健全与稳定

健全与稳定的高等教育教材编审和研究队伍是教材建设的人才保障。这一时期,国家出台了多种措施,教材建设人才保障队伍逐步壮大,在高等教育教材建设过程中发挥着越来越重要的作用。

(一) 教材编审队伍

教材编审委员会自恢复和重建以来,规模越来越大,覆盖专业越来越全,仅"七五"期间,全国就成立了200多个教材编审委员会或课程教学指导委员会等专家组织,聘任了6 000余名专家。

1979年10月5日,教育部发出了《关于建立高等学校理科和工科基础课程教材编审委员会的通知》。

1980年,教育部批准成立全国高等学校外语专业教材编审委员会,作为教育部在外语教材和教学方面的一个业务性指导机构和咨询机构。

1981年12月2日,卫生部发出《关于成立高等医药院校医学专业教材编审委员会的通知》。

1981年10月15日,三机部发出通知,成立航空专业教材编审委员会。

1982年10月4日,教育部发出通知,成立高等学校计算机软件教材编审委员会,聘请了26人为编委,任期四年。

1985年,教育部将工科基础课程教材编审委员会更名为工科基础课程教学指导委员会并成立首届高等学校工科基础课程教学指导委员会。

1986年10月13日,国家教委办公厅发布《全国高等农林专科基础课程教材委员会暂行工作条例》,宣布成立全国高等农林专科基础课程教材委员会。

1990年,高等学校理科教材编审委员会更名为理科教学指导委员会,并成立首届高等学校理科教学指导委员会,任期五年;同时成立第二届高等学校工科基础课程教学指导委员会,任期四年。

1996年,成立了首届高等学校文科教学指导委员会。

这一时期,理工农医文等主要专业门类的教材编审机构已经基本健全,形成了相对稳定的教材编审队伍,随着教材编审委员会的更名,其职能范围也逐渐扩大,在高等教育教材建设中发挥了越来越重要的作用。

(二) 教材研究队伍

高等教育教材研究与高等教育教材建设密切相关,在这一时期尤其受到重视。早在20世纪80年代初,陕西、浙江、黑龙江三省就在全国率先成立了省级高等教育教材研究会,到1993年,我国已经先后有19个省(市)成立了高等教育教材研究

会。这些研究会的会员多的有 70 多人,少的有 10 人左右,主要都是各省(市)高等学校和教育主管部门负责教材管理的人员。全国及各省市教材研究会的建立,为广泛开展教材研究搭建了广阔的平台。

1992 年 12 月 14—16 日,全国高等教育教材建设研究会成立大会在南开大学召开,大会特邀请浙江、北京、陕西、山东、贵州等地代表介绍开展教材研究会工作的经验。经过广泛征求意见,大会决定在全国高等教育教材建设研究会下设立部门工作委员会、教材研究工作委员会和学校工作委员会三个分支机构,并审议通过了《全国高等教育教材建设研究会章程》《全国高等教育教材建设研究会部门工作委员会任务细则》《全国高等教育教材建设研究会教材研究工作委员会任务细则》《全国高等教育教材建设研究会学校工作委员会任务细则》。大会还决定,全国高等教育教材建设研究会理事会的顾问由黄辛白(时任中国教育国际交流协会会长、中国高等教育学会副会长)、龙正中(国家教委高等教育司原司长)和吴树青(时任北京大学校长)担任,理事长由祖振铨(高等教育出版社原社长)担任,副理事长由周远清(时任国家教委高等教育司司长)、蒋丽音(时任高等教育出版社副社长)、冯致光(南京大学原副校长)、李嘉瑶(时任航空部教材领导小组成员、编审室主任)担任;常务理事包括王义遒(时任北京大学副校长)、毛达如(时任农业部教育司司长)、尹鸿钧(时任中国科技大学副校长)、李进才(时任武汉大学副校长、湖北省教材研究会理事长)、白光义(时任北京市高校教材研究会理事长)等 23 人;理事包括刘凤泰(时任国家教委高等教育司文科处处长)、董锦岐(时任国家教委高等教育司教材建设处副处长)、张光慎(时任西北工业大学出版社总编辑)等 74 人。工作委员会的主任分别由李嘉瑶、王致和、李进才担任。

1993 年,三个工作委员会都分别召开了全国会议。1993 年 7 月,国家教委高等教育司还专门出台了《教材研究课题管理试行办法》,使得高等教育教材研究工作有章可依。

此后,全国教材建设研究会每年都举行年会,研究讨论教材建设、课程改革等相关问题,配合国家教委对全国高等教育教材管理工作进行总结和表彰。通过各省教材建设研究会申报,经专家评审,一些教材研究课题也得以立项实施。

全国高等教育教材建设研究会和各省级教材建设研究会在这一时期开展了大量卓有成效的工作,为我国的高等教育教材建设做出了突出的贡献。

四、加强外国教材的引进和吸收

1978 年,邓小平同志亲自批准每年投入 100 万元人民币用于引进国外优秀教材,并在有关高校建立了 9 个外国教材中心,1985 年又批准成立"教育部外国教材清华大学中心图书室"等两个外国教材中心,总数增加到 11 个,面向全国高校服务。1985年清华大学外国教材中心集中引进了美国斯坦福大学、加州大学伯克利分校、康乃尔大学等高校使用的理科、工科、管理学科的成套教材以及几家国外大出版商1984—1985年新出版的理、工、管理学科教材、教学参考书和科技图书4 000余种，同时引进了美国麻省理工学院、斯坦福大学、加州大学伯克利分校、加州理工学院等大学部分学科博士论文缩微胶片1 500多篇。外国教材中心对外国教材的引进、内容吸收和评介研究为我国高等教育教材建设提供了许多宝贵的可供参考、借鉴或直接引用的资料，对我国有关教材质量的提高产生了良好的推动作用。

五、建立优秀教材评奖制度

为了鼓励教师及科技人员积极编写教材，促进高等学校的教材建设，以利于教学质量的提高和科学技术的发展，在这一时期，铁道部、航空部先后开展了相关优秀教材的评选工作，此后国家教委分别于1987年、1991年、1995年组织了三次全国优秀教材评选。

（一）第一次全国优秀教材评奖

根据1985年发布的《中共中央关于教育体制改革的决定》，高等学校有了较大的办学自主权，可以自主编写和选用教材。而教材的质量直接关系着教学的质量，但什么是优秀教材，如何选用优秀教材仍是摆在教材工作者面前的重大问题。

面对新的形势，教材评奖工作被提上日程。1987年3月13日，根据"七五"期间高等教育教材建设"积极扩大教材种类，大力提高教材质量，努力搞活教材工作"的指导方针，国家教委下发《高等学校优秀教材奖励试行条例》，进行新中国成立以来的第一次全国优秀教材评奖。

"条例"明确规定：全国优秀教材的评选在国家教育委员会的统一指导下进行。国家教育委员会负责全国优秀教材的评奖工作；国务院各有关部委负责对口专业优秀教材的评奖工作；各省、自治区、直辖市可进行本地区或所属高等学校优秀教材的评奖工作。各高等学校负责本校教师编写的教材的评奖工作。

全国优秀教材奖由国务院各有关部委和省、自治区、直辖市教育部门申报，一般在各部委和地方评出的优秀教材中择优推荐。全国优秀教材评奖委员会的评定结果，经国家教育委员会批准后公布，并由国家教育委员会统一授奖。

按照文件规定，只有从1978年到1985年正式出版的、使用过两届以上的教材才能参评，但是由于这是新中国成立以来的第一次优秀教材评奖，在实际的执行过程中评奖范围有所扩大，新中国成立后出版的教材都可以参加评奖，国家教委没有设置申报限额。

经过专家组的认真评选，第一次全国优秀教材评奖共评出国家优秀教材奖

239 种,从中又产生了特等奖 22 种。

(二) 第二次全国优秀教材评奖

1991 年 6 月 3 日,国家教委下发了《关于进行第二届全国高等学校优秀教材评奖工作的通知》。

这次评奖的依据仍然是《高等学校优秀教材奖励试行条例》,但是国家教委对参评教材的范围和申报数量都作了明确的限制,而且对教学参考书和研究生教材也做了界定。明确要求:只有 1986 年至 1989 年四年内新出版或在此期间修订再版的教材才能申报。教学参考书指的是"论述教材中的某些重点、难点以及对教材内容加深、加宽的参考书,应与科学专著有明显差别"。申报的研究生教材(或教学用书)只限于公共学位课教材(如外语、工科高等数学、政治理论课等)。

关于申报数量,评奖要求普通高等学校可申报本校教师任主编(或未设主编而任第一作者)的出版教材总数的 8%,出版社可申报本社出版普通高等学校教材总数的 8%。国家教委根据各部委和地方参评教材的总数,下达参加全国优秀教材评奖的备选教材的限额。

为鼓励中、青年教师积极研究并编著教材,这一届评奖特设"中、青年教师优秀教材奖"。

经过评审专家的认真评审,这次评奖共评出全国优秀教材特等奖 21 个,优秀教材奖 207 个,中、青年优秀教材奖 8 个。

(三) 第三次全国优秀教材评奖

1995 年 3 月 9 日,国家教委发布《关于进行第三届全国普通高等学校优秀教材评奖工作的通知》。

这次优秀教材评奖工作分两步进行。1995 年先开展部委(省市)级的评奖工作,国家级的优秀教材评奖工作与第三届国家级优秀教学成果奖并轨。国家级优秀教材的备选教材从评出的部委(省市)级优秀教材一等奖中择优推荐。

1. 评奖范围

(1) 各中央、地方、大学出版社正式出版的供普通高等学校大学本科、专科及研究生使用的教材(包括文字教材、计算机辅助教学课件),不包括科学专著。

(2) 参评的教材是在 1990 年 1 月到 1994 年 12 月底期间新出版或修订出版的教材(以版权页的出版日期为准)。

(3) 申报的研究生教材,只限于学位课程的教学用书部分。

2. 申报条件及办法

这次评奖工作仍通过学校和出版社两条渠道进行申报。学校申报的教材应是获学校奖的教材;出版社要经过认真评议,择优申报。一种教材只能向一个部门(或省市)申报,不得多头重复申报。

3. 各申报单位申报教材的数额

全国普通高等学校可申报本校教师任第一主编（或第一编著者）的教材出版总数的 8%。出版社可申报本社出版的普通高等学校教材总数的 8%。

各申报单位如果上届有获部委（省市）以上奖励的教材，可追加其获奖数额总数的 30%。

经过修订，内容、体系、结构有较大变化并且质量有进一步提高的前两届获奖教材这次仍可以申报，但一般不超过申报总数的 25%。

4. 评审办法

国家教委根据 1990—1994 年出版教材的总数向国务院各有关部委、各地教育行政部门下达部委（省市）级一等奖的数额。国务院各有关部委、各地教育行政部门可根据具体情况确定各自的二等奖和中、青年奖的数额。各有关部门不得突破国家教委下达的一等奖评奖数额。

评奖工作充分发挥教材建设专家组织（如教学指导委员会、教材建设委员会、教材编审委员会等）的作用。国家教委组织有关的教学指导委员会对参评教材进行质量评议和初评，然后由评审委员会负责评审。

5. 评审结果

1997 年，高等教育教材分别纳入了普通高等学校国家级教学成果奖和国家科委科学技术进步奖的评选范围。

普通高等学校国家级教学成果一等奖 53 项，教材占 14 项；二等奖 368 项，教材占 100 项。

国家科委科技进步一等奖 25 项，教材占 4 项；二等奖 96 项，教材占 14 项；三等奖 112 项，教材占 17 项。

六、重复现象比较严重，推介、选用有待加强

这一时期，高等教育教材建设也存在着一些问题，主要集中在：

1. 教材低水平重复现象比较严重

同类教材往往大同小异，造成这种情况的主要原因有以下两个方面，一是过分强调编写教材要"符合教学大纲要求"或"符合教学基本要求"，追求学科体系的完整，这是造成教材雷同的一个重要原因。二是国家对自编教材缺乏有力的指引和监督管理，一些量大面广的基础课教材被争相出版，而对于新专业、新课程及使用面较窄的专业课教材的出版积极性不高，造成同种教材的不必要的重复出版；还有一些为了评职称编写的教材等，相当一部分自编教材质量不高。

2. 高水平教师编写教材的积极性不高

教材的稿酬偏低，有些部门和学校对教材建设工作不重视，许多激励政策往往

带有平均主义倾向,无法使高水平的编者获得与其所付出的劳动相适应的回报,影响了高水平教师编写教材的积极性。

3. 教材选用管理比较薄弱

由于缺乏宏观调控和监督,一批"包销教材""职称教材"随之产生,这些教材大多是低层次、低水平重复,给高等教育教材建设的健康发展造成了不良的影响。

4. 教材推介有待加强

改革开放以后,高等教育教材选用也从计划形式向市场形式转变,在高校扩大自主权以后,选用什么样的教材由学校自己决定,所以评选、宣传、推广、介绍优秀教材已经是势在必行。虽然国家进行了几次全国优秀教材评选,但是对获奖优秀教材的宣传力度还不够,没有建成全国、省级、行业间的教材出版发行信息网络,不能快速准确地发布出版发行信息,影响了优秀教材的选用。

5. 教材建设发展不平衡

一些新兴学科、新开课程、小专业、小语种教材比较缺乏,实践性、应用型以及实验教材还不能满足需要。

第五章　跨世纪的高等教育教材建设

十一届三中全会以来，在各级教育主管部门、高等学校、广大教师和出版发行部门的共同努力下，高等教育教材建设取得了显著成绩，累计出版了两万余种教学用书，涌现出了大批优秀教材，研制了种类繁多、密切配合教学的电化教材和计算机辅助教学软件，制订了一系列促进教材建设的法规和文件，建立了基本覆盖高等教育教学与教材建设的专家队伍，建立了教材评奖制度，开展了高等学校教材工作的评估试点等。所有这些，都为高等学校开展教学改革，提高教学质量提供了基本条件，也为后期教材建设工作奠定了良好的基础。

进入20世纪90年代以后，党中央和国务院对教育工作更加重视，先后于1994年和1999年两次召开全国教育工作会议，颁布实施了《中国教育改革和发展纲要》《中共中央国务院关于深化教育改革全面推进素质教育的决定》等重要文件，明确"高等教育要走内涵发展为主的道路，使规模更加适当，结构更加合理，质量和效益明显提高"。提出"不同类型不同层次的高等学校应有不同的发展目标和重点，办出各自的特色"。大专层次的高等教育应适当扩大规模，为广大农村、乡镇企业以及中小型企业生产一线培养人才。本科教育要把重点放在提高质量上，在培养基础学科人才的同时，要重视培养社会主义建设急需的高层次应用型和复合型人才。实施"211工程"，分期分批重点建设100所左右的高等学校和一批重点学科，争取有若干所高等学校在21世纪初接近或达到国际一流大学的学术水平。从此，我国的教育事业在优先发展的基础上驶入了快车道，高等教育进入了一个迅速发展的新阶段，教材建设也迎来了新中国成立以来全面发展的良好机遇。

为了落实全国教育工作会议精神，迎接知识经济的挑战，国家教委于1994年初正式制定并实施"高等教育面向21世纪教学内容和课程体系改革计划"，通过实现教学内容、课程体系、教学方法和手段的现代化，形成和建立有中国特色的社会主义高等教育的教学内容和课程体系，培养适应21世纪需要的社会主义现代化建设者和接班人。这一计划的实施，带动了各高等学校修订本科教学培养方案工作的全面开展。伴随着学科专业重组、课程体系整合、教学内容改革与课程学时缩减，高等教育教材内容重复、衔接不当等问题日益突出，加上科学技术的飞速发展，原有的教材已不能满足培养21世纪"厚基础、宽口径、高素质、创新型"人才的需要。

为了解决这些问题,各级教育部门、高等学校积极采取措施,科学制定了"九五""十五"教材建设规划,并加大了监管力度,教材建设稳步推进,适应了高等教育的健康发展。

随着高等学校教学质量与教学改革工程的启动,教材建设在教学中的作用更加突出。除了"万种新教材建设"项目外,在教学名师、教学团队、教学示范中心、精品课程、特色专业等项目的建设、申报、评选中,教材建设成效都是一项重要的参考指标。在本科教学工作水平评估中,教材建设和选用也被列为其中一项重要的考察指标,这些无疑都对我国高等教育教材建设起着重要的激励作用。

第一节 "九五"时期高等教育教材建设

"九五"初期,国家教委出台了《关于"九五"期间普通高等教育教材建设与改革的意见》,指导教材规划与建设,文件要求国务院有关部委,各省、自治区、直辖市教育主管部门,高等学校和承担高教教材出版任务的出版社,在调查研究和总结经验的基础上,制订、落实"九五"教材建设规划。五年间,高等教育教材围绕高等学校课程改革,抓住建设重点,全面提高质量,取得了丰硕成果。

一、认清形势,明确"九五"时期教材建设目标

"九五"初期,我国高等教育教材建设面临的形势,主要表现在以下几个方面:

(1) 教材内容先进性不足。随着时代快速发展,原有教材体系已不能适应科技进步的需要,不能适应培养创新型人才的要求,从某种程度上讲,高等教育教材建设需要再次解决"有无"的问题。规划出版既涵盖原有知识体系,又加入时代内容的高等教育教材,是高等教育伴随时代变革与发展的必然要求。

(2) 教材体系配套有待加强。虽然经过"八五"期间的建设,基础课和专业课教材有了很大进步,但是适应不同层次、不同教学要求,具有创新精神,各具特色的教材和教学参考书品种太少。随着经济的发展,社会对高素质、复合型人才的需求量越来越大,编写和出版系列化、配套齐全的教材,对培养高素质人才具有重要意义。

(3) 教材建设缺乏特色。教材建设是高等教育的一项重要任务,而教材是否有特色,是出版社能否在教材图书市场生存的根本保证。然而,从"八五"时期的高等教育教材建设情况看,部分教材缺乏特色,选题平庸,内容雷同,不能充分体现教学方法和内容的独特风格。

(4) 教材编写水平和出版质量不高。受教材编写者投入时间与精力的影响,一

些教材编写粗糙;有些教材为了赶时间,没有严格按照出版程序进行三审三校,不但造成教材质量难以保证,还造成了人力、物力、财力的浪费。

针对以上形势,国家提出"九五"期间高教教材建设工作的目标:以建设中国特色社会主义理论为指导,全面贯彻国家的教育方针,面向现代化、面向世界、面向未来,编写、出版一批适应我国社会主义现代化建设和高等教育事业发展与改革需要,反映当代国内外政治、经济、文化发展和科学、技术先进水平的教材,逐步形成面向21世纪的、具有中国特色的高等教育教材管理体制和运行机制的基本框架。

二、"九五"时期教材建设的指导方针和主要任务

"九五"期间高等教育教材建设工作的指导方针是:"加强领导,深化改革,做好规划,加大投入,抓好重点,提高质量,增加品种,优化配套"。为落实和执行这一方针,应全面贯彻教育方针和《中国教育改革和发展纲要》,推进面向21世纪教学内容和课程体系改革,积极开展教材研究,引入竞争机制,改革制定教材建设规划的办法。根据教材建设方针,《关于"九五"期间普通高等教育教材建设与改革的意见》提出"九五"期间教材建设的主要任务是:

(一)深化教材管理体制和运行机制改革

要求各级教育主管部门切实转变职能,加强对教材建设工作的宏观管理和指导。明确国家教委的职能是:教材建设工作宏观政策、法规的制订及贯彻执行的监督检查;教材工作任务的组织协调;国家级重点教材的审查立项;筹措教材建设基金;教材工作经验的交流和推广;组织、推动和开展教材质量的评价与学校教材工作的评估;教材编写、出版、选用的信息服务和咨询;开展教材的评优奖励;推动教材的国际交流等。

国务院有关部委教育主管部门的职能是:贯彻落实中央和国家教委的方针政策,制订适合本部门教材建设工作的政策和规定;继续按专业对口分工负责的原则,制订教材建设规划;本部门重点教材的审查立项;筹措和建立教材建设基金;组织教材研究、教材评价工作;扶持有关出版社逐步形成各自的教材特色和优势;组织部优教材的评奖等。

各省、自治区、直辖市教育部门的职能是:贯彻落实中央和国家教委的方针政策,制订适合本地区高教教材建设工作的政策和办法;组织本地区普通高等学校教材工作的评估;筹措和建立教材建设基金;根据需要与可能,组织本地区有优势、有特色、有水平的教材出版;组织经验交流;培训教材管理干部;指导本地区教材研究会的工作等。

强化高等学校在教材建设工作中的主体作用。指出教材建设工作的基础在学

校,是衡量一所学校办学水平高低的重要标准之一。学校要根据《高等学校教材工作规程(试行)》做好教材建设工作。要加强对教材建设工作的领导,不断提高对教材建设工作地位和作用的认识,建立和健全管理机构和各项管理制度,抓好"编好书、用好书"这项工作。有条件的学校(特别是重点学校和建有出版社的学校),要成立由校领导负责的教材建设委员会和设立教材建设基金。在教材建设工作中学校的职能是:贯彻落实教材建设工作的各项方针、政策;规划、组织本校教材建设和教材研究工作;校级重点教材的审查立项和国家级、省部级重点教材的申报工作;为本校有优势和特色的学科(专业)和高水平教师编写教材创造条件,确保教材的编写质量;做好优秀教材的评选、推荐、选用以及教材的供应工作等。

同时提出"九五"期间要积极探索并努力建立适应新形势的高教教材编写、出版、发行、选用的运行机制。各项改革措施要有利于调动各方面的积极性,有利于更多高质量教材的出版,有利于教材事业的繁荣,有利于学校选用高质量的教材,有利于教学质量和人才素质的提高。

(二)做好"九五"教材建设规划

要求国务院有关部委,各省、自治区、直辖市教育主管部门,高等学校和承担高教教材出版任务的出版社,在调查研究和总结经验的基础上,统筹安排,实事求是,留有余地地制订"九五"教材建设规划。应特别注意将教学改革力度较大、有创新精神、有特色风格的教材和质量较高、教学适用性较好需要修订的教材以及教学急需、尚无正式教材的选题优先列入规划。要重视马列主义理论课和思想政治教育课的教材建设。教材规划应以文字教材为主,也要考虑电化教材和计算机辅助教学软件的建设。

(三)抓好重点教材、全面提高质量

要求国家、部门、省市、学校都应在做好规划的基础上,花大力气各自抓好一批在人才培养过程中对实现教育目标起关键作用和具有重大影响的教材。重点教材应经过申报、评议、批准立项后确定。

重点教材要优先考虑:编者有较丰富的教学经验和较高的学术造诣,在教学使用中反映较好需要修订的优秀教材;教学改革力度较大,较好地反映我国和世界的优秀文明成果以及当代科学技术文化的最新发展,符合我国的实际,与现有教材相比具有明显特色和创新精神的教材;在国际上处于领先水平的学科(专业)所需的教材。重点教材的质量应能以在国内获奖,在国际上有一定地位为目标。

各种教材都要把提高质量作为教材建设的核心。重点是提高教材的内在质量,包括利于教学的水平、科学水平和思想水平(特别是人文社会科学类教材更要注意思想水平)等;也要重视外在质量(编校质量、装帧设计、印刷装订、纸张选用等)的提高。

(四)继续增加品种、整体优化配套

随着教学改革的深入和学校办学自主权的扩大,不同学校和同一学校内部对教材的需求将趋向多样化,需要多种各具特色的教学用书。本科各专业的主干课程都要有几种教材供学校选用。

"九五"期间要把专科教材放在重要的位置,给予高度的重视,基本上解决有无问题,并力争系列配套。专科教材要认真体现专科教育的特点,加强理论和实践的结合,在实践性、针对性、应用性上下大功夫。要重视研究生教学用书的建设,以适应高层次专门人才培养的需要。同时强调,增加品种绝不是增加雷同的版本,要避免缺乏特色教材的出版。重申学校拥有选用教材的自主权,学校在选用教材时要严格把关,任何单位都不能以任何方式要求学校限用或包销教材。

继续做好教材的配套工作。要特别重视系列课程改革的教材配套和整体优化工作。同时,要加强与文字教材相配套的声像教材、计算机辅助教学软件、多媒体软件的建设,加速教学手段的现代化,以促进教育质量的提高。

(五)加强高等学校的教材建设工作

明确教材建设工作的基础在学校,是衡量一所学校办学水平高低的重要标准之一。学校要根据《高等学校教材工作规程(试行)》做好教材建设工作。要加强对教材建设工作的领导,不断提高对教材建设工作地位和作用的认识,建立和健全管理机构和各项管理制度,抓好"编好书,用好书"这项工作。有条件的学校(特别是重点学校和建有出版社的学校),要成立由校领导负责的教材建设委员会和设立教材建设基金。在教材建设工作中学校的职能是:贯彻落实教材建设工作的各项方针、政策;规划、组织本校教材建设和教材研究工作;校级重点教材的审查立项和国家级、省部级重点教材的申报工作;为本校有优势和特色的学科(专业)和高水平教师编写教材创造条件,确保教材的编写质量;做好优秀教材的评选、推荐、选用以及教材的供应工作等。

(六)扩大高等教育教材的国际交流

一方面,要在比较、鉴别的基础上,继续做好国外较好教材的引进、评介、借鉴工作,为我所用;另一方面,要将有中国特色的、质量上乘的教材,有计划、有组织地进行国际交流,也鼓励各高等学校和出版社通过多种渠道,将我国优秀教材推向世界。

三、措施得力,"九五"时期教材建设成效显著

"九五"时期,教育部先后出台了《关于"九五"期间普通高等教育教材建设与

改革的意见》等一系列重要文件,在"抓好重点教材、全面提高质量"方针的指导下,实施了多项富有实效的举措,取得了显著的效果。

(一)"九五"期间高等教育教材建设主要措施

1. 加大教材建设经费的投入,建立各级教材建设基金

增加资金投入是教材建设工作的根本保证。要出好教材,尤其是精品教材,经费落实是关键,教育部和各省教育厅(局)、各高等院校创造条件、广开门路,加大教材建设经费投入的力度,筹措和建立了教材建设基金。基金来源的主要渠道包括教育、教学事业费专项拨款;中央(地方)出版社上缴税金返还款的提成;学校出版社利润的提成或留成;学校预算外收入提成;社会团体、企事业单位或个人的资助及捐赠;其他收入等。具体措施主要包括:

建立教材基金,积极鼓励教师加强教材建设。建立学校教材建设基金是推动教材建设的一项重要措施。结合教材建设规划,把基金重点放在本校具有优势和特色的学科专业,放在师资力量比较强、教学和科研水平比较高的系部和教研室,放在各专业的主干课程和各类专业的基础课程上,还可用于优秀教材及讲义的奖励以及开展教材研究活动等。

运用市场机制,多渠道吸纳筹措资金建立教材建设基金,推动教材建设的发展。关于学校教材建设基金的筹集,《高等学校教材工作规程》中指出:一是上级拨款;二是学校专项拨款;三是从学校出版社及印刷厂上交利润中提成,还可争取有关企业单位和校友及国际友人的捐赠等。在实际应用中学校的基金筹措主要有以下几种途径:依据"取之于教材,用之于教材"的原则,利用教材发行费作为教材建设基金的资金积累;争取国内外商家、名人不同形式资助出版教材,发行利润作为教材建设资金积累;还可以在院校创收经费中按一定比例拨给教材建设基金,重点支持和扶植教师出版教学急需的高质量教材。同时,在资金使用方面设立单独的教材建设基金账户,明确基金使用范围、基金管理办法,专款专用。

争取国家、省部和地区有关部门的支持,实现中央、地方、学校多路并进的教材编写格局。转变观念,走出去,请进来。支持、鼓励教师带好的选题与名校、名师合作编写教材,参与兄弟院校的教学改革和教材编写;吸引校外资金和社会资源到学校来参与教改和编写教材。

2. 改进各科类教学指导委员会、教材委员会的工作

"九五"期间,各类教学指导委员会、教材委员会除做好原定的各项工作外,还进一步加强了教材评介工作,对有关的主要教材定期进行认真的评介和质量评议,将好的和比较好的教材进行推荐,加强了对国外教材的比较研究和本门学科(课程)内容、体系及发展方向的研究。

"九五"期间,各类教学指导委员会、教材委员会根据标准和条件,尽可能多地吸收中、青年教师参加各级的教学指导委员会。并紧密把握香港、澳门回归祖国的契机,吸收港澳学者加入。时任教育部工程图学教学指导委员会主任的刘荣光教授就曾经亲赴香港理工大学,聘请相关学者担任教指委委员,努力将教学指导委员会建设成充满朝气与活力、富有成效和代表性的队伍。此外,鼓励有条件的委员会吸收教育管理部门、企事业单位有丰富实践经验的专家参加。

3. 坚持教材评奖制度,开展教材工作评估

教材评奖和评估工作对促进教材质量的提高和推动教材建设确有重要的作用。"九五"期间,我国建立健全科学的教材评价指标体系,进一步改进和完善教材评奖制度,提高了奖励标准。

(1) 全国普通高等学校优秀教材评奖

1995年前,国家教委曾进行了三届全国普通高等学校优秀教材评奖工作。从1997年起,考虑到教材是教学成果中的一个重要方面,这一奖项与国家级教学成果奖并轨。

(2) 全国普通高等学校优秀计算机辅助教学软件(CAI)评奖

为了提高教学质量,促进教学思想和观念的转变,国家教委曾于1993年组织了第一届全国普通高等学校优秀计算机辅助教学软件(CAI)评奖,1997年进行了第二届评奖(见表5-1)。这项工作推动了计算机辅助教学软件的研究、开发与应用。

表5-1 CAI评奖情况一览表

评奖届数	申报数(项)	获奖总数(项)	获奖情况		
			一等奖	二等奖	三等奖
第一届	217	35	5	10	20
第二届	420	132	11	29	92

(3) 国家科技进步奖(科技教材)评奖

1996年4月,国家科委根据国务院有关领导的指示精神,决定将杰出科技著作(杰出科技专著、优秀科技教材和优秀科普图书)纳入国家科技进步奖序列,并正式下发了通知。在此之前,国家教委高教司根据国家科委的要求曾于1996年和1997年组织了两次国家级科技进步奖科技教材的试评工作,将获得第二届全国优秀教材特等奖的教材直接推荐参加国家级科技进步奖(科技教材)的评奖。

为加速科学技术的传播,促进科技成果的转化,培养科技人才,提高科技水平和全民族的科学文化素质,奖励在优秀科技著作的编辑出版中,进行创造性劳动并

作出突出贡献的人员和单位,1997年4月,国家科委下发了《关于印发〈国家科技进步奖科技著作评审工作暂行规定〉的通知》。"暂行规定"明确指出,科技著作的主要完成人是在作品中署名的作者和责任编辑,主要完成单位是指作者所在单位、参加编著的单位及相应的科技著作出版社。

根据以上精神,国家教委从1997年开始,每年都部署和组织科技进步奖(科技教材)的推荐和评审工作(见表5-2)。科技教材的范围是学科门类属于理、工、农、医、药、中医药的供普通高等学校使用的教材。国家教委负责的科技教材分科类分年度轮流进行进行评奖。1997年评理科类教材,1998年评奖的为工科基础课教材(包括数学、物理、化学、力学、制图、机械基础、热工、电工基础、计算机基础)以及管理科学与工程类专业、环境工程专业、工程力学专业、医科类法医专业的教材;农林类专科教材。1997年至1999年国家教委(教育部)每年向国家科委推荐教材参加国家级科技教材评审(见表5-3)。

表5-2　教育部科技进步奖(科技教材)评奖情况

评奖时间	申报数/种	获奖情况		
		一等奖	二等奖	三等奖
1997年	93	4	14	17
1998年	140	4	14	26
1999年	69	4	10	15
2000年	169	8	12	/

表5-3　教育部推荐的国家级科技教材评奖情况

推荐时间	推荐数/种	获奖情况		
		一等奖	二等奖	三等奖
1996年	12	/	2	3
1997年	10	/	2	3
1998年	8	/	/	3
1999年	8	/	/	/

4. 充分调动教师编写教材的积极性

繁荣教材事业,提高教材质量的基础和关键是教师。各级教材建设部门继续鼓励、支持、帮助教师编写有特色、有水平的好教材;切实落实有关的各项政策,将教师编写教材计入教学工作量,将高水平的教材作为教师评聘、晋职的重要依据;提高教材的稿酬标准,对列入重点教材的稿酬从优等,通过种种政策和措施来充分调动教师(特别是高水平教师)编写教材的积极性。

5. 加强教学研究和教材研究

教学改革与教材建设、教学研究与教材研究的关系是相辅相成的。只有加强教学内容、体系的研究,教学改革才能取得较大的实质性的成果;而教学改革和教材研究的成果只有转化为教材的内容,才能更有效地普及和推广。

"九五"期间,在继续做好教材建设一般规律研究的同时,教材建设部门着重研究了教学内容、课程体系、教学方法的改革及其相应教材的编写。教育部组织了一批面向21世纪需要的教学内容、课程体系改革的研究项目,并相应组织编写了一批新的教材。各级教育主管部门和高等学校也通盘考虑教学研究、教学改革、教材建设、教材研究等问题,逐步加强了这方面的工作。

"九五"期间,全国教材建设研究会加强了对教材建设一般规律研究课题的规划、立项、鉴定及经验交流等工作,使之为教材建设服务,为促进教材质量和教学质量的提高服务。

6. 建立教材建设信息系统

"九五"期间,教育部及各级教育主管部门对每年出版的新版和修订版教材情况,以及各教学指导委员会对有关教材的评介结果及时汇总,并将有关信息予以通报,利于学校选用合适的教材,利于出版单位确定选题规划,利于编者博采众长提高新书的质量。

(二) 教材品种极大丰富,教材质量全面提高

"九五"期间,教育部加大了教材建设工作的力度,组织了20多个省、市教委(教育厅)和国务院50个部委教育司(局)编制"九五"教材建设规划,仅向教育部申报国家级立项申请的选题就达2 000多个,经专家评审,确定了654项为国家级重点教材,各部委还确定了一大批部级重点教材。同时教育部还启动了"高等教育面向21世纪教学内容和课程体系改革计划",这项计划得到了各方面的广泛支持,仅教育部批准的221个大项目中就涵盖了上千个子课题。这些研究课题立意新,起点高,调动了各方面的积极性,并产生了一大批具有改革特色的新教材——"面向21世纪课程教材"。"九五"期间,这批教材及其他国家级重点教材的顺利出版标志着高等教育教材建设取得突破性的进展,主要表现在以下方面:

(1) 内容质量上有突破。出版了一批内容新、体系新、方法新、手段新的高水平教材。这批教材的出版对高等教育教材建设起到了指导和推动作用。

(2) 出版质量上有突破。对这批教材的出版,各出版社都非常重视。在编辑、出版、印刷等各个环节都精心组织、精心加工。教材出版质量上了一个新台阶,出版了一批装帧精良的教材。

(3) 教学软件的研制与开发方面有突破。"九五"期间教学软件,特别是多媒体计算机辅助教学系统的开发与研制受到很大的重视,许多"面向 21 世纪教学内容和课程体系改革计划"立项课题都列有教学软件的开发、研制计划,并取得一批成果。在"九五"期间教学手段的更新已经形成势头,并为进一步发展打下良好的基础。

"九五"期间还积累了做好高等教育教材建设的新鲜经验,包括抓好重点教材,实施精品战略;加强监督检查,落实教材规划;发挥出版社的积极性,加大对教材建设的投入;密切配合课程改革的立项研究,编写出版改革教材;进行系列教材规划,提高教材的教学适用性等。这些新鲜经验和成功的做法对"十五"期间教材建设工作都有重要启示。特别是"面向 21 世纪课程教材"的出版发行具有划时代的重要意义。

主要由高等教育出版社出版的"面向 21 世纪课程教材"是教育部组织实施的"高等教育面向 21 世纪教学内容和课程体系改革计划"和"高等师范教育面向 21 世纪教学内容和课程体系改革计划"的研究成果。"面向 21 世纪课程教材"以高等教育领域的教学改革和研究为基础,体系与内容具有显著的导向性、探索性和适用性。这些教材具有如下特点:反映了面向 21 世纪,国家和社会对人才知识、能力、素质的要求,体现了教育思想、教育观念、人才培养模式的改革;反映了面向 21 世纪我国高等教育专业结构、专业目录和专业设置,体现了主要专业或专业群的教学计划和课程结构;反映了面向 21 世纪基础课程、主干课程的教学内容和体系,体现了教学手段和教学方法的改革,并把教学内容和课程体系、教学方法建立在现代教育技术的平台上。

自 1995 年 6 月高等教育出版社正式推出第一本"面向 21 世纪课程教材"《新概念物理教程——力学》以来,一批采用统一开本、统一出版标志图案、印装精良的高校教材在国内高校中激起了强烈反响。到 2000 年 5 月,200 多种"面向 21 世纪课程教材"正式出版,涵盖了教育部 1998 年最新颁布的普通高等学校专业目录中的哲学、经济学、法学、教育学、文学、历史学、理学、工学、农学、医学、管理学等各学科门类。赵凯华教授在《新概念物理教程——力学》一书的序言中提出"用现代的观点审视、选择和组织好传统的教学内容;适当地为物理学前沿打开窗口和安装接口;通过知识的传授提高科学素质和能力"的教材编写思想,可以认为是教材建设思想和观念在新时期的新思考、新探索,这些探索和思考在物理学以及各学科的教学改革和教材编写工作过程中激起了强烈的共鸣。"面向 21 世纪课程教材"为高校带来的不仅仅是一本本教材,更是教学思想和理念的转变。据不完全统计,截至 2002 年,38 家出版社共出版了"面向 21 世纪课程教材"930 种(见表 5-4),高等教育出版社作为"高等教育面向 21 世纪教学内容和课程体系改革计划"项目经费的主要支持者和项目的主要参与者,承担了其中大部分教材的出版和全部近百种代表国家级水平的"改革研究报告"的出版任务。

表 5-4 "面向 21 世纪课程教材"体系

数学教材系列	医药类教材系列
物理教材系列	生物教材系列
力学机械教材系列	电子电工教材系列
计算机类系列教材	环境教材系列
研究生英语系列教程	实用英语系列教材
素质教育系列教材	档案类系列教材
新闻类系列教材	教育类系列教材
地理教材系列	中文类系列教材
农林类系列教材	果树学系列教材
法学类系列教材	经济、管理类系列教材
政治学、历史学、哲学、社会类系列教材	
金融学专业主干课程教材、会计学专业主干课程教材	
经济学类专业共同核心课程教材	
工商管理类专业共同核心课程教材	
化学教材系列(高等农林院校用、高等院校理工科使用、高等学校文科使用)	

经过若干年的建设,"面向 21 世纪课程教材"硕果累累,入选"十五"国家级规划教材 175 种,获优秀教材奖的有 147 种,有 267 门国家精品课程选用"面向 21 世纪课程教材"作为主讲教材,在 1999 年的科技教材评奖中,"面向 21 世纪课程教材"囊括了所有的一等奖以及半数以上的二等奖。"面向 21 世纪课程教材"累计使上千万大学生受益。

四、教材建设与课程改革密切结合,同步发展,相辅相成

"九五"期间是我国建立社会主义市场经济体制和实现社会主义现代化建设第二步战略目标的重要时期,高等教育面临新的科学技术革命和社会巨大变革的挑战。

我国自 20 世纪 50 年代初实行第一个国民经济五年计划以来,为适应社会对经济建设特别是工业建设专门人才的大量需求,高等学校的专业,特别是理工科的专业分得过细,口径狭窄,导致长期以来各个专业的课程设置名目繁多、类型单一。这种基本上从苏联高等学校移植过来的课程设置模式,虽然在改革开放初期有所改善,但在整体上历经数十年而没有大的变动。

20世纪80年代末,为了造就千百万"面向现代化、面向世界、面向未来"的具有高度文化素质的社会主义建设人才,必须改变过细、过专的高等教育教学体系。人才的质量依靠教育,教育质量的提高也要求对课程进行改革。20世纪90年代初我国开始进行经济体制由计划经济向市场经济转变,经济增长方式由粗放型向集约型转变的两项根本性改革,社会不仅对人才类型的需求更加多样,对人才素质的要求也更加严格。

从世界范围来看,新技术革命对培养专门人才的高等教育也提出了新的挑战。当代科学技术朝着既高度分化又高度综合的方向迅猛发展,各学科间的相互渗透要求人们从更高的层面上运用系统论进行研究。

所有这些都向高等教育的课程设置、教学内容以及教材建设提出了新的要求,高等学校只有在调整课程设置的过程中,淡化专业,突出课程,拓宽口径,紧跟科技发展的新形势,加强基础学科教育,注意开设跨学科的综合性课程和边缘、交叉学科的课程,培养学生不断探索新知识和迅速掌握运用最新科技的能力,才能满足这一要求。

这期间,课程改革一个重要的改变,也是对教材建设具有较大影响的措施是改变过去从一门课程出发抓课程建设,忽视课程间的衔接互通的观念,从全局角度、系统观点看一门课程在学生培养中的作用,在课程体系整体优化上进行改革,使之模块化、层次化,从而有利于学生拓宽思路,发挥自身的创造性和主动性,给学生更大的选择余地和自由度,以利于学生分流,因材施教。

教材建设是课程改革的具体体现,教材建设以课程建设为依据,既对课程有依赖性,又促进课程改革。针对教材内容受学科影响,知识相对独立的状况,教材建设从学科知识系统出发,注意联系相关学科、发展前沿与生活实际,广大教育工作者结合课改潮流,勇于创新,编写出版了许多优秀的教材,这些教材为课程改革提供了条件,使改革得以加速。而在课程改革日趋成熟的基础上进行的教材建设,更有利于编写出符合课程要求的高质量教材,从而又对教学改革产生促进作用。因此,教材建设与课程改革密切结合,同步发展,相辅相成,是整个"九五"期间教材建设的一大亮点。①

"九五"期间,高等学校根据各门课程教学内容之间的内在本质联系,整合课程体系结构,打破传统的课程界限,调整课程设置,或根据需求设置新的课程;优化

---

① 董占立.课程改革与教材建设[J].周口师专学报,1996,(S2):85-86.

课程教学内容,合理调整理论体系,在保证教学内容的科学性与系统性的前提下,使之更通俗易懂,易教易学。教材建设也努力适应高等教育课程改革的变化,紧跟高等学校实际的教学定位。编辑出版机构则根据教学的实际需要与可能,适度降低理论难度,割舍少量内容,适于学生选用。

高等教育的课程改革使得我国高等教育更加适应经济、社会的飞速发展,也使得我国高校教材建设吸收世界先进文明成果为我所用,更加符合时代所要求的先进性。同时,由于科学技术是不断发展的,教材应在保持核心内容稳定发展的基础上,通过更新再版,或编发补充讲义,紧跟科学发展的前沿。

五、各部门分工协作,教材建设齐抓共管

根据《关于"九五"期间普通高等教育教材建设与改革的意见》,对国家教委(教育部)、国务院相关部委教育主管部门、各省自治区、直辖市教育部门以及高校在教材建设工作中的职能和责任作了明确的规定。

各机构分工协作,齐抓共管,积极探索并努力建立了适应新形势的高等教育教材编写、出版、发行、选用的运行机制。各项改革措施调动了各方面的积极性,有力地推动了高质量教材的出版和教材事业的繁荣。

第二节 "十五"时期高等教育教材建设

跨入新世纪,我国高等教育发展呈现出新的变化。1999年国务院正式批转《面向21世纪教育振兴行动计划》,明确提出要扩大高等教育规模,为国家知识创新体系以及现代化建设提供充足的人才支持和知识贡献。《中共中央国务院关于深化教育改革全面推进素质教育的决定》指出:"教育在综合国力的形成中处于基础地位,国力的强弱越来越取决于劳动者的素质,取决于各类人才的质量和数量,这对于培养和造就我国21世纪的一代新人提出了更加迫切的要求。"中央的决定为高等教育的改革与发展指明了方向。2001年,教育部印发《全国教育事业第十个五年规划》,提出"十五期间"高等教育发展的主要目标是"采取各种措施积极扩大高等教育规模。各类高等教育在学人数增加到1 600万人左右,其中在学研究生规模达到60万人左右,高等教育毛入学率达到15%左右。继续加快高等职业技术教育的发展并进一步办出特色"。这些变化既给高等教育教材建设带来了机遇,又使教材工作面临许多新情况、新问题。

首先,教材建设工作仍滞后于教学改革的实践,教材内容较为陈旧,不能满足按新的专业目录修订的教学计划、课程设置的需要,一些课程的教材可供选择的品

种太少。一些基础课的教材虽然品种较多,但低水平重复严重;有些教材内容庞杂,书越编越厚;专业课教材、教学辅助教材及教学参考书短缺等等。其次,对新教材的评介、宣传、推广使用不够。有些新出版的教材缺少教学实践,尚需进一步加强实践,并在实践基础上进行修订,逐步形成精品教材。最后,在教材管理方面,政府机构改革导致新情况的出现,如教材建设资金不足,一些小专业教材的出版面临很大的困难;教材编写的政策未能完全落实,教师(特别是高水平的教师)编写教材的积极性受到影响;一些高等学校对本校开课选用教材缺乏指导和管理,放任自流。所有这些问题和矛盾都需要通过深化改革和加强管理加以解决。

面对严峻的形势,"十五"期间,高等教育教材建设工作积极适应社会主义市场经济对高校人才培养的需求,适应培养跨世纪、高质量人才的要求,紧密结合教学改革的实际,编写出版了大批质量较高、品种齐全、各具特色、适用性强的教材,高校教材向着多层次、多样化、多品种发展。为加快高等教育事业的改革、发展和教学质量的提高,做出了应有的贡献。

一、广泛开展调研,科学制定规划

制订教材规划是国务院赋予教育部的职能,是实施教材管理的重要方法,教育部认真抓好"十五"教材规划的制订,并通过规划优化选题,优化资源配置,进一步明确了"十五"教材建设方向、目标、重点和任务。

1999年以来,为制订好"十五"教材建设规划,教育部高教司对我国普通高等教育教材建设状况开展了深入的调查研究。在内蒙古呼和浩特市召开了高校教材工作研讨会。22个省、市的42所高等学校的教务处长、教材科长参加了会议。会议对制订"十五"教材规划的问题进行了深入的研讨,听取了高等教育出版社、机械工业出版社等出版社对制订"十五"教材规划的意见和建议,并下达了"关于对'十五'教材建设的思考"和"关于高等学校教材更新机制的研究"的课题。此后承担此课题的有关专家多次召开会议,就"九五"期间教材建设取得的成绩和存在的问题,"十五"期间普通高等学校教材建设的方针、目标和任务、如何制订好"十五"规划和主要措施等方面作了深入的探讨,初步形成了《关于"十五"期间普通高等教育教材建设与改革的意见(讨论稿)》。为广泛听取意见,高教司于2000年4月在安徽大学召开了由文、理、工、农、医等30多个学科教学指导委员会主任和有关专家参加的"十五"期间普通高等教育教材建设工作研讨会,同年8月在东北大学召开会议,邀请有关省、自治区、直辖市教育厅(教委)、教材研究会和有关高等学校的代表参加会议,这两个会议主要听取大家对《关于"十五"期间普通高等教育教材建设与改革的意见(讨论稿)》的意见和建议。专家们在会上进行了热烈的讨论并提出了许多有价值的意见,在此基础上,高教司对讨论稿进行了又一次修改。

2001年初教育部印发了《关于"十五"期间普通高等教育教材建设与改革的意见》(以下简称《意见》),强调了抓好"十五"教材规划的重要性,确定制订"十五"教材规划的原则如下。

(1) 坚持改革,促进发展。"十五"教材规划的制订要更新观念,立足改革。教材改革要反映教学改革的成果。教材规划要以新的专业目录为依据,要破除一本书教师教到底、学生学到底的教学模式。教材要适应多样化的教学需要,正确把握新世纪教学内容和课程体系的改革方向,在选择教材内容和编写体系时注意体现素质教育和创新能力与实践能力的培养,为学生知识、能力、素质协调发展创造条件。

(2) 突出重点,保证质量。"实施精品战略,抓好重点规划"是"十五"期间教材建设工作的重要指导方针,"十五"教材建设仍然把重点放在抓好公共基础课、专业基础课和专业主干课的教材建设;特别注意选择并安排一部分原来基础比较好的优秀教材、"九五"重点教材及面向21世纪课程教材修订再版,逐步形成精品教材;提倡并鼓励抓好体现新世纪教学内容和课程体系改革成果的教材,解决教学急需填补学科空白的新教材,通过专家论证,遴选高水平编者。对质量好、填补学科空白的新教材,予以奖励。

(3) 扩大品种,合理配套。为适应全面推进素质教育的需要,要求扩大教材品种,实现教材系列配套。同一专业的基础课、专业基础课、专业主干课教材要配套;同一门课程的基本教材、辅助教材、教学参考书也要系列配套。有条件的应做到文字教材与电子教材同时规划、协调发展。同时,为了提高教学质量,也要注意适当安排教学指导书等教师用书的编写与出版。要求从教材配套出发,设计好选题,处理好教材统一性与多样化,基本教材与辅助教材、教学参考书,文字教材与软件教材的关系。

(4) 依靠专家,择优落实。在制订教材规划时主要依靠各专业(课程)教学指导委员会的专家在调查研究本专业(课程)教材建设现状的基础上提出规划选题。在落实主编人选时,引入竞争机制,通过申报、评审确定主编。书稿完成后要认真执行审稿程序,确保出书质量。

《意见》明确指出:教育部根据国家教育教学改革与发展的需要,制订国家"十五"教材规划;国务院有关部委教育司(局)可以受教育部的委托制订相关专业的"十五"教材规划;各省、自治区、直辖市教育行政部门可根据实际情况,组织制订反映本地区学科优势与特色的教材规划;各高等学校、特别是重点高校要做好本校有优势、有特色的学科(专业)教材规划。有关出版社要把社会效益放在第一位,积极安排各级各类规划教材的出版。各级规划教材的主管部门要加强管理与协调,充分调动各方面的积极性,使多层次的教材建设互相配合、协调发展,避免低水平教材重复出版。

"普通高等教育'十五'国家级教材规划"是在调查研究,广泛听取专家对本学科、专业(课程)教材建设的意见以及高等教育人才培养的需求的基础上提出规划选题指南的。通过教材主编所在学校申报,经专家评审,教育部研究批准2 021种教材列入"十五"规划,于2002年6月正式颁布。

二、"十五"期间教材建设的指导方针与主要任务

2001年8月28日,教育部下发《关于加强高等学校本科教学工作提高教学质量若干意见》,在全国高教战线激起了强烈反响,提高教学质量已成为高校教学工作中的主旋律;而教材建设作为保证和提高教学质量的重要保障,则成为重中之重。

"十五"期间普通高等教育教材建设的指导方针是,以邓小平理论为指导,全面贯彻国家的教育方针和科教兴国战略,面向现代化、面向世界、面向未来,认真贯彻全国第三次教育工作会议精神,深化教材工作改革,全面推进素质教育。加强组织领导,加大资金投入;实施精品战略,抓好重点规划,注重专业配套,促进推广选用,为建立具有中国特色的适应21世纪人才培养需要的高等教育教材体系而努力。要求进一步加快探索建设适应新世纪我国高校创新人才培养需要的包括多学科、多类型、多层次、多媒体、多品种系列配套的立体化教材体系,彻底改变"教材耽误人才"的落后局面。

在教育部下发的《关于"十五"期间普通高等教育教材建设与改革的意见》(以下简称《意见》)中,明确规定这一时期教材建设的主要任务是:

(1) 通过国家、省(市)、受委托的有关部门、高等学校等多层次的教材建设,逐步建立起以国家规划教材为重点,门类齐全,适应培养面向21世纪的高素质、创造型人才需要的教材体系,即包括多学科、多类型、多层次、多品种系列配套的教材体系。

(2) 在调查研究的基础上,通过专家论证与推荐,优化选题,优选编者,加大投入。力争出版一批具有世界先进水平的精品教材,为高等教育教材质量的全面提高发挥示范和推动作用。

(3) 从文字教材与电子教材协调发展的原则出发,抓好软件教材的建设(包括适应远程教育和网络教学需要的电子教材建设),积极编制精品课件。在有条件的高校建立若干个多媒体制作中心,逐步实现教学软件的专业化制作,推动教学软件的研制与开发。

(4) 本着"编""选"并重的原则,大力推动高质量教材的选用,要求各专业(课程)教学指导委员会、各有关出版社大力开展对新出版的高水平教材的宣传和评介

工作。各高校要建立教材评介制度和教材选用管理制度,保证高质量教材进入课堂,对省部级以上优秀教材与重点教材要优先选用,提高优质教材的使用效益。

(5) 加强国外教材的引进工作。引进的重点是信息科学与技术和生物科学与技术两大学科的教材。根据专业(课程)建设的需要,通过深入调查、专家论证引进国外优秀教材,同时要注意引进教材的系统配套。加强对引进教材的宣传,促进引进教材的使用和推广。

(6) 开展对国外教材的比较研究,扩大高校教材的国际交流。同时注意把国内已出版的高水平教材推荐到国外、打入国际市场。

《意见》同时也规定了教材建设的宏观管理措施,认为在我国教材市场还不够繁荣的情况下,政府对教材建设的宏观管理不能削弱而要加强,要建立政府部门对教材建设的监督、检查与宏观调控的管理机制,以便调动各方面积极性,多出版高质量的教材。特别是在国务院各部委机构调整以后,各教育主管部门对高等教育教材建设工作的主要职能需进一步明确:

(1) 教育部负责教材建设工作宏观政策、法规的制订及贯彻执行的监督检查;组织制订国家"十五"教材规划,检查了解规划的落实情况;组织优秀教材评奖工作;指导、协调全国教材建设工作;组织、推动教材工作的评估;组织教材建设工作经验交流;开展教材编写、出版、选用的信息服务与咨询;推动教材推广、选用及国际交流;探讨新形势下高等教育教材更新机制;筹措和建立教材建设基金等。

(2) 各省、自治区、直辖市进一步加强对教材建设的管理,贯彻落实中央和教育部有关方针政策,制订适合本地区高教教材建设工作的政策和办法;组织本地区普通高等学校教材工作的评估;根据需要与可能,组织本地区具有优势和特色的教材出版;推动选用高质量教材,防止地方保护主义;组织教材建设工作经验交流;培训教材管理干部;指导本地区教材建设研究会的工作;筹措和建立教材建设基金等。

(3) 国务院有关部委教育司(局)受教育部的委托继续做好相关专业教材建设的宏观指导工作。

各省、自治区、直辖市教育行政部门和国务院有关部门,要积极支持教师编写高质量的教材,认真抓好高等学校教材建设工作,使高等教育教材建设更好地适应经济建设、科技进步和社会发展的需要,更好地适应教学改革和推进素质教育的需要,为提高高等教育教学质量做出新贡献。加强教材建设的宏观管理,积极探讨适应新形势的工作思路,更多地发挥各学科(专业)教学指导委员会等专家组织的作用;发挥有关出版社的作用,调动各方面的积极性,强化对教材建设的宏观管理。

三、多措并举,"十五"期间教材建设硕果累累

"十五"期间,各级教育部门、高等学校、出版社在中央和国务院的领导下,工

作扎实有效,包括成立普通高等教育"十五"国家级规划教材建设管理委员会,调整和补充教学指导委员会,建立和完善教材监控机制等,多方努力,多措并举,使得21世纪的头五年,教材建设取得了丰硕成果。

(一)教育部成立"十五"规划教材管理委员会,加强规划教材的建设与管理

2003年3月6—7日,普通高等教育"十五"国家级规划教材建设管理委员会成立会暨第一次工作会在四川大学举行,会议明确了委员会的主要任务是加强"十五"期间普通高等教育国家级规划教材的建设与管理工作,实施精品战略,提高教材的编写与出版质量。

2004年6月25—28日,普通高等教育"十五"国家级规划教材建设管理委员会第三次工作会议在昆明理工大学举行。会议认为:普通高等教育"十五"国家级规划教材建设工作,要高举邓小平理论伟大旗帜,以"三个代表"重要思想为指导,坚持马克思主义方向,尤其是哲学社会科学的教材建设,必须坚持用马克思主义理论的观点和方法分析问题、解决问题。对"十五"国家级规划教材要高度重视,严格执行书稿"三审制",严格把关,在政治、民族、宗教等方面绝不能出现问题,要确保质量。同时,在教材编写中要注重知识创新,要把教学改革和科学研究的成果固化到教材中。教育部高教司教学条件处通报了部分"十五"国家级规划教材出版任务的协调、落实情况。各出版社的代表交流了在实施教材精品战略的过程中采取的各项措施以及紧密结合教学改革编写教材的丰富经验,并对如何出版立体化精品教材进行了研讨。大家一致认为,各高等学校和出版社要加强对"十五"国家级规划教材的编写和出版的领导,高度重视"十五"国家级规划教材的编辑出版工作,积极采取措施,保质保量地完成任务。根据汇报统计,管委会成员单位已出版"十五"国家级规划教材549种,2004年底前可出版198种、可交稿368种,完成承担任务的77%。会议还对"十五"国家级规划教材宣传推广方案进行了讨论,要求各承担"十五"国家级规划教材出版任务的单位,积极探索建立宣传和营销的平台,进一步加强对精品教材的推广和使用,使优秀教材进课堂,充分发挥其作用,为提高高等学校教学质量作出新贡献。为加大"十五"国家级规划教材的宣传推广力度,要求承担"十五"国家级规划教材出版任务的出版社,于2004年8月底前将已出版的"十五"国家级规划教材样书及清单报送高等教育司教学条件处。同时要求有关出版社在"十五"国家级规划教材出版后及时报送样书,高等教育司根据"十五"国家级规划教材的出版情况,分期分批公布已出版的教材目录,推荐给高等学校使用。针对当时出版"十五"国家级规划教材存在少数作者拖延交稿时间,致使教材不能如期出版的问题,会议建议,将"十五"国家级规划教材的截稿时间定在2005年底,届时尚未交稿的教材,视为自动退出"十五"国家级教材规划,取消其资格。

普通高等教育"十五"国家级规划教材建设管理委员会的成立及其召开的历次会议,均对高等教育教材工作,特别是国家级规划教材的编辑与出版起到了指导作用,及时协调和解决了教材建设中出现的疑难问题,促进和推动了教材建设工作的顺利进行。

(二) 充分发挥教学指导委员会作用

"十五"期间,各学科(专业)教学指导委员会通过调整、补充,实现老、中、青相结合,增强了委员的代表性、学术性与权威性,提高了工作效率。

"十五"期间各学科(专业)教学指导委员会的主要工作有:对高校的教材建设进行分类指导,及时向教育部及受委托主管部门提出加强教学和教材工作与改革的建议;继续深化面向新世纪教学内容和课程体系改革的研究,并在此基础上参与、指导新教材的编写与修订;协助教育部及受委托主管部门做好"十五"教材规划,积极开展对已出版教材的评介、评优和推荐工作;组织新课程、新教材的教师培训,提高教学水平,推广新教材等。

(三) 教材监控机制逐步建立,教材质量稳步提高

教材质量既反映教师水平,也反映教改成果、技术和学科的发展,必须科学地管理、有计划地培育和组织,全面推行教材编写招标制度。坚持教材的思想性、科学性和方法论相统一的原则,坚持教育教学改革及科技和社会进步是教材变革和发展的原动力的原则;结合教材建设实际和弥补新开课程无教材的不足,将竞争机制引入教材建设中,不仅可为教材建设规划的制定及编写培养人才,还可提高教材编写质量。

教育部和各级教材建设主管部门采取有效措施保证教材质量,在教材选题招标方面,选题通过申报、参与竞争、择优批准的办法确定编者,重点教材选题通过立项、鉴定、验收的方式,成熟一本出版一本。选题要求立意新、观念新、方法新,反映学科特点、专业特点和学校特点,反映最新科学研究成果、最新教学研究成果,适应科技和教学改革的深入发展,体现当代科技的扩展与整合,选题内容具有一定的超前性、预见性、实用性。在教材编写人员招标上,遴选本学科、本专业教学、科研能力强的教师作为主编、副主编,注意编写组人员的最佳搭配,重视教师教书育人的基本素质。各级教育主管部门和高等学校及有关出版社提高教材质量工作的重点是提高教材的内在质量,重视印装质量。

"十五"期间,各级教育部门、高等院校、出版机构进一步强化质量意识,建立了严格的质量监控机制,主要有:开展高等教育教材评介、选优质量指标体系与实施办法的研究,建立科学适用的教材质量评价体系,作为教材编审的主要依据;建立通过评审、择优确定主编的评聘制度和实行主编负责制;建立严格的审稿制度,聘请专家审稿;坚持教材评介、评优奖励制度,激励教师编写高质量教材;建立教材

质量跟踪与信息反馈制度,定期检查教材的使用情况。

这些举措的施行,使"十五"时期的教材做到了四新:内容新、体系新、方法新、手段新。教材质量上了一个新的台阶,出现了一批改革力度大,具有强烈时代气息的高水平教材。如《工程力学教程》(范钦珊主编,高等教育出版社)等,其崭新的内容、体系受到学生欢迎,质量之高受到同行高度评价。

"十五"期间,各高等学校共承担国家级"十五"规划教材2 000余项,其中绝大部分已经出版或完成编写。各高校还结合本校实际,组织编写出版了校级规划教材数万种。经过国家、省(部)、学校三级的规划建设,"十五"期间,全国高等教育教材建设工作取得了重大进展,出版的新教材无论在数量规模上,还是质量上与"九五"相比都取得了跨越性的发展,基本保证了当时高校教育教学改革、素质教育和创新人才培养的需要。

四、"十五"期间教材建设的主要特点

(一) 大力宣传推广优秀教材

教师选用教材有一定的"惯性",新教材往往难以推广使用,"九五""十五"期间,教材由于改革力度大,更新内容多,更加需要注重加强新教材的宣传推广。2004年8月,教育部高教司在昆明召开普通高等教育"十五"国家级规划教材建设管理委员会第三次工作会议,会后印发了《普通高等教育"十五"国家级规划教材宣传推广方案》,方案规定如下:

(1) 教育部高教司要加强对普通高等教育"十五"国家级规划教材宣传、推广力度,并组织开展教材评介。

(2) 承担"十五"国家级规划教材出版任务的出版单位在教材出版后应及时向教育部高等教育司报送样书及清单,高等教育司将根据"十五"国家级规划教材的出版情况,分期分批公布已出版的教材目录,推荐给高等学校使用。

(3) 各出版单位要综合运用各种媒体(网站、报纸、期刊)进行重点宣传,大力推广。如通过"全国普通高等教育教材网"(后更名为"普通高等教育教材网",以下简称"教材网")、"中国高校教材图书网"以及《中国教育报》《中国图书商报》《中国大学教学》等,扩大普通高等教育"十五"国家级规划教材的社会影响。

(4) 各出版单位应遴选"十五"国家级规划教材中的重点教材3至5种,报"十五"国家级规划教材建设管理委员会审定后,在《中国教育报》有关栏目中做重点推介。

(5) 选择部分高等学校集中的城市举办"十五"国家级规划教材巡回展示,并召开座谈会,邀请作者、高等学校教师到会,对优秀教材进行重点宣传、介绍。同时,针对不同读者对象可加大赠送优秀教材样书工作。

(6) 各出版单位加强在新华书店春秋两季教材目录的宣传征订工作。

(7) 各出版单位积极开展教师使用优秀教材的培训工作。

(8) 各出版单位要建立"十五"国家级规划教材的发行平台,可开设"十五"国家级规划教材销售专架,优先做好"十五"国家级规划教材的发行销售工作,备书要充足,供书要及时,保证学校课前到书。

以上方案的公布施行,从国家层面强调了优秀教材的推广使用,促进了普通高等教育"十五"国家级规划教材的普及与选用,使其在培养高质量人才中发挥示范作用。

(二) 加大优秀教材评奖力度,增强教材建设导向

将已出版的优秀教材及时推荐给高等学校使用,提高教学质量,是教育部对教材建设进行宏观管理的重要措施。教材评奖即是推荐优秀教材的办法之一。

2001年8月,教育部印发了《关于加强高等学校本科教学工作提高教学质量的若干意见》的文件,要求高等学校结合学科、专业的调整加快教材的更新换代。理工类、财经政法类和农林医药类专业使用的教材应有50%左右是近三年出版的新教材。根据此文件的要求,又考虑到教学成果奖每四年评一次,显然跟不上教材更新的周期,而且在教学成果奖中,教材获奖的数量较少,因此,教育部决定恢复优秀教材评奖工作,从2002年开始,每两年评选一次。于是,教育部于2002年3月下发了《关于进行2002年全国普通高等学校优秀教材评奖工作的通知》。鉴于教材应经过教学实践的检验,教育部将此次参评教材的出版时间限定在1999—2000年。经初步统计,这一阶段我国普通高等教育教材的出版量超过15 000种。为减轻专家评审的负担,教育部要求各普通高等学校、出版社先进行自评,按出版教材总数的8%择优申报。有354所学校和117个出版社共申报了2 221种教材。经高教司对申报教材的资格进行初步审查,其中有一些教材不符合要求,没有提交专家评审会。同年8月,教育部聘请专家教授,在北京召开了评审会议。专家们评审教材时,认真负责,坚持宁缺毋滥的原则,把好质量关,共评审出获奖教材509种,其中一等奖138种,二等奖371种。经教育部审核批准后,于同年10月发文予以公布。

教育部组织的教材评奖有两种:一是国家优秀教材奖;二是国家级教学成果奖中的教材。另外,有些学科教学指导委员会也对本学科教材进行不定期的评选,教育部高教司将评选出的优秀教材及时向高校推荐。

(三) 教材发展和改革的方向——立体化教材

进入21世纪的中国高等教育,从教育规模到教育水平比历史上任何时期都有了长足的发展,而且个性化、特色化教学和自主式学习已经成为信息化学习、终身学习的强烈需求。面对新的形势,2001年8月28日,教育部下发《关于加强高等

学校本科教学工作提高教学质量的若干意见》，要求切实做好普通高等教育"十五"国家级规划教材出版工作，宣告"一本平面纸质教材和一张CAI课件光盘模式"时代的结束，21世纪的高等教育将大量运用现代教育技术，把各种相互作用、相互联系的媒体和资源有机地整合，形成立体化教材，为高校教学提供一整套解决方案。

立体化教材是立足于现代教育理念和现代信息网络技术平台，以传统纸质教材为基础，以学科课程为中心，以多媒介、多形态、多用途、多层次的教学资源和多种教学服务为内容的结构性配套的教学出版物的集合。它以形成教学能力为目标，以多媒体呈现的立体化，教学设计的一体化，教学应用的多元化为特征，其目的在于改变过去传统教材只提供单一的教学内容的弊端，进而提供教学资源的整体解决方案，最大限度地满足教学需要，提高教学的综合质量和效益。

立体化教材区别于传统教材之处在于它综合运用各种媒体并发挥其各自优势，形成媒体间的互动，强调各种媒体的一体化教学设计，注重激发学生的学习兴趣，能够根据不同学科、不同应用对象、不同应用环境来进行教学设计，并采用先进的教育思想、教学理论指导教学模式，以学生和学习为本，调动各方面积极性，有利于大学生素质教育和创新能力的培养。

立体化教材是"十五"期间我国高校教材建设的重点。各出版社把立体化教材的建设作为其精品教材建设工作的重中之重。在建设观念上，从提供和出版单一纸质教材转向提供和出版较完整的教学解决方案；在建设目标上，以最大限度满足教学要求为根本出发点；在建设方式上，不单纯以现有教材为核心，简单地配套电子音像出版物，而是以课程为核心，整合已有资源并聚拢新资源。总之，构建立体化教材体系，必须改变思想观念，调整工作模式。随着现代教育技术的发展，立体化教材体系建设成为与时俱进的建设工程。

为了加强立体化教材的建设，2002年由全国高等学校教学研究会(中国高等教育学会教学研究分会)、全国高等学校教学研究中心和高等教育出版社共同发起举办了高等学校立体化教材建设研讨会。会议认为，立体化教材是对高校传统教材的重大突破，是我国教材发展和改革的方向，将会带来里程碑式的教材革命。同时希望教育部、教学研究会、教学研究中心和高等教育出版社组织力量，加大研究和成果推广，造福于高等学校教学和人才培养。会议强调，虽然各高校也在尝试开发立体化教材，如电子教案、试题库、网上课程等，但规模小、重复多、开发能力弱，不利于提高立体化教材综合研究和开发能力，不利于尽快形成具有国际竞争力的高质量教材体系。立体化教材建设应该集中人力、物力和财力，不要过于分散，以避免多头投入带来的资源浪费。

立体化教材在当时作为一种新事物，不仅是高科技时代教学手段现代化的标志，更重要的是实现教学信息化、网络化的途径，作为整合教育教学资源、优化教育要素配置的途径,是一种新型的整体教学解决方案,必将打破过去单一的纸质教材、书本教材等过分重视知识传授、忽视能力培养的教育弊端,为创新人才培养创造良好的条件。

(四)采取各项措施推动优秀教材的编写出版

　　繁荣教材事业,提高教材质量的关键是教师,落实有关政策,采取措施建立有效的激励机制,充分调动教师,特别是高水平教师的积极性,是建立一支高水平教材编写队伍的关键。"十五"期间,各高等学校加强组织领导,统一思想,把教材建设工作列为重要议题之一,大力开展教材编写研究,抓住教材建设的方向和调动教师编写教材的积极性这两个中心问题,把教材获奖率、教材出版率、教材研究论文,作为考核各系部教学工作业绩的重要指标,制订政策,将编写教材计入教学工作量,并发放一定量津贴费。

　　一些高校为鼓励高水平教材的编写、出版,积极改善政策环境。加大高质量优秀教材的奖励力度,提高优秀教材的奖金数量,扩大奖励范围;对被评为优秀教材的编写教师,在奖励政策、资金、职称评定等方面予以倾斜。高校与出版机构共同努力,推进稿酬制度和版税制度的改革。实行优稿优酬,版税自主选择,提高印数稿酬,鼓励高水平教师参与教材编写。

第六章 全面发展的高等教育教材建设

第一节 "十一五"时期高等教育教材建设

"十五"期间,我国建立了以国家规划教材为重点,多学科、多类型、多层次、多品种系列配套的教材体系,并且在优化选题,优选编者,出版精品等方面做出了许多尝试和改革;重视电子教材建设,推动文字教材与电子教材协调发展;"编""选"并重,提高优质教材的使用效益;加强国外教材的引进工作,引进、输出了一大批国内外优秀教材,扩大了高校教材的国际交流。但是,高等教育教材建设与选用仍然存在着许多问题,比如教材缺少特色、同质化比较严重;教材内容比较陈旧;一些新兴学科、小学科教材比较缺乏;教材质量需进一步提高等。进入"十一五"时期,随着"高等学校教学质量与教学改革工程"的进一步实施,高教战线更加重视教学质量和教学改革这个永恒的主题。作为影响教学质量的主要因素,作为教学改革成果的主要表现形式,高等教育教材建设进一步蓬勃发展。

一、"十一五"时期人才培养目标及教材建设总体思路

人才培养是学校的根本任务,人才培养目标是对人才培养的规划与期望,确立适当的人才培养目标是保证教学质量的前提,也是统筹学校工作的核心。

(一)"十一五"时期人才培养目标

1. 能力培养是核心

2005年,教育部在《关于进一步加强高等学校本科教学工作的若干意见》(教高[2005]1号)中指出,高等学校本科教学工作的主要任务和要求是:"着眼于国家发展和人的全面发展需要,加大教学投入,强化教学管理,深化教学改革,坚持传授知识、培养能力、提高素质协调发展,更加注重能力培养,着力提高大学生的学习能力、实践能力和创新能力,全面推进素质教育。"并明确,要科学制订人才培养目标和规格标准,"把加强基础与强调适应性有机结合,着力培养基础扎实、知识面宽、能力强、素质高的人才,更加注重学生能力培养。"概而言之,就是"要培养德智体美全面发展的社会主义事业的合格建设者和可靠接班人,培养数以千万计的高素

质专门人才和一大批拔尖创新人才"。2007年教育部发布的《关于进一步深化本科教学改革全面提高教学质量的若干意见》(教高[2007]2号)从教学内容、人才培养模式、课程体系、实践教学等各方面对全面加强高校学生素质和能力培养提出了更为具体的意见,强调从知识传授为主转向能力、素质培养;增加学生自主学习的时间和空间,给予学生更多的自主权,增强学生学习兴趣,提高学生创新精神和创新能力;调整理论学习和实验实践教学结构,推进公共基础课改革,加强文化素质教育,大力加强实验、实习、实践和毕业设计(论文)等实践教学环节,提高学生解决实际问题的能力。在"十五"期末,教育部《关于以就业为导向深化高等职业教育改革的若干意见》(教高[2004]1号)也明确提出,高等职业教育人才培养的目标是培养高技能人才。由此可见,无论是普通高等教育,还是高等职业教育,在整个"十一五"期间始终贯穿着一个宗旨:能力培养是人才培养的核心。

2. 质量提高是重点

自1999年高校扩招以来,我国高等教育毛入学率和在校生人数快速增长。2005年全国高等学校在校生人数达到2 300万,毛入学率达21%,我国高等教育已经步入了大众化教育阶段。如何在大众化教育阶段实现数量与质量的统一,如何在服务现代化建设,满足人民需求,落实科教兴国和人才强国战略要求下保证人才质量的提高成为我们亟须解决的重要问题。为此,有关政府部门出台了一系列政策和措施。2005年教育部发布了《关于进一步加强高等学校本科教学工作的若干意见》,明确指出,质量是高等学校的生命线,高等教育的工作重心由"十五"时期的高度重视规模发展,转移到在规模持续发展的同时,要更加注重提高质量。2007年开始全面实施"高等学校本科教学质量与教学改革工程"(简称"质量工程"),调动政府、学校和社会各方面的力量,把发展高等教育的积极性引导到提高质量上来。质量工程的实施,为切实提高高等教育人才培养质量提供了有效措施,充分调动了广大高校的积极性和主动性,大力推动高等学校深化教育教学改革,提高人才培养能力和水平。

此外,围绕提高质量的要求,教育主管部门还从制度建设、教学改革、经费投入等各方面加大了保障力度。加强师德师风建设,规范教学秩序,促使教师处理好教学与科研的关系,把主要精力投入教学工作;端正学风建设,强化对课堂、实验、社会实践、毕业设计等教学各环节的管理,从教与学两方面保证教学质量。同时,不断深化教学改革,优化人才培养过程。强调服务社会、服务经济,推动高校根据社会经济发展的需要来调整和设置学科专业,优化学科专业结构,高校办学自主权进一步提升,大量服务地方经济,体现学科发展方向的新建专业不断涌现;应用型高校发展迅速;强调素质教育和能力培养;以大学英语教学改革为突破口,提高学生的国际交流与合作能力;以"质量工程"的实施为契机,以立项的形式大力推进课程体系、教学内容、教学方法和教学手段改革,提高教学效率和教学质量。教学经费投入大幅提高。"十一五"时期,中央财政累计安排专项资金26.9亿元,支持高等学校专业结构调整与专业认证、课程教材建设与资源共享等;还通过"中央与地方共建高等学校专项资金"项目,累计安排资金105亿元,支持全国355所高校的重点发展和特色办学,大幅提升了优势学科实验室建设水平,有力促进了共建高校的健康可持续发展。2010年,中央财政设立支持地方高校发展专项资金,当年下达资金40亿元,从学科建设、教学实验平台、科研平台和专业能力实践基地等方面对653所地方高校给予了支持。

3. 分类指导、突出特色是原则

随着我国高等教育大众化的快速发展,高等教育规模的持续扩大,人民群众对高等教育的需求也日趋多样化。同时,经济社会的发展,社会主义现代化的深入,对人才资源提出了更高的要求,高知识、高技术、高能力、高素质成为人力资源需求的主流。高等学校作为人才培养、科学研究、社会服务、文化传承创新的主体,就必须培养不同层次、不同类型、不同规格的专门人才,就必须根据不同的社会需求进行科学、准确的定位,确立自己的发展方向,形成自己有特色的人才培养模式、培养目标、培养方法和质量标准。也就是说,高等教育人才培养必须分类指导、突出特色。为此,教育主管部门也在政策上予以了重点支持和引导。如在《关于进一步加强高等学校本科教学工作的若干意见》中,明确要求"高等学校要根据国家和地区、行业经济建设与社会发展的需要和自身特点,科学定位,办出特色,办出水平。""各地教育行政部门要紧密结合本地经济社会发展需要,科学规划本地高等学校布局结构、层次结构和科类结构,引导学校明确办学思想,找准学校的定位。各地教育行政部门和高等学校要根据本地、本校的办学基础和社会需要,建设品牌专业,形成优势和特色。"在"质量工程"项目建设、规划教材评选、精品教材评奖等各个方面也给予了适当倾斜,精英教育体制下以研究型为主的高等教育体系逐渐分层、分类,在各自特色领域快速发展。

2010年6月,中共中央、国务院印发了《国家中长期人才发展规划纲要(2010—2020年)》,提出人才队伍建设的三大主要任务,即突出培养创新型科技人才,大力开发经济社会发展重点领域急需紧缺专门人才,以及统筹推进包括党政、经营管理、专业技术、技能等各类人才。我国高等教育人才培养的多层次、多类型原则进一步明确。

(二)"十一五"教材建设的总体思路

高等学校教材作为体现教学内容和教学方法的知识载体,作为教学的基本工具,也是实现人才培养目标的物质载体与基础,高等教育教材必须体现人才培养目标,必须适应课程体系、教学内容、教学方法和手段的改革的需要。根据"十一五"期间高等教育人才培养的目标要求,我国高等教育教材建设的重要任务是认真贯彻和落实《中共中央国务院关于进一步繁荣发展哲学社会科学的意见》和教育部《关于进一步加强高等学校本科教学工作的若干意见》的精神,坚持科学发展观,锤炼精品,体现分类指导,满足大众化阶段的教学需求,根据学科专业的发展和教学需要,不断更新教材内容,全面提高教材质量,逐步形成反映时代特点、与时俱进的教材体系,为提高高等教育教学质量和人才培养服务。

为了做好"十一五"教材建设工作,教育部高教司组织了多个调研小组,赴陕西、广东、江苏、上海、新疆、吉林等省市,对"十五"国家级规划教材的质量及选用情况、"十一五"国家教材规划的建议等进行调研,并在此基础上形成了"十一五"教材建设指导意见和总体思路。

1. 高质量完成"十一五"国家规划教材的编写出版

各承担"十一五"规划教材任务的高等学校和出版单位,要从政策、资金等方面提供有力的保证,承担编写任务的教师,要本着认真、负责的态度,在研究的基础上,完成编写任务。

2. 切实加强对教材建设的重视和领导,加大投入

各级教育行政主管部门、高等学校和出版单位,要重视教材建设,制定教材建设的相关政策,加大教材建设投入,应主动了解教学需求,加强教材的研究、培育和推广,促进高质量教材的出版。

3. 重视教材内容的思想性

教材内容要体现和渗透思想道德教育内容,倡导积极健康的人生观和价值观。

4. 教材内容要适应学科、专业和科技发展,体现科学性

教材编写要体现改革的精神,反映本学科国内外科学研究和教学研究的新知识、新成果、新成就、新技术。正确阐述本学科的科学理论,完整表达本课程应包含的知识,结构严谨,理论联系实际,既要有较高的学术水平,又要有较强的教学适用性;既要有突出的学术特色,又具有鲜明的时代特点。

5. 教材建设要适应高等教育发展,体现分类指导

大众化教育阶段人才培养内涵的变化和社会对人才需求的变化,直接关系到专业、教学内容和课程体系改革,教材建设要在提高教学质量和人才培养质量中发挥更好的作用,就要适应这些不断变化的需求和形势。针对不同类型的人才培养需求,编写与之相适应的教材。

6. 教材建设要紧密结合学科专业改革、课程建设

教材建设是专业改革、课程建设的重要组成部分,教材建设要及时反映专业、课程改革的成果。教材建设要从以往的单本教材、单门课程为着眼点,向以专业设

置、课程体系为主线的建设方向发展。

7. 重视教材建设信息化、国际化

充分运用信息化和现代化教育技术,做好教材数字化和管理信息化建设工作。结合精品课程建设,在原有软件教材、电子教材建设基础上,进行教材和教学资源数字化建设,实现优质教学资源的共享。加强高等教育教材的国际交流,开展国内外教材的比较研究,借鉴和吸收国外的优秀教材建设经验,引进国外优秀教材,并把代表我国特色的高水平教材推荐到国外。

8. 加强编写队伍建设

国家、各省(市)、高等学校和出版单位要为教材编写和出版制定有力的激励政策,吸引学术水平高、教学经验丰富和责任心强的教师参与教材建设,重视教材编写,并吸收专业技术人员参与教材编写,保证教材的科学性、适用性和先进性。

9. 建立科学的教材评介选用机制

教材的评审、评介和选用机制是推动教材建设发展和促进高质量的教材进课堂的重要保证。要修订和完善教材评价指标体系,在科学评价的基础上及时反馈教材的使用和评价意见,为教材的编写、修订提供资源。充分发挥专家、中介组织的作用,利用多种形式开展科学、公正的教材评审与评介工作,促进教材质量的不断提高。

10. 加强教材信息化服务

各级教育行政主管部门、高等学校及相关组织应通过各种媒体、会议和培训班,加强对优质教材宣传、推广和教材教法的培训,为提高教材编写质量,推动高质量教材的使用服务。

11. 遵从质量第一的原则,采用规范的选购机制

高等教育教材的选购要以质量为标准,符合相关法律和规章制度,以服务学生为出发点,杜绝教材的不正当购销、竞争行为。

二、"十一五"时期高等教育教材建设的原则和主要任务

为落实教育部《关于以就业为导向深化高等职业教育改革的若干意见》(教高[2004]1号)、《关于进一步加强高等学校本科教学工作的若干意见》(教高[2005]1号)以及《关于进一步深化本科教学改革全面提高教学质量的若干意见》(教高[2007]2号)精神,加强教材建设,确保高质量教材进课堂,教育部于2005年10月13日发布了《关于申报"普通高等教育'十一五'国家级教材规划"选题的通知》,确定了"十一五"期间高等教育国家级规划教材的建设原则、学科范围及其他相关事宜,也为这一时期高等教育教材建设指明了方向。

(一) 高等教育教材建设原则

1. 坚持分类指导

与以往国家规划教材不同的是,"十一五"国家级教材规划更加注重分类指导和统筹规划,要求编写适应不同层次、不同类型院校的教材,从而适应高等教育发展到大众化教育阶段,高等学校分层分类逐步清晰,人才培养各有侧重的要求。同时进一步丰富了高职教材的申报条件和范围。

2. 坚持多样性

针对教材同质化严重、缺乏特色等问题,明确提出"十一五"期间教材建设要多样化,鼓励编写具有不同风格和特色的教材。从本质上来说,教材的多样性就是教材的特色化,教材要体现学校特色、专业特色、人才培养特色。这种多样性体现在教材品种的丰富、教材内容的设计、教材形式的多元等各方面。从单品种教材建设扩展到教材的系列配套,从注重学科知识的系统完整到根据人才培养目标与要求对教材内容进行适当取舍,从纸质教材到电子教材、课件等多种形式,坚持多样性为"十一五"期间的教材建设提供了广阔空间。

3. 坚持新编与修订相结合

兼顾精品战略和教学新需求的满足。对于基础很好的教材,鼓励修订,锤炼精品;对于学科发展的新趋势、社会对人才需求的新变化、人才培养实践的新需求等,鼓励编写新教材。

4. 坚持突出重点

明确基础课、专业基础课是提高高等教育教学质量的关键,因此针对基础课、专业基础课的教材是"十一五"期间教材建设的重中之重,而这一类教材也是重复性建设比例最高的,应该分类建设,锤炼精品,打造经典;同时对于新兴学科、交叉学科和新兴职业的教材建设应予以高度关注,在建设时适当倾斜,满足教育教学、人才培养的需求。

(二) 高等教育教材建设主要任务

1. 教材建设覆盖的学科范围

普通高等教育"十一五"国家级教材规划涉及的学科范围包括教育部1998年颁布的本科专业目录中的11个学科门类中的所有专业,以及2004年颁布的高职高专教育指导性专业目录中的19个专业大类,即对所有学科专业开放。教材可以纸质、电子等多种形式呈现,鼓励创新。

2. 开展万种新教材建设

2007年12月,根据《教育部 财政部关于实施高等学校本科教学质量与教学改革工程的意见》(教高[2007]1号)精神,教育部、财政部委托全国高等学校教学研究中心开展"高等学校本科教学质量与教学改革工程"之"万种新教材建设研究"项目,旨在通过集中全国高等学校和有关出版社的力量,组织规划建设覆盖所有本科和高职高专专业,供普通高等教育本科和专科使用的各种形式(纸质、电子等)的 1 万种高质量教材,通过推广使用这些新教材,改变高等学校一些教材内容陈旧、单一的现状,提高高等教育教学质量。同时开展教材评审、评介和选用机制的研究工作,健全、完善教材评审、评介和选用机制;建设并维护普通高等教育教材网,实时采集和更新优秀教材的出版信息,推广使用优秀教材。

3. 积极推进落实马克思主义理论研究与建设工程

2004 年 1 月,中共中央在《关于进一步繁荣发展哲学社会科学的意见》中提出,要实施马克思主义理论研究和建设工程(简称"马工程"),其中一项重要任务,就是要组织编写全面反映邓小平理论和"三个代表"重要思想的哲学、政治经济学、科学社会主义以及政治学、社会学、法学、史学、新闻学和文学等学科的教材,进一步推动邓小平理论和"三个代表"重要思想进教材、进课堂、进学生头脑。2004 年 4 月,马克思主义理论研究和建设工程正式启动,中央决定组织全国最强的学术力量,编写 150 余种哲学社会科学专业骨干基础教材和思想政治理论课教材,包括 40 余种重点骨干课程的专业基础教材,形成反映当代中国特色社会主义理论与实践成果,体现中国学术研究和教材编写最高水平的重点教材体系。2004 年 8 月,中共中央、国务院发出《关于进一步加强和改进大学生思想政治教育的意见》,提出要努力建设以当代中国马克思主义为指导的具有中国特色、中国风格、中国气派的哲学社会科学学科体系和教材体系。2005 年 1 月,中央政治局常委会专门研究加强高校哲学社会科学学科体系与教材体系建设问题,决定把高校思想政治理论课由原来的 7 门必修课调整充实为 4 门必修课,将新教材编写工作纳入马克思主义理论研究和建设工程。2005 年 5 月 11 日,中共中央宣传部、教育部联合下发《关于加强和改进高等学校哲学社会科学学科体系与教材体系建设的意见》,设立马克思主义理论一级学科,全面开展高等学校哲学社会科学重点教材建设工作。2007 年 8 月,中央批准《马克思主义理论研究和建设工程重点编写教材总体规划》,对教材建设进行统一规划和部署,确立了"马工程"重点教材编写的指导思想、总体目标、编写原则和工作机制。"马工程"教材建设成为"十一五"期间教材建设的重点。

三、"十一五"期间教材建设成效

(一)教材品种极大丰富

"十一五"期间,国家级教材规划分两批进行了申报立项。2005 年第一批共有 271 个出版社申报了 23 623 种教材,立项 9 716 种;2007 年,根据科技发展、学科发展、教学改革的需要,针对2004年1月1日至2005年12月31日出版的,质量较高、在教学中反映较好的,需要修订的教材开展第二批申报,共计186个出版社申报了9 735种教材,立项2 049种。通过两次申报评审,总计11 765种教材进入国家级教材规划,其中本科教材8 398种,高职高专教材3 367种,因此,"十一五"国家级规划教材建设在教育部高等学校教学质量与教学改革工程中也称为"万种新教材建设",教材品种极大丰富。

(二)"马工程"重点教材建设取得实质性进展

"十一五"期间,中央"马工程"办公室负责的4批41种教材编写进展顺利,四种高校思想政治理论课教材出版并投入使用;《马克思主义哲学》《马克思主义政治经济学概论》等9种重点教材基本完成编写;同时,分批启动了教育部负责的93种重点教材及研究生思想政治理论课教材的编写工作,"马工程"教材体系初步形成。

(三)教材质量进一步提高

"十一五"期间,教材建设密切关注经济社会发展和科技进步,紧密结合学科专业发展和教育教学改革,不断更新内容,丰富形式。为进一步提高教材质量,推动优秀教材进课堂,教育部于2007年启动了普通高等教育精品教材评选工作。精品教材评选分年度进行,评选范围主要是前面年度中出版的"十一五"国家级规划教材,根据教材质量和在教学中的使用效果,采用专家审读教材和网上评审相结合的方式进行,评选出总计1 000种左右的精品教材,以鼓励高水平教材的出版,推动教材整体质量的提高。

2007年度普通高等教育精品教材的评选范围限于2007年2月底前出版的普通高等教育"十一五"国家级规划教材。经出版社申报、专家评审,确定了218种教材为2007年度普通高等教育精品教材。

2008年度普通高等教育精品教材评选工作于2008年4月启动,参评教材限于2008年4月底前出版的普通高等教育"十一五"国家级规划教材。2008年9月,教育部公布了292种教材为2008年度普通高等教育精品教材(部分教材上下册分开申报,公布书目中已经合并,实际为289种)。

2009年4月,教育部开展了2009年度普通高等教育精品教材评选工作,评选范围为2009年4月底以前出版的普通高等教育"十一五"国家级规划教材,共有209种教材被评为2009年度普通高等教育精品教材。

2011年4月,教育部组织了最后一次精品教材评审工作,对2011年6月30日以前出版的未申报过精品教材的规划教材进行评选,遴选出276种精品教材。

通过四次精品教材评选,共有992种普通高等教育"十一五"国家级规划教材被评选为精品教材。为鼓励"十一五"国家级规划教材的编写者和出版社努力提高教材质量,教育部高教司还拨出专款对精品教材进行补贴(每种 2 200 元),用于该教材的研究和进一步修订、完善。

(四) 教材管理进一步优化

1. 教材管理信息化

2006 年 11 月,教育部办公厅发布《关于加强普通高等教育"十一五"国家级规划教材管理的通知》(教高厅[2006]6 号),明确提出在"教材网"上建立专门的管理模块,及时公布规划教材项目的进展情况;规定规划教材的交稿时间是 2010 年 12 月 31 日之前,要求 2011 年 6 月 30 日之前出版并向"教材网"提交信息,逾期未完成的,将在"教材网"上公布,必要时取消规划教材资格;同时,通过"教材网"对已出版的规划教材进行多种形式的评介。

"十一五"期间,所有承担"十一五"国家级规划教材出版任务的出版社均须即时向"教材网"报送规划教材的编写、出版信息,"教材网"上显示的信息成为对规划教材建设进行过程监控、即时管理的依据。同时,各相关出版社也可通过"教材网"开展教材宣传。教材使用者也可在"教材网"上对教材进行评价、评议,出版社、作者也越来越重视教材使用者的意见,从而推动了教材质量的提高。

精品教材的申报、评审也基于"教材网"实现:只有已经出版的"十一五"国家级规划教材才能申报,且每种规划教材只能申报一次;精品教材的评审采用专家审阅教材和使用者网上评议相结合的方式进行,"教材网"为教材使用者提供了重要的信息渠道和意见平台。专家在评审教材时,除了审读教材,还会关注教材的网上评议情况,同时在"教材网"上对教材进行打分,"教材网"成为国家级规划教材的工作网站,教材管理逐步信息化。

此外,很多高校也以校园网为依托,对数字化教学平台中教材管理的各项功能进行进一步完善和优化,将教材计划、教材选用、教材订购及教材入库等整个教材征订计划与教学计划结合在一起,方便教材管理部门收集教材信息、汇总整理相关资料。在校内登陆者也可以清楚地查阅到每一个学期开设的课程和所需的教材,可以为其选择教材提供重要参考。

2. 完善教材评价体系

根据不同层次、不同类型、不同学科、不同形式教材建设的要求和特色,教育部组织专家制定了本科理工农医类(表 6-1)、本科人文社科类(表 6-2)、高职高专类(表 6-3)三类精品教材评审指标体系,为高质量教材建设指明了方向。

表 6-1 精品教材评审指标(本科理工农医类)

一级指标	权重	二级指标	三级指标	最佳状态描述	优秀 1	良好 0.8	一般 0.6	较差 0.4
内容质量(100)	0.8	思想水平(20)	思想性(10)	思想观点正确,符合辩证唯物主义,无政治性和政策性错误				
			逻辑性(10)	层次分明,条理清楚,教材体系反映内容的内在联系及本专业特有的思维方式				
		科学水平(30)	先进性(10)	能反映本学科国内外科学研究的先进成果				
			系统性(10)	能完整地表达本课程应包含的知识,反映其相互联系及发展规律,结构严谨				
			理论性(10)	能正确阐述本学科的科学理论和概念,注意理论联系实际,以案例阐述理论,对实践具指导作用				
		教学水平(35)	教学适应性(15)	符合人才培养目标及本课程教学内容的要求,取材合适,深度适宜,份量适中,举例应用恰当丰富,使用单位多				
			认识规律性(10)	符合认知规律,富有启发性,学习兴趣及创新能力培养,便于学习,有利于激发				
			结构完整性(5)	绪,正文,习题,思考题,实验题,索引,参考文献齐全且著录准确				
			独特性(5)	体系结构及内容有别于同类教材,富有特色与创新				

续表

一级指标	权重	二级指标	三级指标	最佳状态描述	优秀 1	良好 0.8	一般 0.6	较差 0.4
内容质量 (100)	0.8	文图水平 (15)	语言文字 (10)	文字规范、简练,符合语法规则,语言流畅,通俗易懂,叙述生动				
			图表、符号 (5)	图文并茂,图表设计清晰、准确,标点、符号、公式、数据、计量单位符合标准规范				
小计				小计得分×0.8=非录入				
对内容质量的综合评价								
出版质量 (100)	0.2	设计水平 (20)		封面、扉页、封底能恰当反映本书内容,构思合理,格调健康,色彩和谐、版式规范、统一,字号字形、序号使用合理,符合阅读心理				
		绘图水平 (20)		线画清晰、准确、美观,图文合理,大小恰当,位置准确				
		校对水平 (20)		文字、图表、标点符号无错误、遗漏,封面书名、作者名、出版社名与内封、版权页一致				
		印刷水平 (25)		开本选择合理,版心正,纸质厚薄适中,全书墨色均匀一致,字迹清楚,无缺损字,污损字,颜色清晰光洁,装订平整,压膜坚实,不歪不斜,书皮、书芯切口整齐规范,不皱不裂				
		装订水平 (15)		无缺页、白页、无颠倒页				
小计				小计得分×0.2=非录入				
对出版质量的综合评价								

总分=∑(每项一级指标得分×权重),满分为100分

总分=非录入

表 6-2　精品教材评审指标（本科文科类）

一级指标	权重	二级指标	三级指标	最佳状态描述	优秀 1	良好 0.8	一般 0.6	较差 0.4
内容质量(100)	0.8	思想水平(30)	思想性(20)	以马克思主义和邓小平"建设有中国特色的社会主义"理论为指导，坚持四项基本原则，坚持改革开放，坚持"三个代表"思想，宣扬爱国主义，弘扬民族文化，反映时代特色，能运用辩证唯物主义、历史唯物主义的方法，全面、准确地阐述本学科的基本理论、概念，分析解决现实中的理论问题和现实问题				
			逻辑性(10)	层次分明，条理清楚，教材体系能反映内容的内在联系及本专业特有的思维方法				
		科学水平(20)	先进性(6)	能反映本学科国内外科学研究和教学研究的先进成果				
			系统性(6)	能完整地表达本课程应包含的知识，反映其相互联系及发展规律，结构严整				
			理论性(8)	能正确阐述本学科的科学理论和概念，注意理论联系实际，以案例阐述理论，对实践具指导作用				
		教学水平(35)	教学适应性(15)	符合人才培养目标及本课程教学内容的要求，取材合适，深度适宜，份量适中，举例应用恰当丰富，使用单位多				
			认识规律性(10)	符合认知规律，富有启发性，便于学习，有利于激发学习兴趣及创新能力培养				
			结构完整性(5)	绪、正文、习题、思考题、实验题、索引、参考文献齐全且著录准确				

续表

一级指标	权重	二级指标	三级指标	最佳状态描述	优秀 1	良好 0.8	一般 0.6	较差 0.4
内容质量(100)	0.8	教学水平(35)	独特性(5)	体系结构及内容有别于同类教材,富有特色与创新				
			语言文字(10)	文字规范、简练,符合语法规则,语言流畅,通俗易懂,叙述生动				
		文图水平(15)	图表、符号(5)	图文并茂,图表设计清晰、准确,标点、符号、公式、数据、计量单位符合标准规范				
小计				小计得分 × 0.8 = 非录入				
对内容质量的综合评价								
出版质量(100)	0.2	设计水平(20)		封面、扉页、封底能恰当反映本书内容,构思合理,格调健康,色彩和谐,版式规范、统一,字号字形、序号使用合理,符合阅读心理				
		绘图水平(20)		线画清晰、准确、美观,图文合理,大小恰当,位置准确				
		校对水平(20)		文字、图表、标点符号无错误、遗漏,版心页、版权页一致				
		印刷水平(25)		开本选择合理,版心正,无缺损字,污损字,污颠倒页,清楚,无缺损字,白页、版权页,芯切口整齐规范,不皱不裂				
		装订水平(15)		无缺页、白页,无颠倒页,压膜坚实,不歪不斜,书皮、书芯切口整齐规范,不皱不裂				
小计				小计得分 × 0.2 = 非录入				
对出版质量的综合评价								
小计								
总分=Σ(每项一级指标得分 × 权重),满分为100分				总分 = 非录入				
综合评述								

表 6-3　精品教材评审指标（高职高专类）

一级指标	权重	二级指标	三级指标	最佳状态描述	优秀 1	良好 0.8	一般 0.6	较差 0.4
内容质量(100)	0.8	思想水平(20)	10	思想观点正确，符合辩证唯物主义，无政治性和政策性错误				
			10	层次分明，条理清楚，教材体系能反映内容的内在联系及本专业特有的思维方式				
		科学水平(20)	10	能正确阐述本学科的科学理论和概念，注意理论联系实际，以案例阐述理论，对实践具有指导作用				
			10	能够以最快的速度反映科技发展的最新信息，最新知识，把握新工艺、新方法、新规范、新标准				
		教学适用水平(30)	7	符合人才培养目标及本课程教学的要求，所选理论内容的广度和深度能够满足实践教学和学生未来从事岗位工作的需要				
			7	符合认知规律，富有启发性，便于学生自主学习，所选理论教学内容完全可以满足学生未来职业活动所需的最基本、最常用的理论知识				
			5	能完整地表达本课程既应包含学生未来职业活动所需的最基本、最常用的理论知识，同时也包括学生未来可持续性发展所必须深化和拓展的知识				
			3	让学生能自然地做到由基础理论到专业基础理论，由专业课到实践课的从容转换				
			3	绪、正文、习题、思考题、实验题、索引、参考文献齐全且著录准确				

续表

一级指标	权重	二级指标	三级指标	最佳状态描述	优秀 1	良好 0.8	一般 0.6	较差 0.4
内容质量(100)	0.8	教学适用水平(30)	5	体系结构及内容有别于同类教材，富有特色与创新				
			4	教材的开发源于对企业现状、岗位的人才需求、规格分析基础之上				
			4	有一定数量的企业界人士参与教材编写				
		职业能力培养水平(20)	4	能综合反映对学生职业岗位能力(专业能力、应变能力和创新能力)、职业道德修养和其他相关能力(协调、合作、心理素质等)的培养				
			4	融入对学生创新精神和创新能力培养的内容，使学生能够把所学知识灵活地应用于实际、创造性地解决实际问题				
			4	在培养学生重点掌握专业领域基本技能的基础上，能够与学生顺利获得相应的专业技能等级证书有效衔接				
		文图水平(10)	6	文字规范、简练，符合语法规则，语言流畅，通俗易懂，叙述生动				
			4	图文并茂，图表设计清晰、准确，标点、符号、公式、数据、计量单位符合标准规范				

小计　　　　　对内容质量的综合评价　　　　　小计得分 ×0.8=非录入

续表

一级指标	权重	二级指标	三级指标	最佳状态描述	优秀 1	良好 0.8	一般 0.6	较差 0.4
出版质量(100)	0.2	设计水平(20)	封面、扉页、封底能恰当反映本书内容，构思合理，格调健康，色彩和谐，版式规范、统一，字号字形、序号使用合理，符合阅读心理					
		绘图水平(20)	线画清晰、准确、美观，图文合理，大小恰当，位置准确					
		校对水平(20)	文字、图表、标点符号无错误、遗漏，封面书名、作者名、出版者名与封内版权页一致					
		印刷水平(25)	开本选择合理，版心正，纸质厚薄适中，全书墨色均匀一致，字迹清楚，无缺损字、污损页，颜色清晰光洁，层次丰富					
		装订水平(15)	无缺页、白页，无颠倒页，装订平整，压膜坚实，不歪不斜，书皮、书芯切口整齐规范，不皱不裂					
对出版质量的综合评价								
小计					小计得分×0.2=非录入			
总分=Σ(每项一级指标得分×权重，满分为100分)					总分=非录入			

（五）各方参与教材建设的积极性进一步提高

为了更好地调动出版社在教材建设中的积极性和主动性，教育部在制定普通高等教育"十一五"国家规划教材时，从原来的由高校申报改为由出版社申报，高校只对本校拟申报的立项进行必要的遴选和审查。这样就使得高等学校将重点放在了教材的内容建设上，出版工作由出版社主动申请完成，解决了以往高校除了要组织教师编写，又要与出版社商谈出版事宜等复杂的工作，顺应了运用市场机制搞好教材建设的需要。这一举措也激发了出版社参与"十一五"国家级规划教材建设的热情，235个出版社承担了11 765种"十一五"国家级规划教材的出版任务，其中排名前10位的出版社承担的"十一五"国家级规划教材占据了全部规划教材的57%以上（见表6-4）。

表6-4 承担"十一五"国家级规划教材出版任务前10位的出版社

出版社	承担出版教材数量（种）	所占比例
高等教育出版社	2 518	21.40%
机械工业出版社	901	7.66%
科学出版社	789	6.71%
清华大学出版社	586	4.98%
中国人民大学出版社	361	3.07%
电子工业出版社	353	3.00%
北京大学出版社	324	2.75%
中国农业出版社	316	2.69%
人民卫生出版社	301	2.56%
化学工业出版社	297	2.52%
合计	6 746	57.33%

为适应高等教育"大众化"阶段的教学需求，坚持分类指导，体现学校特色、专业特色、人才培养特色，"十一五"国家级教材规划对不同层次、不同类型高校教材给予了适当倾斜，特别是高职高专和地方本科高校，获得了更多的参与教材建设的机会。本科教材和高职高专教材分别占据全部"十一五"国家级规划教材的71%和29%。作者来自1 275所高校、科研院所、行业公司，其中本科高校659所，高职高专院校544所，行业公司32个，科研院所40个。共有109所"211工程"高校参与了6 595种"十一五"国家级规划教材的建设，约占全部规划教材的55%，其中39所"985工程"高校参与了38%的规划教材建设；26%的规划教材来自550所地方高校，19%来自544所高职高专学校（详见图6-1）。

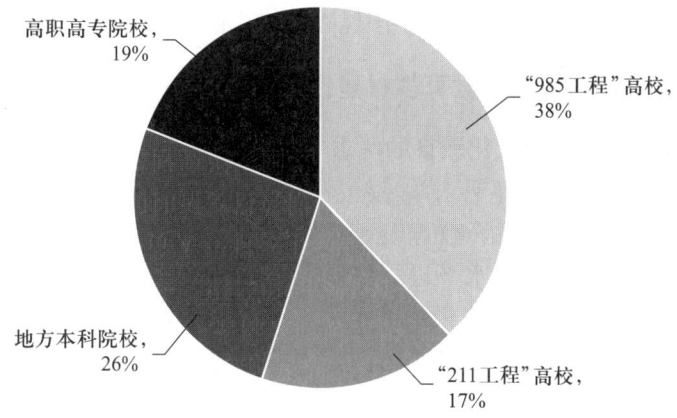

图 6-1　各类高校承担的"十一五"国家级规划教材建设任务比例

（六）教材国际化进一步推进

我国长期以来都很注重国外优秀教材的引进工作。根据教育部的要求,信息科学、生命科学等发展迅速、国际通用性、可比性强的学科、专业,可以直接从国外引进能反映学科发展前沿的优秀教材。在引进国外教材时,必须做到四点:一是要符合我国的情况;二是必须是国外最优秀的教材;三是引进教材在国内出版社出版时,其价格应与国内教材的价格大体相当;四是引进教材是手段,不是目的,其目的是通过学习借鉴国外优秀教材,结合我国实际,编写出具有中国特色的教材,建立具有中国特色的教材体系。

"十一五"期间,随着出版社自主权的进一步提升,通过版权贸易引进国外优秀教材成为引进教材的主要渠道。例如,清华大学出版社仅 2005 年一年就投入资金 200 多万美元用于引进国外教材、教参及各类学术专著等;北京大学出版社在"十一五"期间引进人文社科类经典学术专著及优秀教材近 400 种;高等教育出版社、科学出版社、电子工业出版社、机械工业出版社、中国人民大学出版社等也都大幅度地增加了引进国外教材的速度和规模,有力地支持了国内教学和教材建设以及双语教学的发展。

在引进国外优秀教材的同时,我国优秀教材的版权输出也在快速增长,国际影响力不断提升。如科学出版社在 2006—2008 年期间获得"中国图书对外推广计划"资助,输出学术专著和教材类版权 150 余项。高等教育出版社 2005 年正式推出体验式对外汉语教材,2007 年《体验汉语中小学系列教材(泰语版)》成功进入泰国国民教育体系,2010 年 2 月,《体验汉语中小学系列教材(泰语版)》经过泰国教育部审查核定,正式列入泰国全国中小学教材目录,成为我国历史上第一套进入其他国家基础教育教材目录的汉语教材;2009 年出版的《高等数学引论》(华罗庚著,王元校订)入选"剑桥中国文库"等。中国优秀教材"走出去"成果斐然。

四、"十一五"时期高等教育教材建设特点

(一)教材建设适应大众化教育的需求

2002年,我国高等教育毛入学率达到15%,高等教育从精英教育进入大众化阶段。"十一五"时期,高等教育毛入学率从2005年的21%增长到2010年的26.5%,我国高等教育大众化水平进一步提高。高等教育大众化,意味着学生入学水平、人才培养需求、人才培养模式的重大转变。社会需求的多样化必然导致对各类人才的规格、层次、要求的多样化;个人学习需求的多样化要求高等教育必须提供多样化的选择;高等教育规模的扩张和学生入学水平的差异要求高等教育办学形式、办学层次的多样化。而随着大众化和多样化的发展,必然要求高等教育的特色化,只有特色化才能使高校在竞争中扩展生存和发展空间,才能凸显自己的价值。随着高等教育大众化,本科和高等职业教育都得到了快速发展,普通本科高校从2005年的701所增加到2010年的1 112所,高职高专学校从2005年的921所增加到2010年的1 113所,本科在校生从2005年的849万人增长到2010年的1 266万人,高等职业教育在校生从2005年的713万人增长到2010年的966万人,学校数量、学生规模的快速增长,对教学内容、教学组织、教学方法、教学条件等教育各环节都提出了新的要求。教材作为教学内容和教学成果的重要载体,作为教学活动的基本依据,也必须适应大众化教育形势的转变。"十一五"期间,教育部分两批立项11 765种国家级规划教材,约为"十五"国家级规划教材的5倍,首先,在数量上保证了高等学校优质教材的选用;其次,在这11 765种国家级规划教材中,包括本科教材8 398种,高职高专教材3 367种,覆盖本科、高职所有学科专业,在层次上兼顾了本科和高职高专,极大地改善了原来高职沿用本科教材的弊病;最后,本科教材中有70%的作者来自地方本科高校,高校教材建设凸显人才培养特色,服务地方社会经济发展的趋势明显。

(二)出版社成为推动教材建设的主要力量

在以前的国家教材规划建设中,政府主管部门是推动优秀教材建设的主导,高等学校是教材建设的主体,国家规划教材由学校牵头,组织教师申报,出版社主要承担教材出版任务。而在普通高等教育"十一五"国家级教材规划建设中,虽然仍然由政府部门主导,但申报改由出版社牵头,同时教材出版也从过去的参考作者意愿协调出版社改为直接由牵头申报的出版社负责出版发行,这些措施极大地调动了出版社的积极性,促使出版社主动加大投入力度,主动了解教学需求和教材的使用效果,对教材进行培育和推广。在第一批"十一五"国家级规划教材遴选时,共有271个出版社申报了23 623种教材,第二批有186个出版社申报了9 735种教

材,最终有235个出版社申报的11 765种教材被评选为"十一五"国家级规划教材,涉及147个综合、行业出版社和88个大学出版社,全国半数以上的出版社参加了"十一五"国家级规划教材建设,体现了出版社对教材建设工作的重视和利用市场机制加快教材建设的成果。

(三) 教材形式多样化

在教育部、财政部《关于实施高等学校本科教学质量与教学改革工程的意见》(教高[2007]1号)中明确提出,要加强新教材和立体化教材建设;积极推进网络教育资源开发和共享平台建设,建设面向全国高校的精品课程和立体化教材的数字化资源中心。随后在教育部《关于进一步深化本科教学改革全面提高教学质量的若干意见》(教高[2007]2号)中进一步强调,要加强纸质教材、电子教材和网络教材的有机结合,实现教材建设的立体化和多样化,鼓励利用现代信息技术开展教材建设。无论是立体化教材,还是数字化教学资源,抑或是电子教材、网络教材,与传统纸质教材相比,其丰富的拓展内容、多样的呈现形式、及时的更新迭代,能够更好地支撑教学活动,提高教学质量。"十一五"期间,各种形式的数字教材纷纷呈现。高等教育出版社2003年启动教学资源立体化建设,在2003—2007年间建设了包括大学数学、大学化学、大学物理、电工电子、理论力学、计算机基础课程等理工各学科教学资源库,涵盖各课程知识点,提供包括动画、音视频、图片、课件等各类教学资源,其中化学教学资源库还获得了国家级教学成果一等奖;2009年高等教育出版社生命科学与医学出版中心出版了首门数字课程——《植物学》,初步实现了教学内容、教学过程、教学环境的有机结合,并以定制服务的模式在高校使用;同时将数字课程用于传统纸质教材的升级改造,形成了"纸质教材+数字课程(基础版)"的新型教材出版模式;另外,还开发了网络出版配合按需印刷的出版模式,2009年10月《中国木本植物分布图集》刚刚网络出版即在法兰克福国际书展上被施普林格出版社购买了英文版权,2010年获得中国出版界最高奖——中国出版政府奖图书奖。这些数字教材的研发和推广极大地促进了优质教学资源的集成与共享,为促进高等学校的教与学,为推动和改进教学方式方法,提高教学效率和质量提供了有力支撑,特别是为大众化教育阶段优质教学资源分布不均的问题提供了良好的解决路径。

(四) 教材建设与管理机制日趋完善

1. 教材规划进一步规范

"十一五"期间,高校、省市、国家等各层次教材建设规划更为规范。很多高校如北京大学、南京农业大学、西北工业大学等都制定了本校的教材工作管理办法或规章制度,对教材规划、教材建设、教材管理以及教材采购供应等相关事项作出明确规定;成立教材建设指导委员会等专家组织,负责学校教材建设规划的审定、优秀教材的推荐、优秀选题的遴选以及对学校教材建设工作的监督、检查、评价、评优等。一些省市如江苏省长期坚持开展省级教材规划或重点教材建设，鼓励、引导反映课程建设与学科发展最新成果，体现区域特色与学校特点的优秀教材的建设与使用。

由教育部组织的"十一五"国家级教材规划也提出了更高要求。除了明确规划制定的原则、学科范围外，还从新编选题与修订选题，指南选题与非指南选题甚至从申报材料上都做了具体细化的规定：对新编教材，在过去的规划中只要求提供样章和写作大纲，而在"十一五"申报中则要求有成熟的讲义；对修订教材，也明确要求必须是经过两年使用而且使用效果较好的教材。而且在评审的过程中，也更加注意教材与课程的协调配套，重视规划教材的实际使用效果，教材规划更为细致规范。

2. 教材建设与管理进一步规范

为加强对普通高等教育"十一五"国家级规划教材的管理，确保高质量完成规划教材建设任务，教育部发布了《关于加强普通高等教育"十一五"国家级规划教材管理的通知》(教高厅[2006]6号)，对承担编写任务的作者、相关高校、出版社、承担审稿任务的专家以及最终交稿时间提出了明确的要求。

要求承担编写任务的作者要根据《普通高等教育"十一五"国家级规划教材申请书》的承诺，紧密结合学科、专业、科技发展和教学需要，按时编写出高质量的教材，并保证内容的思想性和科学性。严格遵守《中华人民共和国著作权法》，不得侵犯其他作者的著作权。

要求承担编写任务的作者所在的学校在政策、经费等方面为作者创造良好的环境，支持作者按计划完成书稿编写工作，了解编写状况并检查完成情况。

要求承担出版任务的出版社要按照其在《普通高等教育"十一五"国家级规划教材申请书》中的承诺，提供条件保障。配备得力的编辑人员，按时完成出版任务，并保证教材的编校和印刷质量。要严格遵守《中华人民共和国著作权法》，保证教材的合法出版权。

要求承担审稿任务的专家具有正高以上职称(高职高专规划教材要求副高以上职称)，审稿人为两人以上。必要时召开审稿会议，审稿不合格的应及时修改并重新审稿，确实未达到规划教材要求的，依据审稿意见，取消其规划教材称号。

此外，严格规划教材标识管理，规定规划教材统一标记为专用标记，任何出版单位不得超范围使用，也不可使用近似的标记和名称。

要求各承担规划教材出版任务的出版社安排专人负责及时将所承担的规划教材的相关信息报送教育部高教司；严格规划教材交稿时间，必须在 2010 年 12 月 31 日之前，逾期没有完成的，取消其"十一五"国家级规划教材称号。

通过以上各项规定,对规划教材建设的各个环节严格把关,进行过程管理,形成了国家级、省市级、校级三级教材建设平台,保证"十一五"国家级规划教材建设任务保质保量地完成。

3. 注重教材的宣传评介,促进高质量教材进课堂

"十一五"时期,无论是出版社还是政府主管部门,都很重视优秀教材的宣传评介,教育部还在"教材网"上建立了专门模块,及时向高等学校和出版社公布规划教材项目的进展情况,对未按时完成的项目进行公布,敦促规划教材按计划建设。同时,对已出版的规划教材进行多种形式的评介,做好规划教材的宣传推广和评介工作;建立了精品教材的评审与奖励机制;精品教材评审专家资源库建设及学科专业评委的动态选聘机制;对精品教材建设成果的评价、选用以及使用效果的反馈机制等。推动高校加大对规划教材的选用,使规划教材更好地为教学服务。

(五)专家组织、地方教材研究机构、出版部门协同配合

各学科(专业)教学指导委员会在教材建设工作中继续发挥重要指导作用,在深化教学内容和课程体系改革研究的基础上,参与并指导教材的编写、修订和对已出版教材的评介、评优及推荐工作。地方教材研究机构充分发挥参谋、助手、桥梁和纽带作用,利用其在教材研究、建设战线多年的工作经验,为主管部门制定教材建设规划、教材工作方针、政策等出谋划策,提供参考;在政府主管部门和高教战线间起到上情下达、下情上传的桥梁作用;作为中介机构组织开展教材研究、教材评介、评奖等工作。而出版社作为教材的出版部门,既要重视经济效益,更要重视社会效益,特别是在"十一五"规划教材的建设中,作为唯一的申报和出版渠道,要实现两个效益的结合,就必须培育和依靠优秀作者,主动了解教学需求和教材的使用效果,挖掘优秀选题,对优秀教材进行培育和推广,而这些都离不开教指委等专家组织和地方教材研究机构的支持。三者协同配合,共同推动了"十一五"期间教材的繁荣发展。

第二节 "十二五"时期高等教育教材建设

"十二五"期间,经济全球化迅猛发展,我国进入全面建设小康社会的关键时期和深化改革开放、加快发展方式转变的攻坚时期。为适应创新型国家和人力资源强国建设的需要,面对人民群众日益增长的对优质高等教育资源的需求和优质高等教育资源供给不足的矛盾,我国高等教育以立德树人为根本任务,以服务引领经济社会发展为时代主线,坚持走以提高质量为核心的内涵式发展道路。高等教

育大众化水平逐步提升,综合改革全面推进,多层次、多类型教育教学改革向纵深发展,全面深化创新创业教育改革,信息技术与教育教学加速融合,形成了一大批可复制、可推广的制度创新和经验成果。高等教育教材建设主动面向国家战略与社会需求,紧紧围绕高校教学改革实际,出版了一大批体现国家意志、反映教改成果、满足教学需要的精品教材,成为培育和践行社会主义核心价值观的重要阵地,为高等教育内涵式发展提供了重要支撑。

一、"十二五"时期人才培养目标及教材建设总体思路

(一)"十二五"时期人才培养目标

2010年7月13日,党中央、国务院召开了新世纪第一次全国教育工作会议,颁布了《国家中长期教育改革和发展规划纲要(2010—2020年)》。"纲要"明确提出,提高质量是高等教育发展的核心任务,是建设高等教育强国的基本要求,要培养信念执著、品德优良、知识丰富、本领过硬的高素质专门人才和拔尖创新人才,要适应国家和区域经济社会发展需要,扩大应用型、复合型、技能型人才培养规模,要适应经济社会发展和科技进步的要求,推进课程改革,加强教材建设,建立健全教材质量监管制度。

2011年4月,胡锦涛同志在庆祝清华大学建校100周年大会上的讲话中指出,全面提高高等教育质量,必须大力提升人才培养水平。"坚持育人为本、德育为先、能力为重、全面发展,着力增强学生服务国家服务人民的社会责任感、勇于探索的创新精神、善于解决问题的实践能力,努力培养德智体美全面发展的社会主义建设者和接班人""造就信念执著、品德优良、知识丰富、本领过硬的高素质人才""要注重培养拔尖创新人才,积极营造鼓励独立思考、自由探索、勇于创新的良好环境,使学生创新智慧竞相迸发,努力为培养造就更多新知识的创造者、新技术的发明者、新学科的创建者作出积极贡献"。

为全面落实教育规划纲要,2011年7月,教育部、财政部发布《"十二五"期间本科教学工程实施意见》,中央财政投入35亿元支持项目建设,培养应用型人才、复合型人才和拔尖创新人才。2012年,教育部召开全面提高高等教育质量工作会议并发布《关于全面提高高等教育质量的若干意见》,提出了全面提高高等教育质量的30条措施,强调要适应国家和区域经济社会发展需要,满足人民群众接受高等教育的多样化需求,走以质量提升为核心的内涵式发展道路,加大应用型、复合型、技能型人才培养力度,探索拔尖创新人才培养模式。全面实施素质教育,把促进人的全面发展和适应社会需要作为衡量人才培养水平的根本标准。建立健全符合国情的人才培养质量标准,落实文化知识学习和思想品德修养、创新思维和社会实践、全面发展和个性发展紧密结合的人才培养要求。

在高等职业教育发展方面，2011年，教育部发布《关于推进高等职业教育改革创新引领职业教育科学发展的若干意见》《关于支持高等职业学校提升专业服务产业发展能力的通知》等文件，强调高等职业教育要"自觉承担起服务经济发展方式转变和现代产业体系建设的时代责任，主动适应区域经济社会发展需要，培养数量充足、结构合理的高端技能型专门人才，为国家现代产业体系建设和实现中国创造战略目标提供优质人力资源支撑。"

党的十八大以来，习近平总书记从确保党和国家兴旺发达、长治久安的战略高度，强调必须全面落实立德树人根本任务。2014年5月，习近平总书记在北京大学考察时强调，青年处在价值观形成确立的时期，抓好这一时期的价值观养成十分重要。2015年1月，中共中央办公厅、国务院办公厅印发《关于进一步加强和改进新形势下高校宣传思想工作的意见》，为高校如何培养又红又专、德才兼备、全面发展的中国特色社会主义合格建设者和可靠接班人指明了方向。

为进一步推动高等教育内涵式发展，全面提高人才培养能力，提升我国高等教育整体水平，2015年10月，国务院印发《统筹推进世界一流大学和一流学科建设总体方案》，强调要坚持立德树人，突出人才培养的核心地位，着力培养具有历史使命感和社会责任心，富有创新精神和实践能力的各类创新型、应用型、复合型优秀人才。同时，要加强创新创业教育，大力推进个性化培养，全面提升学生的综合素质、国际视野、科学精神和创业意识、创造能力。与此同时，也大力推动地方本科高校转型发展，培养应用型、技术技能型人才，服务地方经济社会发展。

立足我国现代化建设的阶段性特征和世界发展潮流，"十二五"时期，我国高等教育把提高质量作为教育改革发展最核心最紧迫的任务，落实立德树人根本任务，确立人才培养的中心地位，人才培养目标主要呈现如下三个特征。

1. 注重学生全面发展

以人为本，把促进学生成长成才作为出发点和落脚点，在培养理念上，重视全面发展、人人成才、多样化人才、终身学习和系统培养等观念。坚持德育为先，把培育和践行社会主义核心价值观融入人才培养全过程，加强中华优秀传统文化教育，帮助学生树立崇高理想和远大志向，打牢思想道德基础。坚持能力为重，优化知识结构，丰富社会实践，强化能力培养，促进德智体美有机融合，提高学生综合素质，推动全面发展。此外，全面发展不仅关注每个学生个体，也关注整个群体，既要满足全体学生的成长需要，也要让优秀拔尖学生能够脱颖而出。

2. 强调适应社会需求

人才培养结构的调整是"十二五"期间教育改革发展重大的战略性任务。要根据经济社会发展对教育的总需求和需求结构，大力培养应用型、复合型、创新型人才，提升人才培养对经济社会发展的贡献能力和支撑能力。一方面，服务国家战略发展需求,紧密围绕经济社会发展的现实需要,在国家战略性新兴产业、先进制造业、现代服务业、"三农"、文化、社会建设和公共服务、国防等领域培养急需紧缺人才。另一方面,加强应用型、技能型人才学科专业建设,建设现代职业教育体系,拓宽复合型人才培养渠道,推进应用型、技能型人才培养。

3. 重视创新精神和实践能力

创新人才是创新型国家建设的关键,学生的创新精神和实践能力是提升自主创新能力的关键。2011年,胡锦涛同志在清华大学百年校庆时提出,必须要重视实践,在实践中发现新知、运用真知,在解决实际问题的过程中增长才干,不断提高实践能力、创新创业能力,切实掌握建设国家、服务人民的过硬本领,为走上社会、成就事业打下坚实基础。2013年5月4日,习近平总书记在同各界优秀青年代表座谈时的讲话指出,广大青年要牢记"空谈误国、实干兴邦",立足本职、埋头苦干,从自身做起,从点滴做起,用勤劳的双手、一流的业绩成就属于自己的人生精彩。要不怕困难、攻坚克难,勇于到条件艰苦的基层、国家建设的一线、项目攻关的前沿,经受锻炼,增长才干。要勇于创业、敢闯敢干,努力在改革开放中闯新路、创新业,不断开辟事业发展新天地。

为切实培养大学生的社会责任感、创新精神和实践能力,推动知行合一,2012年,教育部联合相关部门发布《关于进一步加强高校实践育人工作的若干意见》《关于实施高等学校创新能力提升计划的意见》,确保实践教学在高校教育教学中得到真正的落实,大力推进协同育人,实施系列卓越人才教育培养计划、科教结合协同育人行动计划等,推动高校之间、高校与科研院所、高校与行业企业、高校与地方消除壁垒、构建创新平台。

为进一步激发青年创新创业基因,促进大众创业万众创新,2015年,国务院印发《关于深化高等学校创新创业教育改革的实施意见》,全面部署高校创新创业教育改革工作,强调要促进高等教育与科技、经济、社会紧密结合,加快培养规模宏大、富有创新精神、勇于投身实践的创新创业人才。

(二)"十二五"时期教材建设的总体思路

"十二五"期间,高等教育大众化水平进一步提升。为充分发挥教材在提高人才培养质量中的基础性作用,全面提升教材质量,教育部2011年发布《关于"十二五"普通高等教育本科教材建设的若干意见》,2012年发布《关于"十二五"职业教育教材建设的若干意见》,全面启动"十二五"国家级规划教材建设工作。

"十二五"高等教育教材建设是在我国高等教育从以规模扩张为特征的外延式发展向以质量提升为核心的内涵式发展转变的背景下实施的,以服务人才培养为目标,以提高教材质量为核心,以创新教材建设的体制机制为突破口,以实施教材精品战略、加强教材分类指导、完善教材评价选用制度为着力点,为提高高等学校教学质量和人才培养质量发挥更大作用。

"十二五"高等教育教材建设坚持育人为本,充分发挥教材在提高人才培养质量中的基础性作用,充分体现我国改革开放30多年来经济、政治、文化、社会、科技等方面取得的成就,适应不同类型高等学校需要和不同教学对象需要,编写推介一大批符合教育规律和人才成长规律的具有科学性、先进性、适用性的优秀教材,进一步完善具有中国特色的高等教育教材体系。

二、"十二五"时期高等教育教材建设的原则和主要任务

为落实《关于"十二五"普通高等教育本科教材建设的若干意见》(教高[2011]5号)和《关于"十二五"职业教育教材建设的若干意见》(教职成[2012]9号)要求,教育部分别于2011年11月18日发布《关于开展"十二五"普通高等教育本科国家级规划教材第一次推荐遴选工作的通知》,2012年12月12日发布《关于开展"十二五"职业教育国家规划教材选题立项工作的通知》,2014年3月12日发布《关于开展"十二五"普通高等教育本科国家级规划教材第二次推荐遴选工作的通知》,明确"十二五"期间教材建设的范围、原则及相关要求。

(一) 教材建设原则

1. 普通高等教育本科国家级规划教材

(1) 全面推进,突出重点。以国家、省(区、市)、高等学校三级教材建设为基础,全面推进,提升教材整体质量。重点建设主干基础课程教材、专业核心课程教材,加强实验实践类教材建设,推进数字化教材建设。

(2) 明确责任,确保质量。为保证教材编写和出版质量,教材的编写者须在教学和科研方面有所成就,或在行业中具有较高技能水平并有一定的教学经验。教材编写实行主编负责制,出版发行实行出版社负责制,主编和其他编者所在单位及出版社上级主管部门承担监督检查责任。

(3) 锤炼精品,改革创新。鼓励对优秀教材不断修订完善,将学科、行业的新知识、新技术、新成果写入教材。鼓励编写及时反映人才培养模式和教学改革最新趋势的教材,注重教材在传授知识的同时,传授获取知识和创造知识的方法。

(4) 分类指导,鼓励特色。根据各类普通高等学校需要,注重满足多样化人才培养需求,教材特色鲜明、品种丰富。避免相同品种且特色不突出的教材重复建设。

2. 高等职业教育国家规划教材

(1) 锤炼精品。鼓励长期用于高等职业学校教学,反映产业技术升级,符合职业教育规律和高端技能型人才成长规律,根据专业建设和教育教学改革不断完善,

覆盖面广、影响力大的修订教材选题,着力打造精品。

(2) 突出重点。鼓励开发编写覆盖现代农业、先进制造业、现代服务业、战略性新兴产业和地方特色产业,以及苦脏累险行业、民族传统技艺等相关专业领域的职业教育教材。

(3) 强化衔接。鼓励教学重点、课程内容、能力结构以及评价标准有机衔接和贯通的中高职接续专业教材选题。

(4) 产教结合。鼓励开发体现行业发展要求,对接职业标准和岗位要求,行业特点鲜明的职业教育教材和高质量的实践指导教材。鼓励职业学校依托企业开发适应新兴产业、新职业和新岗位要求的特色教材。教材主编应有企业实践经验,作者队伍应吸收行业企业人员参加。

(5) 体现标准。鼓励开发体现教学改革和专业建设最新成果,以《高等职业学校专业教学标准(试行)》为依据,及时更新教材内容和结构的教材选题。

(6) 创新形式。鼓励开发包括高等职业教育专业教学资源库、网络课程、虚拟仿真实训平台、工作过程模拟软件、通用主题素材库以及名师名课音像制品等多种形式的数字化配套教材。

(二) 教材建设主要任务

1. 完善教材建设工作机制

加强教材建设的宏观指导。以国家、省(区、市)、高校三级教材建设为基础,调动各方面参与教材建设的积极性。面向国家和区域经济社会发展需求,根据高等教育大众化阶段特点,在深入研究分析教材建设现状及面临形势的基础上,针对不同的人才培养定位和目标,明确教材建设的总体思路和具体建设措施。

发挥专家与行业组织作用。推动各学科(专业)教学指导委员会开展教学内容和课程体系改革的研究,提出教学改革和教材建设工作的意见和建议;根据学科专业教学基本要求,对教材建设分类指导,对出版社的出版选题提出建议;参与教材的评价推介工作。推动省级教材研究机构和组织充分发挥参谋、助手和纽带作用,协助和配合各级教育行政部门和高校做好教材建设工作。积极开展国内外教材比较研究、教材质量评价体系研究,加强教材建设体系、机制等相关理论研究,加强教材信息交流和教材建设经验交流。重视和发挥行业协会在教材建设中的作用。鼓励行业协会利用其具有的行业资源和人才优势,开发贴近经济社会实际的教材和高质量的实践教材。充分发挥出版社在教材建设中的作用。鼓励出版社注重社会效益,加强与高等学校及教师的联系,根据自身优势,规划选题,出版教材;不断丰富教材类型,继续开发数字化教材;加强国外优秀教材的引进和改编,积极推动本土优秀教材走出国门。保证教材选题质量和出版质量,降低教材价格。

建立健全保障机制。加强政策支持和经费保障,完善激励机制,鼓励教学名师、优秀学科带头人跨校、跨区域联合编写教材;鼓励编写适应优势学科、特色专业人才培养模式改革需要的特色教材;鼓励编写国家战略性新兴产业相关专业、边缘学科、交叉学科教材,填补空白。改革评价体系,推动将优秀教材列入相关评审指标体系。建立教材质量监控和评价机制,加强教材推介管理工作。

2. 强化高校在教材建设中的主体作用

根据学校特色,促进教材建设与人才培养相结合,与专业建设、课程建设、科研工作、教学方式方法改革和教学辅助资源建设相结合,形成良性互动,建设高质量教材。

加强教材编写队伍建设。鼓励教学名师、高水平专家主编或参加教材编写工作,优秀教材应作为教学评奖评优和教师专业技术职务评聘的重要指标。根据不同类型、不同科类教材建设需求,吸引行业人士参与教材建设,开发适用性和实践性强的优秀教材。

强化教材建设管理。将教材建设的过程管理与目标管理结合起来,实行教材立项、阶段检查、目标审核制,加强教材质量监督。

做好教材选用工作。建立和完善教材选用机制、质量监控和评价机制,建立教材使用效果的跟踪调查和信息反馈制度,定期进行教材使用情况的调查、统计和评估,正确处理选用优秀教材与自编教材的关系,确保优质教育资源进课堂。

3. 改革遴选机制,实施精品战略

注重教材内容质量、出版质量和使用效果,强调内容的精品化、形式的精品化以及配套的精品化,规划教材须经过教学实践检验。教材由高校和省级教育行政部门进行推荐,出版社可补充推荐。鼓励对优秀教材修订完善,将学科、行业的新知识、新技术、新成果写入教材,同时要避免相同品种且特色不突出的教材重复建设。注重教材多样化,既保证教材建设的高水平和前沿性,又保证教材建设的多层次和多类别;既满足思想性、学术性要求,又满足专业性、实践性要求。同时注重教材的时代性,要符合人才培养规律和教育现代化要求,不断丰富教材类型,开发数字化教材,推进优质教学资源共享。着力构建以提高高等教育质量为核心的教材建设长效机制。

此外,根据中央实施马克思主义理论研究和建设工程的战略部署和总体要求,中宣部、教育部组织编写150种左右哲学社会科学重点教材,供相关专业统一使用。这些哲学社会科学重点教材基本覆盖哲学、政治经济学、科学社会主义、中共党史以及政治学、社会学、法学、历史学、新闻学、文学、艺术、教育学、管理学等学科专业的基础理论课程和专业主干课程,这些重点课程涉及的教材不再组织遴选。

三、"十二五"时期教材建设主要成效

(一)普通高等教育本科国家级规划教材

"十二五"期间,普通高等教育本科国家级规划教材分两批次进行推荐遴选。

2011年11月,教育部启动"十二五"普通高等教育本科国家级规划教材第一次推荐遴选工作,推荐范围为2006年1月至2009年12月期间正式出版(以版权页的出版日期为准),供全日制普通高等学校本科教学使用的各种形式的教材。推荐的规划教材须为经过教学实践检验、使用效果好的教材。"马克思主义理论研究和建设工程"哲学社会科学重点教材及涉及课程的教材,不在推荐范围内。

教材由高等学校和省级教育行政部门进行推荐,出版社可补充推荐。推荐教材从当时用于本科教学的教材中择优推荐,推荐数量不超过"十一五"期间(2006年1月至2011年6月)高校教师主编并出版的本科教材总数的5%。在汇总、公布高等学校和省级教育行政部门推荐情况后,出版社再进行补充推荐。出版社的推荐数量不超过本社出版普通高等教育"十一五"国家级规划教材数量的2%,推荐指标不足1种的按1种推荐。未承担普通高等教育"十一五"国家级规划教材出版任务的出版社可以推荐1种。

在推荐形式上,分册教材(上、中、下册等)、成套教材(理论教材与实验教材、习题集等配套出版,教师用书与学生用书配套出版等)、系列教材(丛书)可按单种推荐,也可按全册/成套/系列整体推荐。按全册/成套/系列整体推荐的,所包含的教材必须全部符合推荐范围要求,推荐时占一个推荐名额,在评审时所包含的教材均达到规划教材标准方可入选规划教材。

推荐材料经公示、资格审查后,聘请专家就教材的内容质量、出版质量以及使用效果进行评审,评审结果公示无异议后由教育部批准公布。2012年11月,教育部公布第一批"十二五"普通高等教育本科国家级规划教材书目,确定1 102种教材入选。同时强调,要做好教材选用工作,确保优质教材进课堂。已入选教材应根据学科、行业的发展,继续修订完善,及时补充反映最新知识、技术和成果的内容,与时俱进。

2014年3月,教育部启动"十二五"普通高等教育本科国家级规划教材第二次推荐遴选工作。为贯彻落实党的十八届三中全会精神,深入推进管办评分离,发挥社会组织作用,第二次遴选工作委托中国高等教育学会完成。这次教材的推荐范围为2010年1月至2012年12月期间正式出版(以版权页的出版日期为准)的供全日制普通高等学校本科教学使用的教材。鉴于全册/成套教材一般出版周期较长,故此次按全册/成套整体推荐的教材,允许其中部分教材出版时间范围扩大至2006年1月。"马工程"哲学社会科学重点教材及涉及课程的教材,不在此次推荐

范围内。

第二次推荐教材的数量仍以第一次推荐工作中填报的"十一五"期间(2006年1月至2011年6月)本校/本省直属高等学校教师主编并出版的本科教材总数为基数,以基数的5.5%计算推荐数量,不足1种的可推荐1种。未参加第一次填报的直属高校,可推荐1种。在汇总高等学校和省级教育行政部门推荐情况后,出版社再进行补充推荐。出版社的推荐数量不超过本社出版普通高等教育"十一五"国家级规划教材数量的3%。未承担普通高等教育"十一五"国家级规划教材出版任务的出版社可推荐1种。

推荐类型上,采用单本、全册、成套三种推荐类型,取消系列教材推荐类型。全册教材(上、中、下册等)、成套教材(理论教材与实验教材等配套出版,教师用书与学生用书配套出版等)可按全册或成套整体推荐,也可按单本推荐。全册或成套教材须所有单册全部出齐,且全部推荐,方可按全册或成套整体推荐,占一个推荐名额。按全册或成套整体推荐的教材,遴选时所包含的所有教材均须达到规划教材标准方可入选。

教育部委托中国高等教育学会,由其成立"十二五"普通高等教育本科国家级规划教材第二次遴选工作办公室,负责申报材料受理、资格审查和会议遴选等工作。工作办公室对推荐的教材进行资格审查后,聘请专家就教材的内容质量、出版质量以及使用效果进行综合评价和遴选,遴选结果公示后由教育部正式公布。2014年10月,教育部公布第二批"十二五"普通高等教育本科国家级规划教材书目,确定1688种教材入选。入选"十二五"教材前10位的出版社见表6-5。

表6-5 入选"十二五"教材前10位的出版社

序号	出版社	册数	比例
1	高等教育出版社	1 049	25.17%
2	科学出版社	253	6.07%
3	清华大学出版社	243	5.83%
4	人民卫生出版社	240	5.76%
5	上海外语教育出版社	236	5.66%
6	机械工业出版社	194	4.65%
7	中国人民大学出版社	180	4.32%
8	北京大学出版社	136	3.26%
9	外语教学与研究出版社	123	2.95%
10	化学工业出版社	101	2.42%

注:教材按单册计算。

(二) 高等职业教育国家规划教材

2012年12月，教育部启动"十二五"职业教育国家规划教材选题立项工作，选题仅限于高等职业教育部分，重点为已发布《高等职业学校专业教学标准(试行)》的专业核心课程教材选题。具体范围包括供高等职业学校使用的各种形式(纸质、电子等)公共基础课程和大类专业基础课程教材选题，教育部2004年发布的《普通高等学校高职高专教育指导性专业目录(试行)》全部专业及已在教育部备案的目录外专业(以《教育部关于公布2012年普通高等教育高职高专专业设置备案结果的通知》为准)的专业课程教材选题。

在选题类型上，分为修订教材和新编教材。修订教材要求是各出版单位自2006年1月以来出版的(以版权页的出版日期为准)，供高等职业学校教学使用，经过教学实践检验，使用效果好的各种形式教材。新编教材要求是反映新知识、新技术、新工艺和新方法，具有职业教育特色的教材；教学改革力度较大的教材；系列配套的教材；解决教学急需的教材。各出版单位申报的新编教材选题数量不超过本单位所申报教材选题总数的40%。教材申报单位为自2006年1月以来出版过高等职业教育教材的出版单位。各高等职业学校及教师通过有关出版单位申报。

教育部组织专家对申报选题进行评审，在专家评审的基础上，根据发挥优势、保证质量、公平竞争、择优确定的原则，确定"十二五"职业教育国家规划教材立项选题。2014年7月，教育部公布入选"十二五"职业教育国家规划教材书目，共81家出版单位的4 738种教材入选。同时强调，已入选教材应对接职业标准和岗位要求，继续修订完善，及时吸收行业发展的新知识、新技术、新工艺、新方法。要不断创新职业教育教材建设机制，加强政策支持和经费保障，鼓励一线教师参加教材建设及相关资源开发，努力提高技术技能人才培养质量。

(三) "马工程"教材

根据"马工程"的总体部署，坚持以马克思主义为指导、把马克思主义中国化最新成果体现到教材之中，大力推进具有中国特色的哲学社会科学教材建设工作，持续修订出版一批教材，推动马克思主义、毛泽东思想和中国特色社会主义理论进教材、进课堂、进学生头脑。同时，探索构建以"马工程"教材为核心，以教师参考用书、学生辅学读本、教学指导资料为补充，涵盖纸质和数字化等多种载体，体现思想性、科学性、可读性相统一的立体化教材体系，推进优质教材体系向教学体系的转化，不断提升马克思主义理论教育的吸引力和说服力。截至2015年底教育部审议通过了93种本科教材中的12种书稿和91种提纲，重点教材出版27种。

此外，落实"马工程"教材使用情况年报制度，开展"马工程"教材"精彩一课"，加强"马工程"的教师培训工作，创新培训手段，将线上网络培训与线下示范培训相结合,"十二五"期间累计培训全国200余所高校万余名教师,并录制课题组专家视频资源,为扩大在线培训规模打下基础。

四、"十二五"时期教材建设主要特点

(一)教材建设强化分类指导

"十二五"时期,普通高等教育本科与高等职业教育教材建设分开进行规划。在国家总体人才培养目标的指导下,根据不同层次、不同类型高校的需要以及多样化人才培养需求,教材建设分类实施、特色发展。研究型大学主要培养具备广博知识、交叉融合的拔尖创新人才,相应的教材内容注重相关学科的交叉融合,教材的设计突出知识结构的繁殖力和迁移力;教学型大学主要培养具有创新精神、知识面宽并且基础知识扎实、应用能力强的复合型人才,教材建设上着重体现理论在具体实践中的应用,以知识点为单元建立信息化资源素材库;工程技能型高职高专主要培养具备较强专业技能和综合职业能力的实践型技能人才,教材的设计以突出应用能力培养为主线来设计知识,案例教材建设是其特色所在,反映了工程实践性和技能应用性,教材的内容编排以理论结合实际为主。①

(二)教材编写队伍不断壮大

在参编高校中,有实力雄厚的"985工程"院校、实力较强的"211工程"高校及地方院校,有具有较高水平、较强学科优势的专业院校,有学科特色鲜明、专业性强的特殊院校,还有武警、公安、国防类院校等。既保证了教材建设的高水平和前沿性,又保证了教材需求的多层次和多类别要求;既能满足思想性、学术性要求,又能满足专业性、实践性要求。除此之外,还吸纳了社会专业机构、行业部门等参与,如卫生部临床检测中心、IBM、微软、英特尔、贝尔实验室等,为建设实践性较强的教材作出了积极的贡献。

(三)优质教材资源不断扩充

"十二五"普通高等教育本科国家级规划教材的遴选是国家"十二五"期间实施"高等学校本科教学质量与教学改革工程"(简称"本科教学工程")的重要组成部分,旨在围绕提高人才培养质量,实施规划教材的精品战略。"十二五"规划教材两次遴选共计2 790种4 143册,较"十一五"规划教材的万种教材有大幅度的减少。教材建设以优选为主,坚持高质量,强调使用效果,重视编著者在业内的知名度和影响力,大部分教材从"十一五"国家级规划教材中选取,初步形成了反映时代特点、与时俱进的教材体系,为提高高等教育本科教学质量和人才培养质量提供了有力保障。

---

① 李辉. 我国高校教材建设的历史回顾[J]. 江苏高教,2019,(1):93-96.

(四)教材开发更加立体化

从教材开发的过程来看,出版社的教材服务更加立体,深度融入教材编写和教师、学生的教材使用等各个环节。从教材的形态上来看,与信息技术深入融合,顺应数字化时代的要求,教学资源的数字化建设不断增强,多样化媒介教材下载、在线阅读、测试等功能成为教材的增值内容;教材与课程建设和教学方法的改革深度融合,内涵不断拓展。数字化教材持续推进,以数字课程为代表的新形态教材建设的探索,推动教材出版突破传统内容和形式的制约,向课程出版转变,在保障基本教学需求的同时,也推动着高校深化教学方法改革,以更好地满足不同专业、不同知识背景的学生的自主学习需求。此外,国外优秀教材大幅度地引进,有力支持了国内高校教学和教材建设。部分优秀教材积极"走出去",翻译成外文,在欧、美、日等国家发行,被当地高校所选用,展现中国的创新理论、创新学术,增强了我国教材的国际影响力和话语权。

新时代中国特色社会主义教材体系建设阶段

（2016年至今）

第七章 "十三五"时期高等教育教材建设

第一节 "十三五"时期人才培养新要求

把提升人的发展能力放在突出重要位置,加快建设人力资源强国,是"十三五"期间我国人才建设的总体目标。《国家教育事业发展"十三五"规划》明确提出:教育必须坚持正确的育人方向,创新人才培养方式必须以坚持"培养什么人,如何培养人,为谁培养人"为前提,立德树人是教育的根本任务,是中国特色社会主义教育事业的核心所在,是提高国民素质、建设人力资源强国的战略行动,也是适应教育内涵发展、实现教育现代化的必然要求。必须以社会主义核心价值观教育为指导,继承和发扬优秀传统文化和世界先进文化,紧紧围绕学生发展的核心素养及培养要求,用新理论、新知识、新技术更新教学内容,构建完善的课程教材体系,优化学科专业布局,强化实践教学,着力培养学生创新创业能力;深化本科教育教学改革,适应我国高等教育从大众化向普及化的跨越,构建多样化的人才培养结构,形成更加适应全民学习、终身学习的现代教育体系;完善高等教育质量保障体系,统筹推进世界一流大学和一流学科建设。

2018年6月21日,教育部召开改革开放40年来首次全国高等学校本科教育工作会议,提出坚持以本为本,推进四个回归,加快建设高水平本科教育、全面提高人才培养能力,吹响了建设一流本科教育的集结号。随后颁布"新时代高教40条""六卓越一拔尖"计划2.0,实施新工科、新医科、新农科、新文科等"四新"人才培养;提倡淘汰"水课",打造"金课";全面实施一流专业建设"双万计划"、一流课程建设"双万计划"、建设基础学科拔尖学生培养一流基地等。通过这一系列的政策措施,推进教育优先发展,落实立德树人根本任务,深化教育改革,推进教育公平,发展素质教育,加快实现教育现代化,努力培养德智体美全面发展的社会主义建设者和接班人,培养担当民族复兴大任的时代新人。

一、把思想政治教育贯穿教育全过程,增强学生的爱国情怀和社会责任感

在"十三五"期间,强调要办好高校马克思主义学院和思想政治理论课,加强

面向全体学生的马克思主义理论教育,深化中国特色社会主义和中国梦宣传教育,大力推进习近平新时代中国特色社会主义思想进教材、进课堂、进头脑,不断增强学生的道路自信、理论自信、制度自信和文化自信。

加强理想信念教育,厚植爱国主义情怀,把社会主义核心价值观教育融入教育教学全过程各环节,全面落实到质量标准、课堂教学、实践活动和文化育人中,帮助学生正确认识历史规律、准确把握基本国情,掌握科学的世界观、方法论。深入开展道德教育和社会责任教育,引导学生养成良好的道德品质和行为习惯,崇德向善、诚实守信,热爱集体、关心社会。

着力推动高校全面加强课程思政建设,做好整体设计,根据不同专业人才培养特点和专业能力素质要求,科学合理设计思想政治教育内容。强化每一位教师的立德树人意识,在每一门课程中有机融入思想政治教育元素,推出一批育人效果显著的精品专业课程,打造一批课程思政示范课堂,选树一批课程思政优秀教师,形成专业课教学与思想政治理论课教学紧密结合、同向同行的育人格局。

充分发挥教材育人功能,推进"马工程"重点教材统一编写、统一审查、统一使用。在构建全员、全过程、全方位"三全育人"大格局过程中,实现对学生的社会主义核心价值观教育。

二、以学生为中心深化教学改革,提升学生的创新精神和实践能力

尊重教育规律和学生成长规律,以学生发展为中心,坚持因材施教,注重学思结合,引导知行统一,创新教学方法,通过教学改革促进学习革命。

积极推进分层教学、小班化教学、混合式教学、翻转课堂、导师制等教学方法和教育管理改革,大力推进智慧教室建设,构建线上线下相结合的教学模式,因课制宜选择课堂教学方式方法,科学设计课程考核内容和方式,不断提高课堂教学质量。开展自主、合作、探究的学习方式,积极引导学生自我管理、主动学习,激发学生求知欲,提高学习效率,提升自主学习能力。

根据不同阶段培养目标建立多元化学生评价标准,推广学生成长记录、发展性评价等多种形式的学生评价方式,完善学生评价体系。加强考试管理,严格过程考核,加大过程考核成绩在课程总成绩中的比重。健全能力与知识考核并重的多元化学业考核评价体系,完善学生学习过程监测、评估与反馈机制。加强对毕业设计(论文)选题、开题、答辩等环节的全过程管理,对形式、内容、难度进行严格监控,提高毕业设计(论文)质量。

强化创新创业实践,搭建大学生创新创业与社会需求对接平台。加强创新创业示范高校建设,强化创新创业导师培训,发挥"互联网+"大赛引领推动作用,提升创新创业教育水平。加强职业教育,鼓励符合条件的学生参加职业资格考试,支

持学生在完成学业的同时，获取多种资格和能力证书，增强创业就业能力。

三、推进现代信息技术与教育教学深度融合，培养学生自主学习、终身学习的能力和习惯

加快形成多元协同、内容丰富、应用广泛、服务及时的高等教育云服务体系，打造适应学生自主学习、自主管理、自主服务需求的智慧课堂、智慧实验室、智慧校园。大力推动互联网、大数据、人工智能、虚拟现实等现代技术在教学和管理中的应用，探索实施网络化、数字化、智能化、个性化的教育，推动形成"互联网+高等教育"新形态，以现代信息技术推动高等教育质量的提升。

大力推进慕课和虚拟仿真实验建设。教育部在 2018 年公布的《关于加快建设高水平本科教育 全面提高人才培养能力的意见》（简称"新时代高教 40 条"）中提出：发挥慕课在提高质量、促进公平方面的重大作用，制定慕课标准体系，规范慕课建设管理，规划建设一批高质量慕课，推出 3 000 门国家精品在线开放课程，示范带动课程建设水平的整体提升；建设 1 000 项左右国家虚拟仿真实验教学项目，提高实验教学质量和水平。在 2019 年发布的《教育部关于一流本科课程建设的实施意见》中进一步调整为：从 2019 年到 2021 年，完成 4 000 门左右国家级线上一流课程（国家精品在线开放课程）、4 000 门左右国家级线下一流课程、6 000 门左右国家级线上线下混合式一流课程、1 500 门左右国家虚拟仿真实验教学一流课程、1 000 门左右国家级社会实践一流课程认定工作。扩大五类"金课"建设规模，为学生提供从线上到线下，从教学到实践的优质教学资源。

加强优质教学资源的共建共享，尤其是加强慕课在中西部高校的推广使用，加快提升中西部高校教学水平，推进教育公平。建立慕课学分认定制度。以一流课程"双万计划"建设为牵引，推动优质课程资源开放共享，促进慕课等优质资源平台发展，鼓励教师多模式应用，鼓励学生多形式学习，推动形成支持学习者人人皆学、处处能学、时时可学的泛在化学习新环境，培养学生自主学习、终身学习的能力和习惯。

四、构建深度融合的协同育人新机制，增强学生的创新精神和科研能力

要求高校在制定人才培养标准时充分吸收相关部门和行业的意见，完善人才培养方案，推进校企融合、医教协同、农科教结合、法学教育与司法实践结合等，培养真正适应经济社会发展需要的高素质专门人才。注重"双师型"教师队伍建设，提高实践教学水平。综合运用校内外资源，建设满足实践教学需要的实验实习实训平台，包括加强校内实验教学资源建设，与行业部门、企业共同建设实践教育基地，切实加强实习过程管理等，进一步提高实践教学的比重，大力推动健全合作共赢、开放共享的实践育人机制。

充分发挥高校在开展科学研究方面的优势，推动国家级、省部级科研基地向本科生开放，为本科生参与科研创造条件，推动学生早进课题、早进实验室、早进团队，将最新科研成果及时转化为教育教学内容，以高水平科学研究支撑高质量本科人才培养。依托大学科技园、协同创新中心、工程研究中心、重点研究基地和学校科技成果，搭建学生科学实践和创新创业平台，推动高质量师生共创，增强学生创新精神和科研能力。

第二节 "十三五"时期教材建设新变化

一、党和国家高度重视教材工作

十八大以来，以习近平同志为核心的党中央对于教材建设给予了前所未有的重视。习近平总书记多次就中小学教材、少数民族文字教材、高校思想政治理论教材等作出一系列重要指示，要求从确保意识形态安全、培养中国特色社会主义合格建设者和可靠接班人的高度加强教材建设。2016年12月，习近平总书记在全国高校思想政治工作会议上明确指出，"教材建设是育人育才的重要依托。建设什么样的教材体系，核心教材传授什么内容、倡导什么价值，体现国家意志，是国家事权。"中办、国办联合印发的《关于加强和改进新形势下大中小学教材建设的意见》，从制度层面上明确了教材建设这一国家事权，从"培养什么人、怎样培养人"这一根本问题出发，提出教材事关党和国家长治久安，明确我国教材建设的指导思想和基本原则，以及编写、审查、修订、选用等的具体要求，强调教材的思想性，从科学制定规划、提升教材质量、强化教材研究、健全国家教材制度等方面，为我国新时代教材建设指明了方向。

2017年，国务院决定成立国家教材委员会，负责指导和统筹全国教材工作，贯彻党和国家关于教材工作的重大方针政策，研究审议教材建设规划和年度工作计划，研究解决教材建设中的重大问题，指导、组织、协调各地区各部门有关教材工作，审查国家课程设置和课程标准制定，审查意识形态属性较强的国家规划教材。时任国务院副总理的刘延东同志任国家教材委员会主任。2018年11月28日国家教材委员会进行调整，孙春兰副总理任委员会主任，教育部部长陈宝生等任副主任，其他成员包括中央宣传部、外交部、发展改革委、科技部、财政部等22个国家部委相关领导，以及顾海良、潘云鹤、张文显、韩震等专家。这些高级别、高水平的人员配置，充分体现了国家对教材建设工作的重视和坚决做好教材建设工作的决心。

在国家教材委员会第一次会议上，刘延东强调：教材建设是事关未来的战略工程、基础工程,教材体现国家意志。要坚持党的教育方针,逐步形成适应中国特色社会主义发展要求、立足国际学术前沿、门类齐全、学段衔接的教材体系。要深化改革创新,加强完善教材各环节管理,使教材建设规范有序。

2017年,教育部成立教材局,承担国家教材委员会办公室工作,负责拟订全国教材建设规划和年度工作计划,组织专家研制课程设置方案和课程标准,制定完善教材建设基本制度规范,指导管理教材建设,加强教材管理信息化建设。国家教材委员会和教材局均为新中国成立以来首次建立,教材建设提高到国家战略的地位。

同时,一些地方教育主管部门、相关部委也高度重视教材工作,围绕立德树人目标,相继出台了各类规划教材、重点教材建设规划。如江苏省教育厅于2016年颁布了《"十三五"江苏省高等学校重点教材建设实施方案》,提出:以立德树人为根本,以"科学布局、分类建设、重点引领、共建共享"为导向,遵循"选优、选精、选特、选新"的原则,充分发挥江苏省高等教育的优势,调动高校高水平教师参与,整合全省高校专业优势与教材资源,整合国内出版社优质教材资源,集中优势力量建设一批代表江苏省高等教育水平的优秀教材,打造江苏教材品牌。2019年,江苏省教育厅发布《"十三五"江苏省高等学校重点教材建设实施方案(修订版)》,更加强调:教材建设要紧密围绕党和国家事业发展对人才的要求,构建中国特色、融通中外的概念范畴、理论范式和话语体系,防止错误政治观点和思潮的影响,引导学生树立正确的世界观、人生观和价值观,努力成为德智体美劳全面发展的社会主义建设者和接班人;教材要与时俱进,适应经济社会发展和科技进步的要求,遵循教育教学规律,体现先进教学理念,反映人才培养模式和教学改革的最新成果,充分运用现代教育技术、方法与手段,经教学实践检验效果显著,反映区域特色与学校特点;本科教材能全面准确地阐述本学科先进理论与概念,充分吸收本学科国内外前沿研究成果,科学系统地归纳本学科知识点的相互联系与发展规律;高职高专教材能注重吸收行业发展的新知识、新技术、新工艺、新方法,对接职业标准和岗位要求,丰富实践教学内容,注重吸收产业文化和优秀企业文化;教材以学生为本,符合人才培养目标,符合教学规律和认知规律,注重素质教育,具有启发性,富有特色,能够激发学生学习兴趣;实际使用效果好,深受师生广泛好评,有效提高教学质量,有利于培养学生的学习能力、实践能力和创新创业能力;教材的呈现形式多样化,注重运用现代信息技术,使教材更加生活化、情景化、动态化、形象化;积极开发补充性、更新性和延伸性教辅资料,以及网络课程、虚拟仿真实训平台、工作过程模拟软件、通用主题素材库以及名师名课音像制品等多种形式的数字化教学资源,具备动态、共享的课程教材资源库;教材主编必须政治立场坚定,具有正确的世界观、价值观、人生观,在相关专业领域具有丰富的教学经验、较强的研究能力和丰富的实践阅历;教材编写团队结构合理、实力较强;高职高专教材主编应有企业实践经验,作者队伍应吸收行业企业人员参加。这些规划和方案对教材建设涉及的各个环节都作了明确的规定,体现了教育主管部门对教材建设工作的重视和导向。

二、加大推动教材研究工作力度

(一)建立首个国家级课程教材研究专业机构

为落实中央关于加强和改进教材工作的决策部署,搭建国家级高水平课程教材专业研究平台,做好课程教材建设专业支撑,2018年5月22日,课程教材研究所正式成立。这是我国第一个国家级课程教材研究专业机构,主要负责组织开展课程教材建设重大理论和实践问题研究,为国家课程教材建设决策提供咨询服务,参与拟定国家课程设置方案和课程标准(教学基本要求),参与组织国家统编教材的编写和审查工作,参与国家课程实施和教材使用的培训、监测和评估,为地方和学校课程教材建设提供咨询和服务,开展课程教材研究的国际交流与项目合作,并承担国家教材委员会下设各专家委员会秘书处的工作以及教育部和有关部门委托的相关工作。至此,国家教材委员会及其专家委员会、教育部教材局、课程教材研究所决策、实施、研究"三位一体"的工作格局正式形成,为推进教材建设提供了有力的组织保障。

课程教材研究所的成立标志着我国教材建设在专业化方面迈出了重要一步。有利于发挥国家级研究机构的平台作用,开展有关课程教材的政策研究、基础研究、应用研究,有利于凝聚和培养高水平人才开展教材研究与建设工作,有利于开展专业化的课程教材人员培训、课程教材监测评估以及课程教材咨询服务,强化教材研究与建设的专业化和规范性。

(二)设立国家教材建设重点研究基地

为加强教材研究,健全教材建设支撑体系,提高教材质量水平,2018年教育部组织开展了首批国家教材建设重点研究基地的申报评审工作。国家教材建设重点研究基地建设的主要目标是:搭建凝聚各学科、各方面专业力量共同研究课程教材建设的平台,构建灵活、开放、有效的创新研究机制,实现课程教材建设研究的专业化、专门化、专项化,发挥重要的研究、指导和服务功能,整体提升课程教材建设的支撑能力,成为专门研究课程教材的专业智库。要求基地主要围绕聚集专业力量、探索教材建设规律、建设教材数据中心、促进研究成果交流传播、开展咨询指导服务等五个方面任务开展工作。聚焦培养课程教材建设学术带头人和中青年学术骨干;系统研究课程教材建设的已有经验、存在问题和面临的挑战;收集、分析并报告国内外教材研究及教材建设动态信息;拓展交流渠道,把握世界同类教材发展趋势,推动优秀教材"引进来""走出去",以及开展中外教材合作编写研究;参与教材编写、审查、使用评估等工作,提升教材质量等。

经高校及研究机构自主申报,第三方专业机构组织资格审核、专业评审、审核确认和公示,共有 11 个高校和单位被认定为首批国家教材建设重点研究基地(见表 7-1)。

表 7-1 首批国家教材建设重点研究基地名单

序号	所在单位(学校)名称	基地名称
1	北京师范大学	大中小学德育一体化教材研究基地
2	云南大学	民族教育教材建设和管理政策研究基地
3	华东师范大学	职业教育教材建设和管理政策研究基地
4	人民教育出版社	中小学(含中职)道德与法治(思想政治)教材研究基地
5	北京师范大学	中小学(含中职)语文教材研究基地
6	华中师范大学	中小学(含中职)历史教材研究基地
7	南开大学	高校思想政治理论课马克思主义基本原理概论教材研究基地
8	北京大学	高校思想政治理论课毛泽东思想和中国特色社会主义理论体系概论教材研究基地
9	清华大学	高校思想政治理论课思想道德修养与法律基础教材研究基地
10	中国人民大学	高校经济学教材研究基地
11	复旦大学	高校新闻学教材研究基地

同时要求各地和学校要高度重视教材建设研究工作,要把握教材建设方向和重点要求,结合实际,合理规划地方、学校教材建设研究基地,努力构建教材建设的专业支撑体系,不断提升教材建设科学化、专业化水平。

三、将教材优势转化为教学优势

"十三五"期间,高等教育肩负着培养数以千万计的高素质专门人才和一大批拔尖创新人才的重要使命。高校是培养高层次人才的重要场所,而培养人才是通过教育来实施的,这个实施教育过程又是通过教师、教材和教学设备来实现的。"质量工程"实施多年来,已形成了大批有效提高高校人才培养质量的成果,要将这些成果通过教材传递给学生,进而培养出具有特色的教育产品——人才。因此教育教学改革离不开教材,或者说,人才培养离不开教材,但同时教材建设也要适应人才培养和高等教育事业的发展。

(一)充分发挥教材在提高人才培养质量中的基础性作用

充分发挥"互联网+"在教材建设中的作用,适应不同类型高等学校需要和不同教学对象需要,编写推介一大批符合教育规律和人才成长规律的具有科学性、先进性、适用性的规划教材、创新创业类教材,推进教材载体从纸质向数字化教材、云教材转变,教材选用从单一教材向分类、多元和特色转变,教材内容从重知识体系向重能力重实效转变,教材编写主体从以学校为主体向校企政研多主体或多主体合作上转变。建立教材状态国家级大数据平台,加强教材评价,规范教材出版和选用管理。

(二)教材建设要适应人才培养模式改革的需要

人才培养是一个系统工程,学校根据一定的教育目标、培养方向,制定适应社会发展的人才培养方案,并通过具体的课程设置,有计划、分步骤地进行人才培养。因此在每个专业的教学计划中都明确规定了课程设置及教学要求。要完成人才培养目标,就要求有一套与人才培养方案相适应的教材。随着我国高等教育教学改革的不断深入,教材的层次、结构、内容、形式等都应该更加丰富,应该反映课程中最内核的东西,作为课程的指引。高校教材建设对保证教学质量,实现人才培养目标具有重要的、不可替代的作用。

(三)要充分发挥教材的育人功能

在教与学的过程中,教师与学生是主体,教材则为师生架起了教与学的桥梁。教师以教材为媒介,将最新的科学知识传授给学生,学生则通过学习教材加深对知识的理解与掌握。教材是依据专业培养目标、相关课程在专业中的地位与作用以及教学计划与教学大纲的要求来编写的,因此,教材一方面受到人才培养目标、课程教学内容的约束,另一方面又约束着教与学的过程。由于教材对教与学有着直接的约束力,教材内容的思想性、科学性、系统性和适应性在人才培养中起着重要的导向作用。

(四)强化学校在教材建设与选用中的主体责任

教材建设工作的主体在学校,它是衡量一所学校办学水平高低的重要标准之一。高等学校要根据学校特色,促进教材建设与人才培养相结合,与专业建设、课程建设、科研工作、教学方式方法改革和教学辅助资源建设相结合,形成良性互动,建设高质量教材。

高等学校应高度重视高水平的教材编写队伍建设,鼓励教学名师、高水平专家主编或参加教材编写工作,优秀教材应作为教学评奖评优和教师专业技术职务评聘的重要指标。应根据不同类型、不同科类教材建设需求,吸引行业人士参与教材建设,开发适用性和实践性强的优秀教材。

高等学校要将教材建设的过程管理与目标管理结合起来,实行教材立项、阶段检查、目标审核制,加强教材质量监督。高等学校要建立和完善教材选用机制、质量监控和评价机制,建立教材使用效果的跟踪调查和信息反馈制度,定期进行教材使用情况的调查、统计和评估,正确处理选用优秀教材与自编教材的关系,确保优质教育资源进课堂。

为保证教材编写和出版质量,教材的编写者须在教学和科研方面有所成就,或在行业中具有较高技能水平并有一定的教学经验。教材编写实行主编负责制,出版发行实行出版社负责制,主编和其他编者所在单位及出版社上级主管部门承担监督检查责任。

高校是教材选用工作的主体,学校教材工作领导机构负责本校教材选用工作,制定教材选用管理办法,明确各类教材选用标准和程序。高校应成立教材选用机构,具体承担教材选用工作,马克思主义理论和思想政治教育方面的专家须占有一定的比例。应充分发挥学校有关职能部门和院(系)在教材选用使用中的重要作用。选用教材必须坚持"凡选必审、质量第一、适宜教学、公平公正"的原则,政治立场和价值导向有问题的,内容陈旧、低水平重复、简单拼凑的教材,不得选用。

第三节 "十三五"时期教材建设的主要成效

(一)教材规模大、品种多、学科门类齐全

据不完全统计,2010—2019 年,我国正式出版的高校教材总量近 5 万种(包括本科和研究生层次),如果加上教学参考书、教辅用书以及未标识为教材但实际作为教材使用的品种,数量将更为庞大。

近四年来,我国出版的高等教育教材涉及的学科门类基本齐全,为高等教育教学提供了大量可供选择的教材。各一级学科在版教材分布见表 7-2:

表 7-2 "十三五"时期我国高等教育教材学科分布

学科门类	品种数(种)	占比	学科门类	品种数(种)	占比
哲学	198	0.42%	工学	16 440	35.22%
经济学	3 906	8.37%	农学	647	1.39%
法学	1 629	3.49%	医学	2 752	5.90%
教育学	3 475	7.45%	管理学	5 312	11.38%
文学	4 076	8.73%	艺术学	2 750	5.89%
历史学	110	0.24%	军事学	146	0.31%
理学	5 234	11.21%	合计	46 675	100.00%

从表 7-2 可以看出,工学学科教材占据了在版教材三分之一以上的份额,远超其他学科教材,加上理学类教材,理工类教材品种合计数达到在版教材总量的一半左右;紧跟其后的是理学、管理学、文学、经济学、教育学类教材,在一定程度上反映了高等教育教材的市场需求和出版社的选题偏好。

各省(区、市)、部委教材建设成果显著。如江苏省截至 2019 年,已立项建设重点教材 1 722 部,涵盖了全省 167 所本科高校、独立学院、高职学校,专业覆盖率已达 100%。尤其是反映学科行业新知识、新技术、新成果,内容创新、富有特色的公共基础课、专业基础课和专业课教材;教学急需、填补学科专业空白的教材;新兴学科、边缘学科、交叉学科的教材;体现改革创新的实验教学教材和实习实训类教材;开发大学生创新创业理论与实践教学的教材;开发双语教学(全英文授课)的教材成果明显。农业农村部在"十三五"期间,分两批次,在全国农林高校(含高职中职)立项建设规划教材 2 006 种,涵盖了全部农林高校。

(二) 教材形式多样

1. 新形态教材

随着现代信息技术的发展与应用,教材形式也越来越丰富,除传统纸质教材外,教材+二维码、教材+学习 APP、教材+平台、慕课教材、AR/VR 教材、纯数字化教材等新形态教材建设成为教材建设与改革的重点,传统纸质教材与新形态教材等多种方式并举成为新时代教材的发展方向。

早在 2014 年高等教育出版社就开始尝试在教材中试行二维码,将一些拓展资源、重点难点、参考答案等放入二维码链接,丰富了教材形式,增强了教学吸引力,在保持甚至压缩纸质体量的同时扩大了内容容量。这一形式很快为各出版社争相采用,目前"教材+二维码"形式在新形态教材中占据了较大比重,成为新形态教材的基础形式。而所有的新形态教材都离不开网络平台的支撑,有些出版社在"教材+二维码"的形式上进行了创新。比如,北京交通大学的"M+BOOK",改变了一个资源一个二维码的模式,建立一个素材平台,通过给素材标引,引导读者快速识别,全书只需一个二维码,并且通过"一册一码"的形式来防止盗版。有的出版社则利用 AR/VR 技术,比如科学出版社的 AR 教材,将虚拟现实技术与传统的教材相结合,提高教材的可读性,使学习者感受接触式"阅读"体验,提高读者的学习兴趣。有的出版社则从教材建设延伸至课程建设与服务,提供全方位、跨平台的数字化学习方案,比如中国人民大学出版社的芸窗数字教材以及人民邮电出版社的人邮学院等。人民卫生出版社以"互联网+医学教育"为引领,以数字教材为抓手,以人卫慕课为载体,在医学教育传统出版和新兴出版融合发展方面不断创新,建设人卫开放大学,实现数字教育服务。

2. 数字课程出版

随着"互联网+"教育快速发展,以慕课为代表的大规模在线开放课程促进了高校教学内容、教学方法和教学模式的深刻变革,不仅对高校的教育教学产生了重大影响,也对高校教材建设和出版工作提出了新的挑战。一些出版社,如高等教育出版社很早便开始探索从传统的纸质教材出版转向将教学内容、教学活动、教学环境(课程云平台)和教学服务有机融合的新型出版模式,数字课程出版应运而生。数字课程中设置了教学视频、演示文档、重点难点详解、动画、习题、参考文献等丰富的自主学习资源,对学习数字资源的数量、质量,甚至学习流程进行详细设计和具体要求。教师借助数字课程的支撑,可以进行翻转课堂、混合式、讨论式、PBL教学等多种教学模式的实施,推动教学改革,提升教学效果。数字课程出版突破了传统纸质教材出版的限制,将网络出版的理念与技术引入教材出版,应用音视频等富媒体形式和交互式手段,同时提供数字知识产权保护,增加了优秀教师参与课程教材建设的吸引力。

3. 从教材出版到课程出版

教材和课程虽然多年来相对独立发展,但一直相向而行,特别是互联网、云计算、大数据的广泛运用,教材出版的含义和范围更为广阔,教材出版正在向课程出版转变。而课程出版既不是前述的新形态教材,也不是单纯的数字课程,而是两者的融合,是教育出版的新模式新阶段。在课程出版中,教材是课程教学内容和教学方法的体现,而课程是整个教学过程和教材的支撑,通过课程平台可以实现教学评测、教学管理、教学分析等,功能更加全面,模式更加先进,同时数字课程的内容更易分割,用户可以根据自己的需要重组知识模块,满足学习的个性化需要。课程出版机构不仅可以整体提供课程出版服务,也可以根据用户要求按需提供包括教材、课程、数字化资源(音频、视频、动画、图片、演示文稿、微课、题库等)的单独或组合服务,课程出版越来越灵活、个性化。

(三)"马工程"重点教材出版和使用工作成果丰硕

马克思主义理论研究和建设工程重点教材建设由党中央决定实施,中宣部和教育部组织编写,共立项140种。"十一五""十二五"期间分别完成10种、54种,自2016年以来,已出版33种"马工程"重点教材,另有30种专业课教材和9种思政课教材在此期间进行了修订、推出新版。这些教材覆盖了高校思想政治理论课和马克思主义理论、哲学、政治学、法学、社会学、经济学、文学、历史学、新闻学、教育学、管理学、艺术学等哲学社会科学专业,及时把习近平新时代中国特色社会主义思想落实到教材中。

2016年12月,教育部党组下发《关于学习贯彻落实全国高校思想政治工作会议精神的通知》(教党[2016]58号),要求高校党委履行好教师队伍和教材建设中的把关责任,要对哲学社会科学教材选用进行政治把关,对引进教材选用负总责,组织好马克思主义理论研究和建设工程重点教材的统一使用工作。2018年9月,教育部又在《教育部关于加快建设高水平本科教育,全面提高人才培养能力的意见》(教高[2018]2号)中再次强调,要充分发挥教材育人功能。推进"马工程"重点教材统一编写、统一审查、统一使用,健全编写修订机制,从制度和管理等各方面细化"马工程"重点教材的建设与使用工作。许多高校也制定了相应的规章制度,要求统一选用"马工程"重点教材,依托"马工程"重点教材编写教学大纲与教案,集体备课,讲授"马工程"重点教材的知识点等。"马工程"重点教材建设与使用工作成效显著。

(四)教材质量显著提高,教材与教育教学的关系逐步深入

从总体上看,高等学校教材在国家规划教材的不断建设中有了长足进步,质量明显提高,特色更加鲜明。近年来,适应教育教学改革发展,适应教学方法、教学手段的改革成为教材改革的主流趋势,教材超越传统的教学参考书的角色,在学生学习、教师教学中发挥着越来越重要的作用。

(五)教材建设更加科学化

教材建设紧跟国家发展、学科发展的步伐,近些年出版了一系列的与在线课程、翻转课堂教学相适应的教材、创新创业类教材、对外输出的教材、与实施国家重大战略有关的教材以及反映新学科、新知识、新方法的教材,主动适应市场需要、适应知识经济时代科学技术飞速发展的需要。

中国高等教育教材建设前景展望

第八章 中国高等教育教材建设发展展望

党的十九大报告指出,到 2035 年,我国要基本实现社会主义现代化,到 21 世纪中叶,要建成富强民主文明和谐美丽的社会主义现代化强国。教育现代化是国家现代化的基础支撑和引擎,事关国家发展和民族未来,具有基础性、先导性、全局性的战略地位。当今世界正处于大发展大变革大调整时期,世界多极化、经济全球化、社会信息化、文化多样化深入发展,新一轮科技革命和产业革命正在孕育兴起,必须着眼未来,深化教育教学改革。教材是贯彻党的教育方针的主要载体,体现国家意志,是实现培养什么人、怎样培养人、为谁培养人的重要内容,服务于学生成长成才需要。必须准确把握教育事业发展面临的新形势新任务,以更高远的历史站位、更宽广的国际视野、更深邃的战略眼光对教材建设作出战略部署和总体设计。

第一节 高校人才培养改革与发展趋势

一、以德为先,突出理想信念

青年的价值取向决定未来整个社会的价值取向。青年的精神状态和综合素质决定着中华民族长久竞争力,关系到中国特色社会主义事业是否后继有人。习近平总书记在北京大学师生座谈会、全国宣传思想工作会议、全国教育大会等很多重要场合,系统阐述了"培养担当民族复兴大任的时代新人"的重大战略任务,要求"我们的教育必须把培养社会主义建设者和接班人作为根本任务,培养一代又一代拥护中国共产党领导和我国社会主义制度、立志为中国特色社会主义奋斗终身的有用人才。"

新时代新人的培养更加强调与中国特色社会主义发展的紧密联系,强调青年学生应当牢固树立"四个意识",坚定"四个自信",能够正确认识世界和中国发展大势、正确认识中国特色和国际比较、正确认识时代责任和历史使命、正确认识远大抱负和脚踏实地,教育引导学生把个人理想和国家民族的前途命运紧密联系在一起,坚定信念、增长才干,肩负起民族复兴的时代重任。

高校应始终坚持把立德树人作为根本任务,把立德树人的成效作为检验学校一切工作的根本标准,遵循思想政治工作规律、教书育人规律和学生成长规律,把立德树人融入思想道德教育、文化知识教育、社会实践教育各环节,把思想政治工作贯穿教育教学全过程,实现全员育人、全程育人、全方位育人,教育引导学生在坚定理想信念上下功夫、在厚植爱国主义情怀上下功夫、在加强品德修养上下功夫、在增长知识见识上下功夫、在培养奋斗精神上下功夫、在增强综合素质上下功夫。

二、以能为重,强化融合发展

在世界多极化、经济全球化、社会信息化、文化多样化的背景下,科技革命和产业革命、国家需求、产业载体等对高等教育的理念、形态、技术、制度都提出了新的要求,也深刻影响了人才的需求结构。高等教育发展更加突出以学生为本,聚焦学生的能力提升与融合成长,更加注重学生的全面发展。

第一,全球化深入发展。在与世界深度互动、向全球持续开放、形成国际竞争新优势的过程中,国家或地区之间相互作用、横向联系、相互依赖都大大增强,迫切需要培养具有更强的适应变化能力、解决复杂问题能力、交流与合作能力的高素质人才,共同应对人类共同面临的政治、经济、安全、气候等方面诸多挑战,积极推动构建人类命运共同体。

第二,新一轮科技革命和产业革命加速演进,重大科技创新正在引领社会生产新变革,重构全球创新版图和经济结构。以人工智能、量子信息、移动通信、物联网、区块链为代表的新一代信息技术加速突破应用,深刻影响并改变着人类的生产、生存方式。一方面,世界主要国家围绕基础前沿和关键核心技术的竞争日趋激烈,迫切需要加强基础研究人才的源头供给;另一方面,科学技术的发展和社会的变革越来越走向综合,在更大程度上依赖多学科、多领域、大跨度、深层次的交叉渗透和跨界融合,复杂问题越来越凸显,迫切需要增加跨学科复合型人才的有效供给。

第三,新时代中国发展进入新阶段。全面深化改革的攻坚阶段面临着极其复杂的国际国内环境,经历着以政治、经济体制改革和文化、价值重构为基本内容的社会转型,迫切需要高等教育更加坚实的人才支撑,推动教育与经济社会深度融合、协同发展,推进产教融合、科教融合,促进人才培养链与产业链、创新链有效衔接,培养大批能够以知促行、以行促知、学以致用,具备适应未来发展的职业素养和创新创业能力的高素质创新创业人才。

三、彰显个性,促进多元成长

高等教育普及化时代即将到来,大学教育创新步伐不断加快,教与学的方式发生重要变化,"传授模式"向"学习模式"转型成为趋势,更加强调给每个人提供适合其自身发展需要的、个性化的、高质量的学习体验,从而为每个人的多元成长和终身发展奠定基础。

联合国教科文组织发布的《教育 2030 行动框架》强调"全纳、公平、有质量和终身学习"的教育发展愿景,适应个体需求将成为衡量教育质量的标准。人才培养更加个性化、多样化,重视个体差异、满足个性发展需求,强调自定节奏、定制化的学习。教师与学生的角色发生变化,更加凸显学生为本,学生是独立自主的学习者;同时强调教师为要,教师是学生个性化学习方案的规划者和引导者。提供开放优质的学习资源和灵活便捷的学习方式,培养更强的自主学习能力,为学生打造多元化的学习体验和丰富多样的学习机会,既包括不同学科之间的整合,也包括涵盖课堂、宿舍、社会服务、海外学习等不同方式的整合。

信息技术在教育中应用更加广泛,综合使用多种教学设备、教学方法、学习策略与评价方法、课程和学习资源的混合式学习将成为主要的学习方式。欧盟高等教育现代化高层小组发布的《高等教育教与学的新范式》指出:未来高等教育将是以学生学习为中心的,必须关注学生多样化的需求,确立清晰的目标和组织架构去驱动和支持新范式,应将信息技术和教学法的整合视为向"学习范式"转型的重要元素。基于大数据分析的决策支持与教育信息服务将成为教学管理的重要内容,学习空间的重构成为教与学方式转变的重要支撑。联合国教科文组织发布的《北京共识——人工智能与教育》中强调:要采用人工智能平台和基于数据的学习分析等关键技术构建可支持人人皆学、处处能学、时时可学的综合型终身学习体系。

第二节 高等教育教材建设的发展趋势

一、坚持育人为本,更加突出方向性

教材是国家事权,体现党和国家意志,反映人民重大关切,传承中华优秀文化和人类文明先进成果,是解决培养什么人、怎样培养人、为谁培养人这一根本问题的重要载体,直接关系党的教育方针落实和教育目标实现。教材建设应坚持正确政治方向,坚持马克思主义指导地位,把马克思主义基本原理同中国具体实际相结合,体现中国和中华民族风格,体现党和国家对教育的基本要求,体现国家和民族基本价值观,体现人类文化知识积累和创新成果,强化阵地意识,牢牢把握党对教材建设的领导权。教材建设应全面贯彻党的教育方针,坚持社会主义办学方向,全

面推动习近平新时代中国特色社会主义思想进课堂进教材,充分体现社会主义核心价值观,加强爱国主义、集体主义、社会主义教育,引导学生坚定道路自信、理论自信、制度自信、文化自信。教材建设应大力弘扬中华优秀传统文化,扎根中国大地,站稳中国立场,展现中国特色、中国气派、中国风格,深入挖掘和阐发中华优秀传统文化、革命传统的时代价值。

紧紧围绕立德树人根本任务,将思政教育融入教材建设全过程,最大限度地发挥教材的育人功能,这是教材建设的根本逻辑起点和总的方向。一方面,要进一步加强马克思主义理论研究和建设工程重点教材建设,拓展、细化教材品种,加强马克思主义理论学科专业课程教材建设,推进教材编审用。同时,要积极推动教材思政,结合学科特点,将"活的现实、活的理论"融入各类教材建设中,因事而化、因时而进、因势而新,创造性地激活和融入思政元素,推动知识传授与价值引领的同频共振,帮助学生形成正确的世界观、人生观、价值观,提高道德修养和精神境界,养成科学思维习惯,促进身心和人格健康发展。

二、学科建设与教材建设融合,更加突出科学性

学科的发展直接影响教材的内容与结构,要推动学科体系和教材体系建设的有机结合,要立足国际学术前沿,反映人类文明的先进成果,及时体现国内外科学技术的最新进展,提高质量,发展内涵,保证教材知识体系、知识结构的系统性和先进性,提升教材的科学性。

在哲学社会科学领域,习近平总书记提出要"提炼标识性概念,打造易于为国际社会所理解和接受的新概念、新范畴、新表述……每个学科都要构建成体系的学科理论和概念。"哲学社会科学的基本理论原理、学术范畴和术语及研究方法,是学科体系和教材体系建设的基本构件,是教材体系建设的基础工程,应从治国理政新理念新思想新战略的高度,从改革开放和社会主义现代化建设实践中挖掘和提炼。同时,要以教材体系建设的新成果来体现、支撑和彰显中国特色哲学社会科学的新发展,形成立足国际学术前沿、门类齐全的哲学社会科学教材体系,充分反映马克思主义中国化最新成果、充分反映中国特色社会主义丰富实践、充分反映本学科专业领域最新进展,使教材体系在提升国家教育和文化力量、体现国家综合实力上作出更大的贡献。

在自然科学与工程技术等领域,基础研究是整个科学体系的源头,工程科技是产业革命、经济发展、社会进步的有力杠杆,要瞄准世界科技前沿,围绕国家重大战略需求,提升原始创新能力,攻坚关键核心技术。紧跟学科发展新动态,教材建设应在继承我国教材编写优良传统的基础上,有重点地打造一批基础学科经典教材;不断吸收新成果,对教材内容进行修订和更新,推动高校原创学术成果转化为教

材,借鉴国外教材研发的先进经验,有组织地引进或翻译出版一批境外优质教材;对于人工智能、大数据、区块链、网络空间安全、环境科学、海洋科学、能源科学等领域,重点解决从无到有的问题,集中力量编写一批新教材,鼓励新兴学科配套教材开发。

三、教学体系与教材体系融合,更加突出适切性

伴随着我国经济社会的转型升级,人才需求结构也在发生深刻变化。在国家战略引导下,高等学校不断深化人才培养模式改革,对教材建设也提出了更高的要求。教材建设应当遵循教育教学规律、学生身心发展规律和人才成长规律。学生的学习和发展是教材建设的依据和核心,要主动适应新时期大学生学习方式的变化,注重调动学生主动性、激发创造性,服务学生能力提升和全面发展。

教材建设应与新时代人才培养目标匹配。在新的历史方位上,高校立足于国家和区域经济社会发展需求,培养能够适应高质量发展的各类人才。要全面把握不同类型学生学业发展和能力提升的诉求,适应不同层次、不同类型学校人才培养和教学需要,注重知识、能力、情感、态度与价值观的有机结合,要注重培养学生的创新精神和实践能力。职业院校教材建设要更加注重实用性,适应新时代技术技能人才培养的新要求,服务经济社会发展、产业转型升级、技术技能积累和文化传承创新。

教材建设应与教育教学改革同步。各类学校积极创新教育理念和人才培养模式,构建更高水平人才培养体系。人才培养模式改革对通识课程的教材、交叉学科教材、实习实践教材、创新创业教材、国际化教材等提出了更高要求,要进一步丰富教材类型,满足教学需要,体现创新性和学科特色,注重激发学生学习兴趣及创新潜能。职业教育教材强调要将教学标准与行业标准、职业标准和岗位规范的对接,紧跟行业企业发展步伐;要注重将区域内产业结构需求及时反映到专业课教材中去,在产教融合、校企合作过程中及时吸收合作企业的新工艺、新技术,提高教材适应岗位需求的水平;要注重与现代产业体系的对接,加强行业指导和校企合作。

教材建设应与信息技术发展适应。随着互联网和数字技术的发展,知识的生产主体和呈现方式更加多元,传播更加便捷,载体更加丰富。要充分利用现代信息技术,推动单纯纸介质教材向多媒质教材转型,整合、开发、建设优质教育资源,打造新形态教材,实现教材形式的创新、与教学过程的融合,教材成为教师与学生互动的载体,更加注重满足学生个体学习的需要,更多地关注和强调学生学习的过程与方法,为学生主动参与、独立思考、自主探究、相互合作提供支撑。

第三节 高等教育教材建设的政策与保障

一、进一步完善教材管理体制

全面加强党对教材工作的领导，明确各级党委对教材工作的职责，牢牢把握党对教材建设的领导权。完善统一领导、分级负责的教材管理体制。在党中央集中统一领导下，国家教材委员会指导和统筹全国教材工作，按职责分工，细化落实教材委各成员单位、省级教材管理部门、学校的管理职责。建立系统完备、科学规范的教材建设规章制度体系，明确教材建设管理工作主要人员、关键环节、重点内容、薄弱领域等要求。建立和完善教材编写机制、凡用必审机制、监测反馈机制、工作协调机制等重要机制，健全衔接紧密、高效顺畅的教材建设运行系统。系统推进教材建设规划，以国家、省（区、市）、高等学校三级教材建设为基础，调动各方面参与教材建设的积极性，实施精品战略，打造品牌教材。完善教材建设的激励机制，加大教材建设经费的投入，建立各级教材建设基金，加大教材建设经费投入的力度。

二、进一步夯实教材研究工作

着力提升新时代高校教材建设的专业化水平，以国家教材建设重点研究基地为引领，推动高校、出版社共同打造专业化课程教材研究平台。开展教材重大理论和实际问题研究，加强关系教材建设全局和教材建设规律的基础研究，学科体系和教材体系建设研究，教材建设体制研究和教材内容、呈现方式、学生认知特征、中外教材比较研究等。广泛开展调研，深入听取各方意见，了解一线教师与学生对教材建设的具体要求，教材使用过程中的经验与问题，探索教材育人的有效途径。

各教学指导委员会应加强对教学内容和课程体系改革的研究，向有关部门提出教材建设工作的意见和建议；根据学科专业教学基本要求，对高等学校的教材建设分类指导，对出版社的出版选题提出建议。

各省级教材研究机构和组织要充分发挥参谋、助手和纽带作用，协助和配合各级教育行政部门和高等学校做好教材建设工作。积极开展国内外教材比较研究、教材质量评价体系研究，加强教材建设体系、机制等相关理论研究，加强教材信息交流和教材建设经验交流。重视和发挥行业协会在教材建设中的作用。鼓励行业协会利用其具有的行业资源和人才优势，开发贴近经济社会实际的教材和高质量的实践教材。

三、进一步加强教材编写队伍建设

把教材编写作为人才培养、课程改革、学科建设的关键内容,在考核评价与职称晋升等制度中突出教材编写的重要地位。鼓励政治立场坚定、学术专业造诣精深、实践经验丰富的教师投入教材编写工作,完善优秀教材编写在工作量计算、科研成果统计、职务评聘等方面的认定政策,支持吸引优秀人才编写教材,形成高校研究力量与一线实践团队相结合、国内高水平团队与国外知名专家相结合的教材编写队伍,形成教师关心、支持和主动参与教材编写的良好氛围。

四、进一步加强教材选用管理

坚持将教材建设的过程管理与目标管理结合起来,实行教材立项、阶段检查、目标审核制,加强教材质量监督。建立和完善教材选用机制、质量监控和评价机制,建立教材使用效果的跟踪调查和信息反馈制度,定期进行教材使用情况的调查、统计和评估。探索建立负面清单,对政治立场和价值导向等方面存在问题的教材、作者及出版社实行负面清单管理模式。正确处理选用优秀教材与自编教材的关系,确保优质教学资源进课堂。

加强高等学校教材信息化平台建设,可在原有"普通高等教育教材网"的基础上进行升级改造、补充扩展,丰富相关信息;加强舆情监督,通过建设高校"教材出版信息数据库""教材作者信息数据库""教材用户信息数据库""教材编审专家数据库""教材舆情信息数据库"等,建立教材建设、使用与管理的国家级大数据平台,使之成为全国普通高等教育教材出版和使用信息咨询服务平台,成为教材管理部门的管理决策依据,以及作者、出版机构、使用者和研究者的信息共享平台。

五、进一步创新出版服务模式

强化信息技术的应用,推动教材自身形态和教材研发、生产、服务、营销等向数字化、网络化、智能化的发展,开展教材内容体系的深度挖掘和系统设计,以丰富的媒介形式和载体形态提供知识服务,构建以学习者为中心、以交互式为主要特点的教材新形态,推动教材编写、出版、传播、使用等整体业态升级,不断满足教育教学现代化的新需求。同时,强化出版社的主体责任,建立健全教材内容审核机制,以完备的审稿制度保障教材质量,坚持以落实立德树人根本任务、满足社会发展与个人发展需求、协同推动内容创新与形式创新等标准遴选、审校出版教材,把好质量关。

新中国成立 70 年来,我国高等教育教材从无到有,从贫瘠到繁盛,从学苏联到走自己的路,经历了艰苦卓绝、螺旋式发展的过程。教材建设历来是社会发展和科技进步的重要体现,在科学技术飞速发展、高等教育剧烈变革的今天,教材建设必须不断革新以顺应时代的要求。我们一定要深入理解和准确把握教材作为国家事权的重要论断,推动我国高等教育教材事业蓬勃发展。

附　录

（文献资料选编）

高等学校教材编写暂行办法

1956年1月18日

一、中华人民共和国高等教育部、教育部（以下简称高等教育部、教育部）为了组织学校教师在学习苏联高等学校教材基础上，并结合中国实际情况，编写切合我国高等学校用的教材，以保证教学需要、提高教学质量，特制订本暂行办法。

二、一般高等学校教材由高等教育部负责组织编写，高等师范学校教材，由教育部负责组织编写，高等医药学校和高等艺术学校的教材，分别由卫生部和文化部组织编写，必要时约请其他有关业务部门协助。

三、高等学校教材分为教科书和教学参考书两类，一般按教科书、教学参考书分别组织编写。凡适合教学要求，内容适合于作为讲课课本用的，可批准为教科书；不适合作为教科书，但内容有教学参考价值的，可批准为教学参考书。目前编写教科书的条件不足的课程，可适当地组织编写一部分试用教材。

一般高等学校的教科书（包括试用教材）和教学参考书应由高等教育部批准。高等师范学校的教科书（包括试用教材）和教学参考书，应由教育部批准，但目前高等医药学校和高等艺术学校的教科书（包括试用教材）和教学参考书，暂分别由卫生部和文化部审查批准，其他各业务部门所组织编写的教学参考书暂分别由各部门负责审查批准，均通知高等教育部。

初出版的教科书一般先准予试用，试用结果良好时，再批准作为正式教科书。

四、经高等教育部、教育部、卫生部、文化部或其他业务部门规定编写教材的教师，可将编写教材所需的时间列入自己的工作日内。必要时经学校同意，可以减免教学工作量。

五、高等教育部、教育部、卫生部、文化部的编写教材计划确定后，将所组织编写的教材名称、编者姓名等通知有关出版社，出版社即与约定的编者签订约稿合同，并与编者密切联系，协助编者解决编写过程中所发生的问题。决定出版时，另签订出版合同。凡约定的编者应提出内容提要、估计字数、交稿日期等，作出计划，报直接领导的部门并抄致高等教育部。

六、编者按计划完稿时，应将稿件按本办法的规定先送有关部审查，有关部委托评阅人或组织审查委员会审查，并征求出版社的意见。按审查结果，分别批准作为教科书、试用教材或教学参考书，交出版社加工出版；如审查后认为不适合于作教材时，出版社可以分别情形，或作一般书籍出版，或退回编者修改。

七、为使稿件易于整理付排，其文字、格式均应按照出版社的要求办理。名词术语应尽可能采用中国科学院编译局编订的统一名词，以求得一致。

八、高等学校教科书（包括试用教材）及教学参考书的稿费与审查费除均由出版社按照稿费标准付给外，高等教育部对教材质量特别优良的编者应给予奖励。奖励办法另订。

凡集体编写的教材其稿费分配办法由编者协商决定。编者与出版社签订约稿合同时，由出版社支给一部分稿费。

九、本办法自公布之日起试行，如有未尽之处，当随时修正。

教育部关于解决高等学校理科各专业
全部课程及工科各类专业基础课程和共同的
基础技术课程的教材问题的计划

1961 年 3 月 22 日

自 1958 年教育革命以来，各高等学校都编写了大量的教材，使大部分课程都有了自编的教材。这些教材在政治思想性，联系中国实际和反映最新科学成就方面比旧有教材有显著的进步。三年来的教材工作，为进一步解决全国的教材问题打下了良好的基础，成绩是很大的。但是，另一方面也还必须指出教材工作中还存在不少问题。首先是有无的问题尚未彻底解决，现有教材品种不全，加之印刷力量和纸张供应都有不少困难，因而真正能在上课以前发到学生手中的还较少。其次，已经编出的教材质量参差不齐，有待进一步充实提高。

教材建设是提高教学质量的关键之一。根据中央的指示，当前必须抓紧教材工作，把合适的教材作为通用教材定下来；对没有通用教材的课程本着"未立不破"的精神，采取"选"（就原有教材或新编讲义中选出较好的推荐出版）、"编"（就原有教材或新编讲义中的现成教材，加以编辑出版）和"借"（借用苏联和其他国家的自然科学方面可用的教材）三种方法，予以解决，基本上稳定下来，再逐步提高质量。具体要求是：寒假后开学时尽可能争取每门课程都有教科书或讲义，没有的要有详细大纲，并在上课前发给学生；暑假后开学时保证做到每门课程都有教科书或印刷清楚的讲义，在上课前发给学生，个别课程一时确有困难时要列表报部。

为了研究如何最好地组织实现上述要求，我部已于三月初召开了各省、市、自治区高教（教育）厅（局）长会议，传达了中央的指示，研究了解决教材问题的方针原则，以及印刷、出版和发行等问题（这些内容将由他们负责传达），同时还讨论并确定了《关于解决高等学校理科各专业全部课程及工科各类专业基础课程和共同的基础技术课程的教材问题的计划》。现将这一计划发给你校，请即按计划中所规定的你校所应承担的任务，进行工作，迅速准备资料（包括自编讲义和收集到的意见）和确定参加选编工作的人选（由于任务重，时间紧迫，各校遴选的人必须是政治上可靠，业务水平较高和具有一定的编写教材的经验的），并立即将人选的政治情况、业务能力等，分别电告我部和主持各课程、各专业选编工作的学校；资料可径寄主持选编工作的学校。

附件

关于解决高等学校理科各专业全部课程及工科各类专业基础课程和共同的基础课程的教材问题的计划

寒假开学后,高等学校理科和工科的教材问题,主要依靠各省、市、区教育行政部门和学校动手就地尽可能解决。人民教育出版社出版的178种有纸型的理科基础课程和工科各专业的基础课程和共同的基础技术课程的教材,准备在北京各校选订的基础上加上全国需要量的估计数尽可能地加印一批,以便在最近期间提供全国高等学校使用。暑假开学后的教材问题,则拟按照下列计划分批分期解决。

一、解决的办法

(一)理科的数学、物理、化学、生物和地理等几类基本专业本科用的76门基础课程教材,工科本科各专业基础课程和共同的基础技术课程的教材,由教育部委托有关省市和学校主持召集有关教师选编(包括选、编、借,下同)解决。

(二)理科的天文、气象、地质和海洋等类设置较少的专业的全部课程的教材,由教育部分别按专业指定一所学校负责选编解决。

(三)理科各专业的专门化课程的教材,一般由各校分别编写印刷,各省、市、区教育行政部门可以组织本地区校际间的协作,其中质量较好的也可以作为交流讲义推荐出版。

(四)工科院校所设理科专业的教材,一般可采用理科相近专业的教材,少数课程必须另编的,采取第(三)种办法解决。综合大学所设工科专业的教材,一般可采用工科相近专业的教材,少数课程必须另编的,采取第(三)种办法解决。

(五)工科二、三年制专修科的基础课程和各类专业共同的基础技术课程的教材,由教育部委托有关省市教育行政部门负责组织学校选编解决。

(六)师范专科学校的理科课程,学时和本科相近的课程,可以借用本科的教材,学时相差较多或由于师资条件不能借用本科的教材,可由省、市教育行政部门组织有关学校选编和印刷,其中质量较好的可以作为交流讲义推荐出版。

二、选编教材的原则

(一)选编教材应以多数学校所通行的、比较稳定的课程为依据,一般从以下两方面的情况来确定:

1. 原来教育部所颁发的教学计划(工科本科以1959年指导性教育计划草稿为主要依据)中所开设的,而现在仍为大部分学校继续开设的课程。

2. 1958年教育革命后新增加的,而现在仍为大多数学校所普遍开设的课程。

(二)首先解决教材的有无问题,本着"未立不破"的精神,采取"选(就原有教材或新编讲义中选出较好的出版)、编(就原有教材或新编讲义中的现成材料,加以编辑出版)、借(借用苏联和其他国家的自然科学方面可用的教材)"的办法,尽快改变教材缺乏的情况,稳定下来,再逐步提高质量。一般应以从现有教材中选择推荐为主。经过选择后,仍无适用的教材时,可以采用"编"和"借"的办法,但必须保证在4月中旬脱稿,并在质量上比现有教材有所提高(学校自用的教材,只要能保证下学年及时使用,脱稿时间可以自行决定)。

(三) 为了巩固教育革命的成果,选或编的教材应注意吸收几年来学校在课程内容上进行精简、加深和更新的经验。个别学校对课程内容作了较大的变动,但需要经过进一步的试验才能作出判断的,此次暂不选用这方面的教材。

(四) 选编的基础课程和基础技术课程的教材,要符合使学生获得广博和巩固的基础理论知识的要求。工科的基础课程和理科各专业的邻近学科的基础课程(如化学专业的物理课程)的教材的内容,应当在保持科学系统性和基本内容的前提下,密切联系实际和适当地结合专业。

(五) 选编教材的基本要求:

1. 政治上没有错误;
2. 具有一定的科学水平;
3. 内容和分量适当,文字通顺易懂,符合教学上的要求;
4. 不泄露国家机密。

(六) 选编的教材的适用范围:本科以五年制为主,四、五年制通用;专科以三年制为主,二、三年制通用;专业不同,而学时数相近、内容要求上基本相同的通用。理科的教材还应当尽量做到综合大学与师范院校通用,同一基础学科的各专业的基础课程通用。工科的教材还应当做到基础部分基本相同,结合专业部分差别较大的,基础部分通用。

(七) 此次选编的教材,同一类型的原则上推选一种,如有必要,也可以推荐二至三种,但必须排定次序,以便根据印刷力量选定出版。各校在使用时,可以结合专业的特点,作必要的删节或补充;也可以自编讲义,但必须保证做到有教材,在课前发给学生,并且在质量上有所提高。

(八) 选编的教材,可视质量高低,分别以试用教科书、交流讲义或教学用书等名义出版。凡选编中认为质量较好较成熟的,可以作为试用教科书出版,不很成熟的可以作为交流讲义或一般教学用书出版。教材的发行可分为公开发行、内部发行(高等学校范围内)和保密教材三类,以解决教材中的保密问题。

三、选编工作的组织与领导

(一) 在我部统一筹划和领导下,主要依靠省市教育行政部门和学校主持进行。

（二）受我部委托领导选编工作的省市教育行政部门的任务是：
1. 直接领导受我部委托的主要负责学校筹划和召集有关教师进行选编工作；
2. 负责解决和处理选编工作过程中的原则问题。
（三）接受委托的主要负责学校的任务是：
1. 在省市委和教育行政部门的直接领导下具体筹划和主持选编工作；
2. 做好会前的业务准备工作，主要是研究现有教材并提出初步意见（包括课程的任务和要求，教材的类型划分，教材内容的基本要点和取舍的原则等），作为讨论的基础；
3. 负责组织有关教师写出推荐和选编的意见，以便作为学校使用时的参考；
4. 负责组织有关教师对选编出的教材进行必要的编辑加工，做好付印前的定稿工作。
（四）参加选编每门课程教材的人员不宜过多（最多不要超过十人），选编工作应当以政治上可靠、业务水平较高并有较丰富的编写教材的经验的教师为主，同时也要有少数学校的教务处负责干部和系主任参加。
（五）各省市教育行政部门协助参加会议的学校，收集当地学校有关课程的教材使用和编写的情况和意见，并组织推动所属学校积极推荐质量较好的自编教材，以便使选编工作有较广泛的群众基础。
（六）每一门课程的选编时间一般控制在七天左右；长短视任务的大小而定。

四、具体的计划

1. 选编工科本专科基础课程及各类专业共同的基础技术课程教材的计划；
2. 选编理科数学、物理、化学、生物、地理五专业全部课程教材的计划；
3. 选编理科天文、气象、地质、海洋等专业的教材的计划。（附后，略）

中共中央批转中央宣传部《关于高等学校文科教学方针和教材编选工作的报告》

1961年6月17日

现将中央宣传部《关于高等学校文科教学方针和教材编选工作的报告》转发给你们参考。

教材建设工作是促使高等学校教学秩序稳定和教学质量提高的重要环节之一。各地党委必须重视这项工作。担负编写任务的地区，除领导督促外，对人力调配和物力支援方面的问题，亦应予以大力解决。

关于高等学校文科教学方针和教材编选工作的报告

中央：

根据中央关于解决高等学校教材问题的指示，我们会同教育部和文化部从四月十一日到二十五日在北京召开了高等学校文科和艺术院校教材编选计划会议。参加会议的有老教师、老专家和青年教师，有校院长和系总支书记，还有中央一级和省市宣传、文教部门的同志，共计二百九十八人。其中党外人士约占三分之一。会议开始由周扬同志作了报告。会议过程中，定一、康生同志还同部分党外专家举行了座谈。会议结束时，定一同志讲了话。

会议研究和总结了几年来文科教学工作的状况和经验，认为教育革命的方向是正确的，成绩是巨大的，但在工作中也存在不少的问题和缺点。会议就有关文科教学的若干带根本方针性的问题，如培养目标，教学、劳动和科学研究三者的正确结合，各种课程的比重和相互联系以及如何在文科教学中贯彻执行百花齐放、百家争鸣的政策等重大问题进行了热烈的讨论。在经过党内外充分民主讨论，逐步达到统一认识的基础上，修订了文科七种专业（语文、历史、哲学、政治、政治经济学、教育、外语）和艺术院校七类专业（戏剧、音乐、戏曲、电影、美术、工艺美术、舞蹈）的教学方案的草案，并且相应地订出了二百二十四门课程的教材编选计划，包括教材二百九十七种（其中文科一百二十六种，艺术一百七十一种）。

这次会议是成功的，普遍反映中央抓教材很及时，开会方法民主，虚实结合，充分发扬了自由讨论、团结合作的精神，调动了大家的积极性。会议前一段着重务虚，许多党外老教师说出了在民主党派"神仙会"上也没有讲过的心里话。后一段，转入教学方案和教材编选计划的具体讨论,大家在讨论时,十分认真,逐句逐字推敲,敢于发表和坚持不同意见,经过反复协商以后,在主要问题上,又都取得了一致认识。对接受编书任务,大家都表现很积极。许多老教师反映,他们参加这次会议,确实感到心情舒畅。

会议着重讨论了以下的几个问题:

一、关于培养目标的问题,主要也就是红与专的关系问题。经过教育革命、红专辩论,进一步明确了培养"有社会主义觉悟的有文化的劳动者"这一教育的总目标,根本扭转了以往轻视政治、只专不红的倾向。但又发生了忽视知识的现象,不恰当地强调培养所谓普通劳动者。有些同志不理解应当教育学生以普通劳动者的姿态,即以真正平等的态度对待劳动人民、和劳动人民打成一片,同时在专业知识上又必须不同于普通劳动者,才能符合国家的需要。而且对学生提的政治要求往往和对党员的要求一样高。经过讨论,进一步明确了高等学校文科的基本任务是培养理论、文化等方面的红色的专门人材。在政治方面,首先要求学生具有爱国主义和国际主义精神,愿为社会主义、共产主义事业奋斗,这是最基本的政治立场。同时要求学生通过马克思列宁主义、毛泽东著作的学习和一定的生产劳动、实际工作的锻炼,努力树立工人阶级的阶级观点、劳动观点、群众观点、辩证唯物主义观点。在学校中,必须对学生积极进行共产主义世界观的教育,但不能要求每个毕业学生都具有完整的马克思主义的世界观,只能引导学生向这个方向努力。在专业方面,要求学生具有基本理论知识、基本历史知识、基本社会知识并受过基本技能的训练(特别是写作能力的训练);要明确认识,只专不红,固然不对,只红不专,也是无用的。

为了正确处理红专关系,会议还进一步研究了所谓"白专道路"这个问题。现在"白专道路"的概念使用过滥,喜欢读书而不大喜欢参加某些集体活动的学生,往往被批评为走"白专道路",以致在学生中造成不敢读书、不敢钻研学问的不正常风气。因此,会议除了对于红的标准作了规定之外,并明确提出,红和白都是政治概念,只有反对社会主义、坚持个人主义才能算白。我们认为,如果一个人在政治上是反对党和社会主义的,那么就应当批判他政治反动,而没有必要说他是"白专",没有必要把"白"和"专"联系在一起。"白专道路"的说法,容易使人产生误解,以为"白"和"专"有什么必然的联系,或者以为非"红"即"白",而把那些在业务上比较努力,但政治上进步较慢或政治上还在转变过程当中、处于中间状态的人,也指为走"白专道路"。因此我们建议,今后不要再用"白专道路"这个名词来批评学生,这样做比较有利。

二、关于贯彻执行教学、劳动、科学研究三结合而以教学为主的方针问题。教育革命以后,强调了劳动锻炼、政治锻炼,学生不仅要有书本知识,而且要有实际知识,比较彻底地克服了旧教育中理论和实际脱离的恶习。这是一个很大的变化。但是,又发生了劳动过多、政治活动过多、集体编书活动过多、而上课过少的现象,以致基本理论知识、基本历史知识和基本技能的训练有所削弱。有些学校甚至不敢提以教学为主。有的学校,四年中上课时间只有一年左右。在学校里,停课是经常现象;或者虽未停课,但因各项活动过多,教学时间没有保证。针对这种情况,会议认为,必须坚决执行中央早已提出的以教学为主的方针,并对各项时间的分配作了规定:在全部时间中,除寒暑假外,教学时间应不少于百分之七十,生产劳动时间百分之二十左右(艺术院校学生还可以少一些),学生参加科学研究时间百分之十左右。

会议讨论了政治理论课程在文科教学中的重要性,认为不在于多,而在于质量。规定政治理论课程的学时占总学时的百分之二十左右,艺术院校占百分之十左右。政治理论课程分为哲学、政治经济学、政治学、中共党史四门,艺术院校可只上马克思列宁主义概论(讲授马克思主义的三个组成部分)和中共党史两门。此外,还有思想政治教育,主要是向学生做国内外形势、党的政策和共产主义道德品质教育的报告。在政治理论课的教学过程中,要注意结合学生的思想,引导他们用马克思列宁主义的立场、观点、方法去观察问题、研究学问,不断地同修正主义和资产阶级思想斗争,同时要反对教条主义的倾向,防止片面性和绝对化。

会议还讨论了文科教学里如何正确处理理论和史(观点和史料)、古和今、中和外等关系问题。有一个时期,在文科的教学里有过为史料而史料、忽视近代和当前现实问题、不重视研究本国等错误倾向。后来,又出现了另一方面的倾向。在历史教学里,"以论带史"的口号,流行很广,讲历史,不重视史实,变成了"以论代史"。有的历史系三年级的学生说不出中国历史上朝代的更迭。我们认为,研究历史,应该从史料出发;马克思主义的一般原则,只能是研究的指南,而不能是研究的出发点。应该鼓励人们应用马克思主义的基本原理去深入研究史料,探求具体的结论和具体的规律。在各种课程里,应当努力做到观点和材料的统一。历史课程必须力求应用正确的观点来叙述比较充实的史料,既要反对罗列现象和烦琐考证,又要有必要的具体材料和考证,反对空发议论,拿几个现成公式去到处套用,乱贴标签。在古和今的关系上,有的地方,反对厚古薄今,变成了忽视对古代的研究。在某些历史,例如中国文学史教学中,古今时间的比例,过去是六比一,一九五八年以后,变成了一比一,即"五四"以前"五四"以后各占一半。有的中文系五年级学生,不知道唐宋八大家的名字。有的哲学系讲孔、老、墨,只有四小时的时间。为了改变这种情况,这次会议对于有关课程的古今比例,重新作了调整和安排,上古、中古、近代史和现代史的比例大致定为三比一。在中和外的关系上,会议认为,今后要继续强调研究中国,克服过去不重视研究本国的倾向,同时,又必须加强对外国的研究,包括对敌人和对朋友的研究。要注意吸收外国进步文化,学习国际的先进经验。在这次会议制定的有关专业教学方案中,设置了研究世界历史、世界政治、世界经济、世界文学等问题的课程;并规定了各专业至少必修一种外文。

此外,会议还讨论了在艺术教学里如何正确对待继承民族艺术遗产和学习外国艺术成果的问题。会议认为,在艺术教学中必须加强对民族民间艺术的学习,使前人所创造的、为群众所喜闻乐见的一切艺术形式,都能够得到继承和发展,比如对我国有特别造就的山水、花鸟画,近年来有些忽视,这次会议提出要重视培养这方面的后继人才。在会议修订的各专业教学方案中,都增设了有关民族民间艺术的课程。同时,艺术院校也要认真学习外国的一切优秀艺术,注意培养这方面的专门人才。对学习外来艺术专业的学生(如油画、芭蕾舞),首先要求他们系统地掌握所学专业的基本知识和基本技能,通过较长时期的艺术实践,才能逐步地融会贯通,有所创造,自然而然地做到"民族化"。

对生产劳动问题,会议进一步明确了学生参加生产劳动的目的在于养成劳动观点、劳动习惯和获得一定的生产知识,帮助改造世界观,而不应该单纯地把学生当劳动力使用。

为了培养学生的独立研究能力,会议认为组织高年级学生适当参加科学研究工作是必要的,但是应该服从于教学的要求。科学研究应该以个人钻研为基础,发扬集体协作的精神。在科学研究中,既要发挥教师的指导作用,又要发挥学生的积极性和创造性。

三、关于百花齐放、百家争鸣问题。会上不少老教师认为近几年来学生对教师太不尊重,言下颇有愤慨。他们指出在学生和青年教师对老教师的学术批判中有不少简单粗暴的现象,百花齐放、百家争鸣的政策没有很好贯彻执行。有的学校批判的面过宽,教师受到批判的在百分之六十以上。在学术批判中,学术问题和政治问题、人民内部矛盾和敌我矛盾常常混淆不清,不允许讲相反的意见。对受批判者往往采取全盘否定的态度。教师讲课,要先经教研室集体讨论通过,这种做法,实际上形成了在学术问题上也采取少数服从多数的原则。老教师的作用没有得到充分发挥和应有的重视。

我们认为在高等学校文科教学和科学研究中,必须坚决贯彻执行百花齐放、百家争鸣的方针。要贯彻执行这个方针,应该坚持三条原则。第一,学术领域要由党领导,而不是由某一个学派来领导。第二,各个学派,在党的领导下,互相合作,互相尊重,互相探讨,互相学习,而不是互相攻击,互相排斥。第三,要尊重劳动人民,向劳动人民学习,而不是看不起劳动人民。只有这样做才有利于学术的发展,有利于马克思列宁主义的发展,有利于团结人民内部同敌人进行斗争。在具体措施上,应当:(1)允许教师按照自己的学术主张和见解讲课;集体备课,主要是集思广益,而不能作为集体通过、少数服从多数的手段;(2)举办专门问题的学术讲座,邀请不同学派不同见解的学者讲学,并在有条件的学校开设讲授唯心主义思想学说的课程,借以扩大学生眼界,锻炼他们的辨别力;(3)鼓励广大师生参加校内外各种学术问题的讨论,提倡旗帜鲜明而又实事求是的态度,保证批评和反批评的自由,培养革命性和科学性相结合的学风。

四、关于教材问题。教材是保证教学质量、提高教学效果的关键,也是这次会议所需要解决的中心问题。建设文科教材是一个长期的任务,而目前又迫切需要在尽可能快的时间内解决主要的教材,因此对教材质量的要求不能太高。只要材料比较充实,观点大体妥当,尽可能做到观点和材料统一;叙述简明、扼要,比较适合学生的程度和教学的要求;就可以了。尽量反映对于现状和历史比较成熟、比较肯定的经验总结和研究成果,不成熟、不肯定的东西不写进教材,以保持教材的相对稳定性和科学性。首先解决文科各主要专业的主要课程的论和史的教材以及有关的参考资料。在计划编选的一百二十六种文科教材中,属于论的三十五种,属于史的三十四种,重要资料选本五十七种。资料中包括一小部分反面材料。

教材的编选,采取分题包干的办法。一种教材主要委托一个地区或单位负责,必要时也可以吸收少数外边的人参加。多数教材由新老专家几人至十几人协作编选,也有个人单独编选的。为了组织、推动教材的编选工作,按文科七种专业和艺术校院七类专业,分别成立了十四个教材编选工作组。此外,还准备聘请全国有关的专家、学者,组成文科和艺术院校各专业的教材编选委员会,对编选的教材进行审议和修改。

这次会议制定的各种教学方案和教材编选计划的草案,已印发各有关学校和部门征求意见,以便继续修订。教材编选工作,立刻调集力量,动手编选,争取在一年内能把文科的主要教材编选出来。

以上报告,当否,请批示。

教育部关于正式成立高等工业学校基础课程和各类专业共同的基础技术课程教材编审委员会的通知

1962年7月7日

为了有计划地进行教材建设工作,不断提高教材质量,教育部决定成立高等工业学校各基础课程和各类专业共同的基础技术课程的教材编审委员会。各教材编审委员会成员及负责人的名单,已经决定,聘书也已发出。现将关于建立各课程教材编审委员会的有关事项通知如下:

一、高等工业学校基础课程及各类专业共同的基础技术课程按课程分别建立下列9个编审委员会:高等数学、普通物理、化学(下设普通化学及无机化学、有机化学、分析化学和物理化学4个编审小组)、力学(下设理论力学、材料力学、结构力学和水力学4个编审小组)、画法几何及制图、电工(下设电工学及电工基础、工业电子学和无线电技术基础3个编审小组)、机械(下设金属工艺学、机械原理和机械零件3个编审小组)、热工学、外国语。共有委员130人。每个教材编审委员会及编审小组分别由指定的编审委员会主任委员及编审小组长主持,并分别指定学校主持有关事项。

二、教材编审委员会的工作任务、组织形式及工作方式,仍暂按照我部1962年1月15日(62)教—蒋龙字第67号文所发"高等工业学校基础课程和各类专业共同的基础技术课程教材编审小组暂行工作办法(草案)"试行。(该草案中的编审小组即现在的编审委员会,编审分组即现在的编审小组。)希各有关省、市高教(教育)厅(局)及负责主持的学校,根据该办法(草案)的规定,加强对各教材编审委员会的领导。

教育部发出《关于编写高等工业学校基础课程和基础技术课程教材的几项原则(草案)》等文件的通知

1962年7月9日

今年5月间,教育部召开了高等工业学校教学工作会议。会议期间,与会的基础课程和基础技术课程教材编审委员会委员,研究和修改了"关于编写高等工业学校基础课程和基础技术课程教材的几项原则(草案)",并编制了"高等工业学校基础课程及各类专业共同的基础技术课程的教材工作三年(1962—1964年)规划(草案)",现将上述两个文件印发有关各高等学校和教材编审委员会有关同志,并就有关事项通知如下:

一、"关于编写高等工业学校基础课程和基础技术课程教材的几项原则(草案)",规定了基础课程和基础技术课程教材的基本要求,提出了如何提高教材质量的途径。这个文件中所规定的各项原则,应当作为教师编写教材和教材编审委员会审查教材的基本依据。各校在接到这一文件后,可以组织正在从事编写和审阅教材的教师进行座谈,以求在工作中得到贯彻。同时,也要搜集各种修改和补充的意见,甚至是完全不同的意见,于今年10月31日以前告知教育部,以便进一步修改,使之逐渐臻于完善。

二、"高等工业学校基础课程及各类专业共同的基础技术课程的教材工作三年规划(草案)"(以下简称规划),是经过有关的教材编审委员会和出版社反复研究后而制定的。一般讲,是体现了今后三年的教材工作方针的。如果能够完满地实现这一规划,高等工业学校基础课程和基础技术课程教材的质量,将在现有的基础上提高一步。但是,这又是一项十分艰巨的任务,要在编写、审查和出版等方面,细致地做好必要的思想工作、组织工作和业务工作,才能达到既定的目的。为此,就必须请有关各校共同努力,把教材建设工作作为一项经常性的重要工作,动员和组织有关的教师从事编审工作,保证必要的条件。具体的要求是:

(一)规划中所列各项编写和审查工作,应当分别列入学校、系或教研室的工作计划之内。

(二)由于编制规划的时间比较短促,列入规划的少数教材的编写人或修订人、审阅人等还来不及与有关学校及编、审者本人商洽确定。因此,请各校在接到本文后,即指定专人将教材规划中与本校有关的教材项目摘录成表,并与有关教师联系商洽,一一落实。联系商洽的结果及学校意见,请分别通知有关的教材编审委员会(小组)负责人(见附件三),并抄告教育部。

(三)实现教材规划的重要条件之一,是切实保证教师编写、审阅教材的时间。教材编审委员会的委员、秘书用于教材工作的时间,以及教师编写、修订和审阅教材的工作,都应该计入六分之五的业务工作时间之内,并适当减轻其他工作。编写和审阅人所在学校,还应该根据需要和可能,协助解决抄写、描图、纸张、资料供应等问题。

(四)除了教材编审委员会有计划地组织教材编写工作外,学校还应该支持其他教师根据本人的特长、志趣和学术见解编写教材,并且在工作条件上尽可能给予帮助。如果这方面的选题好,编写水平高,也可以分别向有关的教材编审委员会提出建议,列入"规划"。

附件:一、关于编写高等工业学校基础课程和基础技术课程教材的几项原则(草案)

二、高等工业学校基础课程和各类专业共同的基础技术课程教材工作三年规划(草案)(略)

三、高等工业学校基础课程和各类专业共同的基础技术课程教材编审委员会负责人名单(略)

附件一

关于编写高等工业学校基础课程和基础技术课程教材的几项原则(草案)

根据《教育部直属高等学校暂行工作条例(草案)》的规定,高等工业学校应该有计划地进行教材建设工作,鼓励水平较高、经验较多的教师,在若干年内,逐步为各门课程编出优秀的教材,以利于不断地提高教学质量。

为了规定基础课程和基础技术课程教材的基本要求,明确提高教材质量的途径,特制订下列原则,作为编写和审查教材的依据。

一、总则

(一)教材是学校培养专门人才和传授知识的重要工具。编写教材必须遵循党的"教育为无产阶级的政治服务、教育与生产劳动相结合"的方针。

教材既是科学著作,又是教学经验的总结。编写教材应该根据教学实践的经验,循序渐进地阐明与本门学科的水平相适应的、系统的科学知识。

(二)编写教材应该以本门课程的性质和任务为依据,符合切实加强基础理论和基本技能训练的要求。

基础课程的主要任务，是使学生获得自然科学的基本规律的知识，初步受到运算、实验等技能的基本训练，为学习工程技术理论、专业知识和掌握新的科学技术成就打好巩固的理论基础。

基础技术课程的主要任务，是为学生学习专业知识打好工程技术理论基础，并使他们受到必要的基本技能的训练。

（三）编写教材，应该注意总结和汲取多年来国内外一切有益的经验，特别是1952年我国高等工业学校进行教学改革以来行之有效的教学经验。要在切实巩固已有成果的基础上，逐步提高。

教材的基本内容及其系统必须是比较成熟的、稳定的。凡是没有经过实践考验的、不成熟的内容，均不宜编入教科书。

（四）编写教材，应该遵循百花齐放、百家争鸣的方针。在保证完成教学上的基本要求的前提下，编者可以讲述自己的学术见解，也可以评述不同的学术观点，但是应该实事求是，讲清道理，不要轻易下结论，更不要乱贴政治标签。

在条件具备时，要鼓励编写不同的学术观点和不同风格的教材，做到各有特色，相互促进，以利于提高教材质量和学术水平。

二、教科书的基本要求

（一）没有政治性的错误，不违背党和国家的方针政策。

不泄漏国家机密。凡是涉及国家机密的资料、图表和数据等，都不应该编入教材。同时，也不要不适当地扩大保密范围，以免影响科学技术知识的传授。

在引用党和国家的方针、政策和革命领袖的言论时，应该正确无误，不要断章取义，或者曲解原意。

（二）编写教科书，在可能的条件下，应该以全面的、发展的和统一的观点阐述自然规律，使学生更深刻地、系统地理解基本理论，了解理论与实践的关系，了解科学的发展与生产发展的关系，从而帮助学生逐步树立辩证唯物主义观点。但是，编者应该根据自己的条件，具体研究本门课程的特点和内容，逐步实现这个要求。不要以哲学原理的一般论述来代替对各门课程内容的具体分析；不要勉强地引用哲学名词，把科学理论解释得深奥难懂。

（三）教科书应该具有与本门学科的发展相适应的科学水平。

必须保证科学内容的正确性和严肃性：概念的说明、原理的论证、公式的推导、数据的引用以及各种现象的叙述等，都必须正确。

必须保证基本内容的系统性和完整性：根据本门学科理论的内在联系，将基本理论阐述清楚，并使各部分之间紧密配合，前后呼应。同时，必须以本门课程的性质和任务为依据，从学生的接受能力出发，不要片面地求全、求深。

（四）编写教科书必须贯彻理论与实际相结合的原则。理论与实际相结合的目的,主要是帮助学生更加深刻地、巩固地掌握基本理论,培养他们的独立工作能力。

在做法上,可以是:通过对实际问题、感性材料的分析,作出科学的抽象和概括,讲清基本概念,阐明理论意义;通过实际问题说明理论的实际意义、应用条件和适用范围。

不要勉强联系实际问题,以致降低了理论的普遍意义和应有的科学水平;不要由于勉强联系实际问题,使简单的问题复杂化,反而使学生难于理解。

(五)在教科书中,应该适当反映近代科学技术的新成就,使学生了解理论发展的方向,获得更为广博的知识,对基本的理论认识得更为全面、更为深刻。

反映近代科学技术的新成就,在广度和深度上必须适当。不要过分强调反映新的科学技术成就,以致脱离本门课程的基本要求,削弱了基本内容,更不能轻率地抛弃某些古典的基本理论。

(六)教科书应该基本上按照本科(五年制)某一类型的教学大纲来编写,并具有一定的适应性,以便适应不同的学校、不同的专业的教学要求。

编写教科书应该保证有关类型各专业共同的、必不可少的基本理论和基本知识。可以适当地结合有关专业的一些典型实例来阐明基本理论的实际应用,明确学习理论的目的性。不要过分强调结合专业讲述学生难于掌握的专业知识,使学生对于理论及其应用的理解过于狭窄,降低了理论的普遍意义。

(七)编写教科书应该切实贯彻"少而精"的原则。必须按照教学大纲及其说明书所规定的基本要求,认真精选内容,力求做到主次分明,详略恰当,将基本内容讲透。不要贪多求全,或者不减内容,只在叙述上追求简练,致使学生难于理解,不能真正把知识学到手。也不要不适当地进行精简,以致削弱了基本理论,降低了本门课程应有的水平。

教科书的分量必须适当,篇幅不宜过大,平均每一讲课学时的字数(按版面计)一般以 3 000 字至 4 000 字为宜。

(八)编写教科书应该注意总结教学经验,体现循序渐进的原则。一般应该由浅入深,由易到难,由简到繁,要有目的,有计划地反复地巩固基本理论。对于一些关键性的、困难的章节,特别要阐述透彻,而且要尽可能避免难点集中。

教科书内容的安排,应该与有关课程密切配合,适当分工,避免不必要的重复和相互脱节。既要充分利用和巩固学生已有的基础知识,又要为学习后继课程准备条件。

(九)编写教科书要做到文字通顺易懂,说明明白清楚。

图表应该力求正确、清晰,与正文密切配合。

名词、符号和计量单位等,应该符合国家的统一规定。目前还没有统一规定的,可以采用习惯用法。

三、习题集、实验指导书、课程设计（课程作业）指导书等教材的基本要求

（一）习题集、实验指导书、课程设计（课程作业）指导书等教材的基本要求与教科书的基本要求，大体一致，有所不同。

习题集等教材必须符合教学大纲对有关教学环节的要求，与教科书紧密配合，相辅相成。

习题课等教学环节的主要任务是：帮助学生验证、消化和巩固基本理论，学习运用理论处理实际问题的方法；帮助学生获得系统的严格的基本技能的训练。

（二）习题集等教材应该具有和教科书相适应的科学水平。选编的习题、实验、课程设计（课程作业）等，必须是经过验证的。要做到条件充分，数据正确。

编写习题集等教材，应该注意启发学生独立思考，有步骤地培养他们的独立工作能力。在选题和编排上，应该由易到难，步步深入。

习题集等教材应该具有比较广泛的适应性，要照顾到有关专业的需要。选编的习题、实验、设计和作业等，类型应该齐全，以适应不同的教学要求。在同一类型的题目中，既要有充分数量的基本题目，也要安排一定数量的难题，以便教师灵活选用，因材施教。

（三）编写习题集，应该注意以训练学生解题的能力为主，并通过解题明确基本概念。习题的类型一般包括计算题、概念题、应用题和绘图题，等等。对于一般的习题，可以给出答案；对于复杂的习题，可以给予必要的提示；对于少数典型的习题，还可以给予详细解答，作为示范。

（四）编写实验指导书应该注意训练学生的实验操作技能，培养学生处理实验数据、分析实验结果和写实验报告的能力。每个项目都应该规定目的、基本的仪器设备、方法步骤和对成果的要求等。同时，还可以编入少量的综合性实验，供教师参考选用。

（五）编写课程设计（课程作业）指导书，要注意培养学生运用有关课程的理论和技术知识解决实际问题的能力。选编的课程设计（课程作业）的题目应该具有典型性，既要与教学上的要求相适应，又要基本上符合工程实际的情况。对每个题目都应该规定明确的目的和要求，关于设计的步骤、资料和数据的收集方法等，也应该给予必要的提示。

四、教学参考书的基本要求

教师和学生使用的教学参考书的范围比较广泛。当前应该主要编写供学生学习和青年教师备课时参考使用的，集中论述某些专题的参考书，或者是系统论述教学内容的一般参考书。对于这一类教学参考书的基本要求是：

（一）教学参考书在政治上和文字上的基本要求与教科书相同，在学术观点和教学观点上应该具有特色。

（二）教学参考书的理论阐述，可以比教科书的相应部分深入一步；可以更多地反映最新科学技术成就，运用新的科学观点讲述本门课程的基本理论。

在教学参考书中，编者可以充分发挥自己的学术见解，并且评述不同学派的学说。

（三）教学参考书在内容和分量上不受教学大纲的严格限制，有较大的灵活性。可以针对教科书中某些重点、难点，或者阐述简略之处，进行详细的论述；也可以适当反映教学方法上的新经验。

教育部关于高等工业学校基础课程和各类专业共同的技术基础课程教材编审工作程序的规定（试行草案）

1963 年 10 月 22 日

一、为了确定教材编审工作的程序，明确各有关单位和人员之间的职责分工，加强工作联系，以保证教材规划的完成，特制定本规定。

二、关于教材工作长远规划及年度出版计划的编制工作。

（一）为了有计划地进行高等工业学校基础课程及技术基础课程的教材建设工作，应当按照课程，根据教学工作的需要和现有教材的情况及编审、出版力量，制订若干年的长远规划和年度的出版计划。

（二）长远规划应该包括各该课程在规划期间教材建设的具体方针和任务（需要出版的教材，包括原版重印的和所编译修订的各种教科书、教学参考书、习题集、实验指导书、课程设计和作业指导书等的种数和字数），大部分教材的选题和其余教材的选题方向或要求。对于已经定出的新编译和修订的教材，应该尽可能确定编译、修订、审阅人选并提出编译、修订、审阅和出版的时间。编审人应该是学术水平较高、教学经验丰富的教师。修订人应尽可能是原教材的编译人，在特殊情况下需要另约修订人时，应征得原编译者的同意。

年度出版计划应该包括计划年度内出版的全部教材任务（其中包括一部分需要重点保证的新编译和修订的教材及其交稿、发稿和出版的时间）。

（三）长远规划的草案由各教材编审委员会根据教育部提出的方针、原则拟订，由教育部高教一司会同出版社汇总平衡，并征得有关学校及编译、修订、审阅人员同意后，由教育部批准，正式下达，并分发全国高等工业学校。下达的规划中，对某些教材的审阅人，可以根据本人的意见，不予注明。长远规划批准下达后，各有关单位和人员即应按照执行，按时完成编译、修订、审查和出版工作。长远规划执行过程中，如有个别已定选题的编译人、修订人、审阅人需要更动，或在规定的选题方向内确定具体的选题等，都可以由出版社同有关教材编审委员会商定后组织编审工作并报教育部备案。

年度出版计划由出版社根据长远规划的要求和教材编审工作进行的实际情况于上一年 9 月以前提出，报请教育部批准。

（四）各校教师和校外专家可以根据长远规划的选题（包括已有编写、修订人的教材)和选题方向,按照规划规定的交稿时间,提出自己的讲义或书稿送出版社,由出版社择优交有关教材编审委员会参加评选。参加评选的讲义或书稿,必须由作者所在单位认真审查,和征求有关学校意见,认为符合教学大纲和编审原则,质量较高,有的还应该经过试教,教学效果较好,而后加以推荐。

(五)出版社在保证完成规划任务的前提下,可以根据教学需要和出版力量的可能条件,在规划外适当组织编译部分一般教学用书,统一纳入年度出版计划。

三、关于教材编译、修订工作。

(一)长远规划经教育部批准后,教材编审委员会应及时将编写教材所依据的教学大纲和编写要求或修订教材的建议正式通知编写人或修订人并抄告出版社。教材的编写、修订人应即据以提出教材编写、修订工作计划,征求所在学校意见后,送教材编审委员会审定后转出版社。对于教学参考书,编写、修订人一般应该提出详细的编写、修订提纲,对于某些教科书,必要时也可以要求编写、修订人提出编写、修订提纲,教材编审委员会对编写、修订提纲的意见应及时通知编写、修订人并抄告出版社。

(二)翻译教材一般由出版社直接同翻译人联系。翻译人应该提出翻译工作计划,征求出版社同意。出版社可以请翻译人试译一部分,试译稿交出版社审查。出版社应经常将有关情况通知教材编审委员会。

(三)长远规划经教育部批准以后,出版社应及时向教材的编译、修订人提出对编译、修订工作应注意的事项。供给稿纸,并经常了解编译、修订情况,尽可能帮助解决必要的资料等具体问题(对于原由出版社约稿、现列入长远规划的书稿,出版社应与编译者继续联系,保持原来的合同关系)。

(四)长远规划内教材的编译者、修订者和审阅人所在的学校,有责任指导和帮助本校教师完成承担的任务。学校对于承担任务的教师,应该在5/6的业务工作时间内,适当减轻其他工作,必要时,还可以在一定时期内,完全免除其他工作;在安排教师轮流休假时,也应适当照顾教材编审工作的需要。学校还可以根据需要和可能,为教材的主要编译、修订人配备助手。此外,还应该协助解决书稿的抄写、描图工作和资料供应等问题,并根据实际需要,垫支少量费用。学校应组织校内外力量对书稿进行讨论和初步审查,按照编写、修订计划的规定,在校内外组织试教。

(五)教材编写、修订人应根据教材编审原则,按照编写、修订工作计划,认真负责地完成任务,按时交稿,并保证书稿的质量。书稿的编译、修订工作一般均应由长远规划规定的教师亲自动手,必要时,个别部分也可以委托在这方面具有特长的教师协助,但必须经本人认真修改。集体编译、修订的书稿,主编、译人或主修人必须认真指导全书的工作,并对全稿进行通读和校订。在书稿排印过程中,编译、修订人还应根据出版社的要求，审读一次校样，以提高印刷质量。在新书出版以后和重版以前，还要对出版社寄去的样书作仔细的检查。

四、关于教材的审发工作。

（一）凡列入长远规划的自编教材（包括新编的和修订的），都由教材编审委员会根据"关于编写高等工业学校基础课程和技术基础课程教材的几项原则（草案）"负责审查。教材书稿应当由编审委员或者其他学术水平较高、教学经验较丰富的审阅人初审，初审后由教材编审委员会复审。审查过程（包括审查后作的某些修改）的时间，一般为 6 个月。重要的或有特殊情况（例如初、复审意见有重大原则分歧，同一选题有几种书稿需要评选等）的书稿，均应在教材编审委员会全体会议上进行复审。其余一般书稿可由主任委员或他们委托的其他委员负责复审。教材的编译、修订人，无论是否教材编审委员会的成员，均不得担任书稿的初复审人。审查工作既要细致认真地进行，保证审查通过的书稿符合编写原则；又要抓紧时间，按时完成任务，交付出版。

翻译教材一般由出版社负责审查，直接报教育部审发。其中有些教材，如教材编审委员会认为宜于自己审查的，可由编审委员会审查；如出版社审查确有困难的，可以商请教材编审委员会或其他合适的教师审查。

（二）教材完稿后，由编译、修订人填具审发单，将书稿寄交出版社转交审阅人审阅，也可以由编写、修订人直接寄交审阅人，但应同时函告出版社。审阅人应该认真负责地通审全稿，提出审阅意见（审阅意见应具体分析书稿是否符合教学大纲，编审原则，是否切实贯彻少而精的原则，书稿的优缺点、存在的问题和如何处理、能否出版等；需请作者考虑修改的具体意见还应逐条列出），送交教材编审委员会复审。教材编审委员会复审书稿，主要是根据初审意见、试教学校的意见等，加以审定。复审时教材编审委员会（或复审人）可以通审全稿，也可以选择重点章节，深入评审。教材编审委员会复审后，提出复审意见，将书稿及有关材料送出版社转报教育部审发。

教材编审委员会在审查过程中，如认为书稿基本可用，但必须作某些修改时，一般由教材编审委员会（或委托审阅人）商请编写人或修订人修改，并应俟修改完善后再报部审定；如认为书稿不符合要求，不能采用，则可报经教育部同意后，退还原编写人。

（三）教育部对送来审发的书稿，一般在 10 天内审查后签发出版社。出版社在编辑加工过程中应注意检查原稿在政治政策问题、科学技术问题及文字图像等方面有无错误。对于明显的错误，可先直接改正，再通知编译、修订人；比较复杂的问题可与编译、修订人联系修改，重大的问题或对稿件提出其他处理意见，应请示教育部，并抄告教材编审委员会。

教育部对于某些送审的书稿，可以要求出版社先行编辑加工，再由部审发。

（四）出版社在长远规划外组织编译的一般教学用书，由出版社自行组织审查，有的也可以在征得教材编审委员会同意后，由教材编审委员会协助审查。

长远规划外，如有作家自投书稿或要求编译教材时，一般由出版社研究处理，其中出版社经过研究认为确有必要补充列入长远规划的，或者难以确定的，可以转请教材编审委员会研究处理。

各校根据本规定第二条第（四）款的规定推荐参加评选的书稿或讲义，在交有关教材编审委员会前，一般先送出版社，经出版社研究后，认为具有参加评选的条件的，再转有关教材编审委员会处理。

五、关于教材的出版工作。

（一）经教育部审发、确定出版的书稿，由出版社与编译者订立出版合同。教育部发稿到出版社以后，一般应在6至8个月内出版（包括编辑加工的时间，不包括书店发行时间）。

（二）教材出版后，由出版社付给稿酬，并在订立出版合同后，先付一部分。经过审查，不能采用的书稿，出版社对编译、修订者不付给报酬。教材书稿凡经由教育部批准的或出版社约请的审阅人审阅，则不论出版与否，均由出版社酌付审阅费。

（三）凡经教材编审委员会审查、教育部审发的教材（包括修订本），出版时，除了应该署明编译人个人姓名外（集体编译的还要署明主编、主译人的姓名），一般还应将审阅人的姓名及"本教材经×××××课程教材编审委员会审阅"的字样，印在教材扉页及版权页上。少数教材可以例外。以上各项由教材编审委员会报请教育部审发时注明，并由教育部确定。

（四）新编译或经大修订的教材出版后，教材编审委员会还应该推动各有关方面写出评介，并组织发表或印发有关高等学校参考；出版社也应该收集教材使用情况和读者意见，提供教材编审委员会参考。

六、本规定中教材编审委员会负责的各项工作，如委员会之下设有编审小组的，可即以小组为活动单位，但遇重大问题，小组长应及时通知主任委员或征求主任委员的意见；教材编审委员会（或编审小组）除制订规划、审查重要书稿等重要工作必须召开全体成员会议进行外，其余经常工作可由主任委员（或小组长）代表。

七、本规定经教育部批准实行后，凡"高等学校工科基础课程和各类专业共同的技术基础课程教材编审小组暂行工作办法（草案）"中，有与本规定不一致的，概按本规定执行。

高等教育部关于集中进口部分专业课程外国教材的通知

1964 年 6 月 9 日

今年 3 月高等学校及中等专业学校理工农医各科教材工作领导小组会议，认为今后教材建设工作，除了要首先做好自编教材的编写出版工作外，还要采取影印或翻译等方式积极引进较好的外国教材和教学参考书。为了贯彻领导小组的上述指示，克服目前对外国教材的引进工作比较薄弱的情况，有必要进一步加强这些方面的工作。争取在今后几年内，尽快将若干主要国家教材的情况了解清楚，并基本上将他们最有代表性和参考价值大的教材和教学参考书引进国内。为了加强外国教材的进口工作，除从去年开始，已由人民教育出版社集中进口一部分理工科基础课程的外国教材及教学参考书外，决定自今年起，对工科动力、机械、电机、化工、土建、无线电类专业的外国教材及教学参考书，也根据各有关教材编审委员会（或小组）的建议，由理工农医教材办公室集中后通过北京中国外文书店进口一部分，以补通过其他途径进口的不足。这些外文书进口后，一般直接借交教材编审组织使用。由各教材编审组织加以研究，需要翻译的，可及时请示有关部门同意后，补充列入教材工作规划，组织翻译。需要影印的，可向北京光华出版社提出建议。根据目前外汇的情况，每年每教材编审委员会（小组）集中进口的外国教材及教学参考书约可有 10 册左右。希望大学慎重选择，务使少量的外汇用于最迫切需要的方面。兹将有关事项通知如下：

一、这批集中进口的外国图书，只限于外国高等学校使用的教材及教学参考书（包括教科书、教学参考书、习题集、实验教材、设计参考资料、手册、图册、图表、辞典等），一般科技著作及读物不包括在内。

二、为了节约外汇，务请慎重选购。凡是国内已有进口的，尽量不要再购复本；国内已有影印的，勿再购原版书。委托单填好后，请所在学校图书馆代为核对一下。

三、外文图书目录，可向本校图书馆或当地外文书店查阅。

四、各教材编审组织负责人接到通知后，可由各负责人本人或委托专人，研究拟订购的书，提出委托单，于 7 月 10 日前分别报到教育部。每个教材编审委员会（小组）除提出 10 册书的委托单外，还可以另外多提出若干册书的委托单，作为后备。

五、（略）

六、（略）

高等教育部党组关于进一步开展高等学校及中等专业学校理工农医各科教材建设工作的报告

1964 年 7 月 31 日

中央书记处：

1961 年 2 月中央书记处对高等学校教材问题作了指示以后，教育部即会同有关部门组成理工农医教材工作领导小组，积极推动高等学校及中等专业学校理工农医各科教材的建设工作。3 年来，有了很大的进展。最近理工农医教材工作领导小组又举行了会议，讨论了进一步开展教材工作的问题。现将 3 年来的工作情况和今后工作的意见报告如下。

一

理工农医教材的建设工作，3 年来经历了两个阶段。第一阶段，从 1961 年 2 月到 1962 年秋。当时为了在较短时间内实现中央所提出的"从无到有、课前到手、人手一册、印刷清楚"的要求，我们从原有教科书和各校的讲义中，选编了一批较好的作为通用教材出版，供各校选用；同时推动各校加强讲义的供应工作，以求首先解决教材的有无问题。第二阶段，从 1962 年秋季开始，拟订了教材建设工作规划，建立了教材编审组织，更加有计划地进行教材建设工作。

经过 3 年来的工作，理工农医各科的教材，改变了前几年各校自己编印教材，教师年年修改教材，而学生得不到合适的教材的情况，初步解决了教材的有无问题，基本上满足了当前教学工作的需要，并为今后长远建设作了一个良好的开端。3 年来，主要的收获有下列几方面：

（一）提高了对教材建设工作的认识。教材建设是教育事业的一项基本的建设工作。经过 1961 年中央书记处的指示和 3 年来的工作，大家在认识上有了较大提高，广大教师和各有关部门都积极地参加了教材建设工作。

（二）加强了教材建设工作的组织领导。理工农医教材建设工作在业务上涉及中央 30 个部委和 15 个出版社。为了加强统一领导，由高等教育部、文化部及农业部、卫生部、一机部等 22 个部门负责教育工作的副部长等组织了理工农医教材领导小组，负责研究制订选编教材的主要原则，按照统一领导、分工负责、按专业归口的原则，安排教材的选编和出版工作。

（三）已经出版了 3 603 种通用教材。高等学校和中等专业学校理工农医各科共有专业 610 多种,课程 6 000 门左右,其中约有 3 000 门左右内容较稳定,开设较普遍,学习人数较多。这批通用教材出版后,绝大部分学习人数较多的课程都有了书,加上各校自己编印的讲义,初步解决了教材的有无问题。这批通用教材中,90% 以上是我国教师自编或参照外国教材改编的,改变了以往以借用外国教材为主的局面。教材的供应时间也有所改进,目前大约有 90% 左右的通用教材能于开学前发到大多数学校,各校自编的讲义,一般都能课前发给学生。

(四) 制订了三至五年的教材工作规划。1962 年以来,为了有计划地逐步提高教材的质量和适当扩大教材的种类,各有关部门在调查研究的基础上,分别制订了三至五年的教材工作规划。这些规划正在逐步实施中。

(五) 建立了教材编审组织。1962 年以来,各有关部门分别建立了 253 个教材编审委员会或小组,聘请了学术水平较高、教学经验比较丰富的教师和有关单位的科学技术人员等共 2 717 人为各教材编审组织的成员。教材的编写和审订工作的队伍已经初步形成。

但是,教材建设毕竟是一项长期而复杂的任务,目前已经出版的通用教材,由于当前教学工作水平和教师水平的限制,加以选编的时间比较短促,质量一般还不够高,比较普遍地存在着内容庞杂烦琐和分量过重的缺点;有一些教材还曾发现某些政治性错误(如在阐述党的方针政策方面不够确切,介绍苏联科学技术情况和叙述中苏关系方面不能适应当前反修斗争形势和发展和泄密现象等)和科学性错误,虽一再注意检查和改正,但恐还难免有些未曾发觉的错误。教材的种类也不齐全。教材的出版和发行力量比较薄弱,制度不够健全。另外,编审人员的政治情况,过去没有注意进行必要的审查。这些缺点和问题,都需要在今后工作中逐步加以解决。

二

根据中央和主席历次对教育工作的指示,我国的高等教育和中等专业教育,将在毛泽东思想指导下,进行深入的教育革命,通过理论的探讨和实际工作的试验,实现学制、课程、教学方法和考试制度的改革,逐步建立起更好地适应我国社会主义建设需要的高等教育和中等专业教育体系。这是我国教育工作者面临的重大历史任务。

教材的改革是教学改革的一个重要方面。今后一个时期内,随着教学改革的推进,教材内容必将逐步变革,教材质量也将日益提高。新的教学改革完成之时,也应该是一整套新的、以我国教师自编教材为主体的理工农医教材形成之日。理工农医的教材建设工作应该以此为目标,为此而作长期的奋斗。

新的教学改革是一件长期而复杂的工作,要逐步发展、逐步深入,因而教材建设工作也只能是逐步地推进。我们认为今后 7 年(从 1964 年到 1970 年)理工农医各科教材建设工作的任务是:在现有通用教材的基础上,密切配合教学改革,逐步提高教材质量,扩大教材的种类,尽可能满足教学的需要,为初步形成一整套质量较高的教材打下基础。

为了实现上述任务,根据这几年的经验,教材建设工作中需要采取下列方针和措施:

(一) 根据"理论与实际结合"的方针和"少而精"的原则,改进教材内容。

教材应该按照教学工作中加强基本理论、基本知识、基本技能的精神精选内容,把基本理论、基本知识阐述清楚,引导学生学好基本技能。教材内容应该是比较成熟的、稳定的和典型的,份量要适当,并努力提高科学水平。

目前出版的通用教材,初步反映了我国教学工作的经验,开始较多地采用了我国的资料,这是一大进步。今后必须进一步使教材内容更好地结合我国的实际,并有步骤地编出各专业各课程的教科书、习题集、实验指导书、教学参考书和工具书,做到配套成龙,使理工农医教材稳固地立足于国内。对于外国质量较好的和参考价值较大的教材和参考书,今后仍应该用翻译或影印等方式积极引进,作为参考,或在一定时期内加以借用。

(二) 在学术问题上继续贯彻"百花齐放、百家争鸣"的方针,以促进教材建设工作的发展和繁荣。

1961年以来出版的通用教材,对于有不同学派、不同学术见解的某些课程,一般注意了在一本书中实事求是地介绍几种主要学派的观点,有的还同时出版了几种不同的教材;注意改正了乱贴政治标签的毛病,改正了轻易对学术问题下结论和不同学派学术见解之间相互攻击的现象;并且规定学校对于通用教材可以自由选用,灵活使用。这些措施收到了较好的效果,今后必须继续执行。但是前几年限于人力、物力和教师水平,绝大部分课程还只出版了一种教材,不能充分适应教学的需要。今后要力求做到学习人数较多或有不同学派的课程,同时有二种以上的教科书,供学校选用。另外应该支持积极进行教学改革、学术水平较高的教师编写和试用自编的讲义。

(三) 采用通用教材和学校自编讲义两条渠道,解决各学校的教材供应问题。

几年来的经验证明,内容比较稳定,开设比较普遍,学习人数较多的课程,应该由出版社出版通用教材供应各校选用。内容变化较快(如高年级的某些专门课程),开设的学校和学习的人数较少的课程(有的课程只有个别学校设置,每年学习的学生只有几十人),应该由各校自行编印讲义加以解决。今后教材建设工作仍应通过这二条渠道来解决。

半工(耕)半读的学校和业余教育今后将有较大的发展,对于这一方面的教材建设工作,也应该引起重视,积极加以安排。

(四）根据教材工作的发展，逐步培养建立起一支又红又专的教材编著、编辑和出版队伍。

为了实现今后的教材建设任务，不断提高教材的质量，必须建立相应的编著、编辑和出版队伍。目前以教材编审组织为骨干的教材编著队伍已经初步形成，在今后工作中应该适当扩大编著者队伍，特别要发掘在教学改革中有成就的新生力量。教材编辑队伍，目前不仅数量上不足，而且业务水平也不高。据各有关部门的统计，今后几年，需要有一支三、四百名编辑人员和相应的其他业务人员组成的编辑队伍，而目前实有编辑人员共只100人左右，而且大部分是助理编辑。必须大力加强教材编辑队伍的建设工作。编辑任务较大的部门，一般应建立专门的教材编辑室。

教材的供应工作，目前还没有做到全部教材及时到学生手，主要是由于印刷出版力量的不足。为了解决教材的出版问题，从长远来看，承担大量教材出版任务的出版社，有必要逐步扩大印刷力量，以求大部分教材由本社印刷厂印刷，保证及时供应。

（五）进一步加强教材工作的领导。整个理工农医教材建设工作仍由现有的理工农医教材领导小组，在国务院文教办公室的领导下，实行统一的领导（领导小组名单见附件）。日常工作，今后仍按统一领导、分工负责、按专业归口的原则，按照目前的分工加以组织。

三

为了进一步开展理工农医各科教材建设工作，逐步实现上述任务，理工农医教材工作领导小组经过商讨认为，当前高等教育部和各有关部门需要抓紧下列几项主要工作。

（一）积极完成各部现有的三至五年教材工作规划内的教材编译任务，并根据主席春节对教育工作指示的精神，进一步改进教材质量，克服现有通用教材中比较普遍存在的庞杂烦琐的缺点，以便更好地适应当前教学工作中贯彻"少而精"原则的需要。考虑到目前各部门正在中央领导下，制订第三个五年建设计划，为了与国家的计划相衔接，更好地指导今后教材建设工作，各有关部门有必要在今明两年内，以现有的三、五年教材工作规划为基础，续订成到1970年为止的教材工作的长期规划，并把规划的任务落实到学校、教师和出版社。

（二）加强编著、审阅工作的领导，保证教材编审任务的完成，提高书稿的质量。

根据这几年来的经验，为了做好教材编著、审阅工作，首先要注意遴选政治上比较好、学术水平较高、教学经验比较丰富的教师，从事教材编审工作；同时还必须注意引导教材编审人员认真学习主席的教育思想，深入总结教学经验。第二，必须切实保证教师编译教材的时间和其他必要的工作条件。学校应该把通用教材的编译工作列为学校的一项重要任务,加以安排,经常检查和督促。并对负有通用教材编译任务的教师适当减免其他的工作任务。第三,必须有领导地广泛开展教材评介工作,以表扬先进、树立典型、交流经验。

(三)加强教材编辑、出版、发行队伍和制度的建设。

根据逐步建设一支又红又专的教材编辑出版队伍的方针。最近一两年,各有关部门应该把编辑队伍建立起来,而且根据"在战斗中成长"的原则,大力提高编辑人员的水平,健全编辑工作的制度。

教材的印刷出版工作,需要文化部继续指导和帮助各有关部门切实安排好印刷力量,积极改进工作,以保证教材印刷任务的及时完成;同时协同各有关部门作出规划和安排,逐步加强印刷出版力量。高等教育部还准备恢复高等教育出版社,以增强理科和工科基础课程的出版基地。

目前新华书店关于高等学校及中等专业学校教材及书籍的发行力量也还比较薄弱,制度不够健全,也需要研究改进,以利于做到全部教材课前发到学生手中。

以上报告当否,请予指示。如无不当,请批转有关部门参照办理。

附件:

高等学校及中等专业学校理工农医各科教材工作领导小组及常务小组名单(略)

关于高等学校教材编审出版工作若干问题的暂行规定

1978 年 2 月 15 日

为在本世纪内把我国建设成为伟大的社会主义现代化强国的需要，必须认真贯彻伟大领袖和导师毛主席关于"教育要革命""教材要彻底改革"等一系列指示，加强领导，有计划、有步骤地加速高等学校教材的建设工作，努力做到 1978 年秋季新生入学就有新教材使用，1980 年以前编审出版一套质量较高的通用教材，以及相当数量的教学参考书、工具书，1985 年以前编审出版几套适应各种办学形式和要求、具有不同风格和特色、反映国内外先进科学技术水平的社会主义新教材。为了多快好省地完成这项任务，需要迅速确定高等学校教材编审出版的分工，充分发挥中央和地方两个积极性，调动一切积极因素。为此，特将有关编审出版工作的若干问题暂行规定如下。

一、国务院各有关部委必须加强对口专业的教材建设工作，其主要任务是：

1. 根据有关教学计划的基本要求，制订本部委对口专业的全国通用教材的编审出版规划；

2. 组织本部委所属院校及其他有关院校和出版社进行对口专业的全国通用教材的评选、编审和出版工作；

3. 组织交流本科委对口专业的教材改革和教材建设经验；

4. 指导和帮助各地搞好有关教材的编审工作。根据地方要求，帮助审查有关教材中地方难以审查的重大政治、政策性问题和保密问题。

二、国务院各部委的分工如下：

1. 各类专业的公共课（包括基础外语和体育）教材，理科教材，以及工科各类专业中适应面较广的基础课教材，由教育部及所属出版社负责组织编审和出版；工科各类专业中全国通用的专业课教材和部分基础课教材，以及农科、医科及体育、艺术类的全部通用教材由有关对口部委及出版社负责组织编审和出版；文科及艺术类教材由国家出版事业管理局所属有关出版社出版（教育方面由教育部所属出版社出版）。各部委之间有交叉的教材以对口部委为主通过协商解决。

2. "七·二一"工人大学所需教材，凡可选用普通高等学校教材的，可以选用。无适当教材选用的，可参照普通高等学校教材编审的分工办法进行编写。共产主义劳动大学和五七大学等教材问题，另行研究解决。

三、省、市、自治区要继续抓紧教材建设工作，其主要任务是：

1. 组织交流本地区学校进行教材改革和教材建设工作的经验，制订解决本地区所需教材的规划；

2. 组织有关院校力量和出版力量编审出版适应本地区需要的教材和学校需要另行编印交流的教材；

3. 组织本地区院校向国务院有关部委推荐供全国出版、选用的教材；

4. 根据国务院各有关部委的教材规划和委托，积极组织本地区的院校的力量，编审全国通用教材，并根据本地区的条件承担部分全国通用教材的出版、印制和发行任务；

5. 解决在本地区的所有高等学校（包括地方和国务院有关部委主管的学校）印制讲义的纸张等问题。

所有高等院校和教师，都要把从事教材工作与从事教学、科研工作放到同等的地位，受到同样的重视，并切实从人力、物力和时间要加以保证，努力完成好所承担的教材建设任务。

四、中央一级出版社和省、市、自治区一级出版社出版的高等学校教材所需纸张，单项列入各出版社出版用纸计划，由国家出版事业管理局协同国家计划委员会和轻工业部统筹保证，印刷力量由各部委和省、市、自治区统一安排，有困难时由国家出版事业管理局协调。要保证教材的印数能达到普通高等学校和教学要求相近的"七·二一"工人大学有关师生人手一册，并适当照顾其他办学形式的高等学校及社会读者的需要。发行工作由新华书店负责，每年按春秋两季组织预订和供应。运输由铁道、交通部门负责，保证快速、及时。出版、运输、发行工作要密切配合，切实做到教材在上课前发到学生手中。

五、为了切实加强高等学校教材编审出版工作的领导，保证工作的顺利进行，理、工、农、医教材，在国务院领导下，建立由教育部和有关部委主管教育工作的部一级负责同志参加的高等学校理、工、农、医教材工作领导小组，研究理、工、农、医教材工作中的重大问题，交流、协调各部委之间的工作，在教育部内设立理、工、农、医教材办公室，在领导小组领导下，处理日常工作。各承担高等学校教材任务的国务院有关部委和出版社，都应根据任务的大小，本着精简的原则，恢复、建立和健全必要的教材工作机构，配备和补充必要的人员，适当充实和加强印刷力量，并可以根据需要，组织某些专业或课程的教材编审委员会（或小组），聘请若干水平较高的教师、专业人员，协助部门进行教材编审和评选工作。

六、高等学校教材的编审出版和发行工作，涉及的政策性强，工作量大，任务紧迫，必须加强党的集中统一领导。承担有高等学校教材任务的教育部门和出版、发行部门对工作中的重大问题，必须及时向党委（党组）请示汇报。

七、中等专业学校的教材编审出版工作，原则上也应按照以上办法进行。

教育部、外交部、财政部关于加强外国教材引进工作的规定和暂行办法

1979 年 2 月 2 日

为了尽快编审出版一整套反映国内外科学技术先进水平的社会主义新教材,提高我国高等学校的教学质量,必须大力加强外国教材的引进和研究工作。为此,我们拟定了《关于加速引进外国高等学校教材的几项规定》和《关于引进外国教材所需非贸易外汇及经费结算的暂行办法》,现发给你们,请参照办理。

附件一

关于加速引进外国高等学校教材的几项规定

为了尽快编审出版一整套反映国内外科学技术先进水平的社会主义新教材,提高我国高等学校的教学质量,必须根据毛主席"洋为中用"的教导,大力加强外国教材的引进工作,有领导、有计划地把各个科学技术比较发达国家的教材引进来。

一、引进外国教材的目标和要求

根据 1981—1983 年期间,要对全套高等学校教材进行修订提高,使之更好地反映国内外科学技术先进水平的要求,迫切需要近几年内将美、日、西德、英、法等国以及其他外国的较新较好的教材尽快引进来。确有参考价值的苏联教材,也应该加以引进。对于世界著名大学以及在各门学科、各类专业中占领先地位的外国大学的教材,争取在一二年内摸清情况,成套引进。具体要求是:

(一)基本摸清上述外国大学所开设的课程和使用的教材。

(二)基本引进上述外国大学的各种参考价值较大的教材(包括由出版单位出版的教材和学校编印的讲义)。

(三)对外国教材进行比较系统的研究,作出必要的评价,供各校教师和教材编写人员参考。

(四)选择其中质量较好、参考价值较大和有代表性的,分别组织翻译或影印。

二、引进的途径

外国教材的引进,主要通过中国图书进口公司进行,同时,也可以根据不同情

况,请我驻外使馆,派出的代表团、考察组或其他有关人员,中国血统的外籍人士、外国友好人士和外国专家,文化和科学技术的合作和交流等渠道,加以引进。

(一)中国图书进口公司。外国公开出版的教材,主要通过中国图书进口公司订购。外国大学教材的缩微胶卷、录像带等,也可以通过该公司委托外国出版商协助采购一部分。可以由有关部委集中选购,也可以由各校通过当地外文书店自行订购。中国图书进口公司在汇编的外国图书征订目录中,增辟教材一栏,尽可能将国外较新较好的教材列入。

(二)请各有关驻外使馆,指导和帮助开展所在国教材的引进工作。如:协助了解外国大学使用教材的情况;协助购置外国大学自己编印的讲义和教学资料(如教学计划、教学大纲、教学指导书、实验指导书、习题卡等);协助购置某些急需的公开出版的教材等。各有关部委需购的教材样本,如通过中国图书进口公司难以购到,需要通过各有关驻外使馆协助引进的,可以提出书单(注明书名、作者名、出版日期及单位)送教育部人民教育出版社汇总后转教育部外事局告驻外使馆协助办理。

(三)派出的代表团、考察组及其他出国人员。请我国向有关国家派出的各种代表团、考察组及其他出国人员,就便了解教材情况,协助选购一些学校讲义等,也可以由派出人员向当地使领馆提出建议,由使领馆审核研究后协助选购。

(四)有可能时,在与有关国家签订的文化或科学技术合作协定和计划中,把引进外国教材作为一项内容列入。

(五)我高等学校与外国学校建立校际联系时,应将交换图书资料,交流教材与讲义,列为重要内容。

(六)鼓励我国高等学校教师通过他们在国外的亲属友人,了解外国教材情况,协助选购。需要偿付外汇的,须按照规定,事先办理审批手续。

三、引进工作的组织

(一)各类专业外国教材的引进工作,由各有关部委按照目前高等学校编审出版的分工,负责统一组织。

(二)各类专业外国教材情况的汇总、整理,引进外国教材以及翻译、影印外国教材的计划和建议的提出,引进的外国教材的研究和评介等,在各有关部委的领导下,分别由各科、各专业的教材编审委员及其主持学校负责,也可以由部委专门指定的其他学校和单位负责。各有关高等学校,也要积极参加,大力做好。各有关部委可以在所属出版社(或教材编辑室)和有关学校建立若干外国教材中心,以利于系统引进和积累外国教材和教学资料。

(三)各类专业外国教材的翻译影印计划,由主管部委审定并组织实施。

翻译外国教材的出版工作,原则上由有关部委所属出版社负责,也可以请中央或地方其他出版社协助,或由所属高等学校翻译、印制后在校际交流。

影印外国教材的工作,主要由中国图书进口公司(光华出版社)负责,教育部应积极筹建教材影印机构和生产基地,分担部分任务。必要时可以组织高等学校影印力量,印制后在校际交流。

附件二

关于引进外国教材所需非贸易外汇及经费结算的暂行办法

为了保证外国教材引进工作的顺利进行,在尽可能节省外汇、节约开支的前提下,努力做到及时地、充分地把外国教材引进来,以适应我国高等学校赶超世界先进水平的要求,特制订本办法。

按照《关于加速引进外国高等学校教材的几项规定》的要求,通过各个途径引进的各种外国教材及教学资料,所需的非贸易外汇及经费的支付结算办法如下:

(一)通过中国图书进口公司购进的外国教材及教学资料,所需外汇,由中国图书进口公司解决。所需人民币的结算办法,凡由教育部及其他各有关部委(包括部委的委托单位)集中选购的,由各有关部委与中国图书进口公司具体商定。凡是各校自行通过当地外文书店订购的,由各校自行与当地外文书店结算。

(二)通过我驻外使馆协助选购的外国教材,所需外汇先由使馆垫付,然后以"托收书"通过外交部统一向教育部结算。所需人民币再由教育部按照实际支付数与有关部委结算。

(三)凡是教育部及有关部委派出的代表团及考察组使用选购仪器、设备、样品的小额贸易外汇购买少量急用的教材样本,按国家计委的规定办理各项手续。

(四)各有关部委或高等学校,拟委托中国血统的外籍人士、外国专家及外国友好人士购买或通过有交流关系的外国大学供给一部分教材时,凡需要偿还对方外汇的,都需要事先将引进教材的目录和所需外汇,由主管部委审批后送教育部审核同意。教材引进后,由主管部委将外汇数额及有关单据送教育部审核后,将外汇直接汇还外籍人士及外国学校,所需人民币由教育部按实际支付数与引进单位结算。

(五)引进外国教材的非贸易外汇(不包括按国家计委规定审批的及中国图书进口公司支付的外汇),由教育部统一管理。各有关部委及所属高等学校引进外国教材所需非贸易外汇计划,由主管部委审核汇总后送教育部按照规定编制年度、季度非贸易外汇计划报财政部审批。

各有关方面对非贸易外汇的审核和使用必须十分认真负责。一般只限用于引进外国学校编印的讲义和教学资料以及某些特别急需难以购到的教材,并尽可能避免不必要的重复。公开出版的教材,一般均应通过中国图书进口公司购买。

（六）引进外国教材所需经费,在财政部核定各省、市、自治区和国务院各部门的各有关事业费预算指标内(属于高等学校使用的,列教育事业费款高等学校经费;属于科研、中专、技工学校使用的,列各部门事业费科研、中专技工学校经费)统筹安排,调剂解决。

（七）本办法自 1979 年起试行。

教育部关于建立高等学校理科教材和工科基础课程教材编审委员会的通知

1979 年 10 月 5 日

根据 1978 年 2 月 15 日国务院国发〔1978〕23 号文件批转试行的《关于高等学校教材编审出版工作若干问题的暂行规定》,我部筹建高等学校理科教材及工科基础课程教材编审委员会的工作,去年上半年已经开始,先后于去年全教会期间和 7 月 31 日发文征求了各有关学校的意见。各有关院校一致同意建立教材编委会,并对编委人选提出了具体意见。现根据当前工作的需要和各方面的意见和建议,决定先建立高等学校理科教材编审委员会 5 个(其下设有编审小组的 2 个,共有编审小组 10 个)、工科基础课程教材编审委员会 8 个(其下设有编审小组的 3 个,共有编审小组 13 个)和理工科公共外语教材编审委员会一个(下设有 3 个编审小组)(详见附件一,略)。初步确定,理科教材编委会成员 187 人,工科基础课程教材编委会成员 160 人,理工科公共外语教材编委会成员 24 人(详见附件二,略)。现就有关事项通知如下:

一、这次建立的教材编审委员会,首先是工作迫切需要和各方面意见比较一致的学科和课程。有的学科(如地质学)由别的部、委统一考虑,有的课程(如金属工艺学、电子计算机的原理及应用)如何安排尚需作进一步调查研究,均暂不设置编委会或小组。这次确定的编委,一般都是高等学校学术水平较高、教学经验较丰富的教师。"文化大革命"前编委会的成员,除已亡故的、重病的和这次暂不设置编委会者外,一般均继续保留不变。其中有的同志可能年迈体弱,但他们的经验都比较丰富,对教材工作也很热心,还可以对教材建设作出有益的贡献。由于编委人选的安排上要照顾到各个方面,各校工作上也有个统一安排问题,以及编委人数的限制,有许多条件较好、积极从事教材工作的同志(包括某些学校推荐参加编委会的同志)未能列为编委,请有关学校给予谅解和支持。编委的职称均按各校去年填报的调查表注明,如有变更,请来函更正。

二、教材编审委员会是教育部在教材和教学工作方面一个经常性的业务指导和咨询机构。教材编委会的工作和活动,我部有关单位已起草了一个《高等学校理科教材和工科基础课教材编审委员会暂行工作条例(征求意见稿)》(见附件三,略),现随文发去,请提意见。为了加强各教材编委会的领导和工作,请各主持学校指定校长或教务长一人负责具体指导,并为每个编委会和编审小组约请教师一至二人担任秘书。秘书的任务是协助主委或组长从事编委会或编审小组的经常性组织工作,其人选应该是业务上和组织工作能力较强的教师。请各校选定后于今年 10 月 20 日前将名单报部(报部时请注明秘书的职称、职务和政治面目)。

三、为了推进教材编委会的工作,我部准备召开一次编委会成立大会。在此之前,先在今年召开一次预备会议。请各编委会的正副主委、编审小组的组长和秘书、主持学校教务工作的负责人以及编委会和编审小组的联络员参加,讨论编委会的工作条例,部署教学大纲和教材编审出版规划的修订和编制工作,安排明年编委会的工作计划。具体时间另行通知。

教育部关于高等学校教材工作若干问题的通知

1985 年 1 月 9 日

粉碎"四人帮"后,特别是党的十一届三中全会以来,高等学校的教材建设工作已经取得很大成绩,在初步解决了"有无"问题的基础上,进一步提高了质量,扩大了品种。当前,高等学校正在按照邓小平同志"教育要面向现代化、面向世界、面向未来"的指示,深入开展教学改革工作。随着教学改革工作的发展,各种不同学术观点、不同风格特色、不同改革试验的教材,以及专业课、选修课和研究生用的教材将大量增加。为了适应今后教材建设的需要,各高等学校必须认真落实各项有关政策,支持和鼓励教师编译教材,必须扩大加强教材的排印力量,必须加强教材建设工作的领导和管理。为此,特作如下规定:

一、关于落实各项有关政策

1. 教师编写教材,是一项教学工作,也是一项科研工作。凡是承担教育部及有关部委的教材编选计划和经学校同意列入学校的教材编写计划的任务,均应列入或减少学校规定的教师应承担的额定的教学工作量,具体折算办法可由各校按实际情况规定。教育部及有关部委组织的或由学校任命的教材编委会的正、副主任委员,正、副组长及秘书,可以比照担任学校党政工作的教师,适当减少其教学工作量。

2. 教材稿酬的分配,我部已于一九八四年九月十二日以(84)教理材字 008 号文发出了《教育部部属高等学校教材及其他著作稿酬分配问题的若干规定(试行)》(附后,略)。这个文件的基本精神和原则,对其他高等学校也是适用的。各校可以参照这个规定,制订具体的分配办法。

3. 各校教师编写的各种教材和讲义,包括出版社出版的以及各校自行编印的,凡经过教学中实际使用,证明确实具有较高的质量和特色的,均应作为科研或教学工作的成果,经有关专家评审后,作为评定各种职称的依据。

4. 各校教师从事教学法和教材研究工作,以及为此编写的各种论文、资料等,包括在各种出版物上发表的,以及在各有关部委所属教育研究、教材编审组织和校一级有关机构编印的刊物和资料上刊登的,均应作为科研成果,经有关专家评审后,作为评定各种职称的依据。

5. 各校应建立教材的评奖制度,对本校教师编写的各种质量较高和确具特色的教材,给予精神和物质的奖励。

二、关于扩大加强教材印刷力量

当前不少学校教材印刷力量严重不足,印刷技术十分落后,厂房、库房建筑很差,对教材建设和教学工作非常不利。各校要把印刷力量的扩大和加强,列入学校建设的长远规划和年度计划,所需投资,可以分别情况在学校基本建设投资、印刷厂或出版社的生产发展基金以及教学设备费中列支。

三、关于加强教材工作的领导和管理

教材建设是高等学校的一项基本建设。各校要与抓师资、设备工作一样,抓好教材工作。要有一位副校长分管。要加强教材管理机构,不仅要有人专管教材的供应工作,而且要有人专管教材的建设工作,负责组织编制全校的教材建设规划,组织教材的编审工作,研究提高教材质量的方向,研究加强教材建设的措施,检查了解各项有关政策的落实情况等。有出版社的学校,一定要加强对出版社的领导,把出版社办好。

国家教委、国家出版局：
高等学校出版社工作若干问题的暂行规定

1986年10月27日

高等学校出版社（以下简称高校出版社）是适应我国高等教育事业和出版事业的需要而建立和发展起来的，是一项新兴的事业。为了巩固和办好高校出版社，根据《中共中央关于教育体制改革的决定》《中共中央、国务院关于加强出版工作的决定》的精神，结合高等学校的具体情况，制定本暂行规定。

第一章　高等学校出版社的地位和作用

第一条　高校出版社是我国社会主义出版事业的重要组成部分，也是高等教育出版工作的重要基地。高校出版社是高等学校中的学术性事业单位。

第二条　高校出版社要依靠高等学校师资队伍较强，教学科研工作基础较好，学科门类比较齐全，国内外学术交流比较广泛等有利条件，出版高质量，高水平的教材和科研著作，为促进学校的教学、科研工作，加强国内外学术交流，发挥知识分子的作用，提高我国的教育、科学、文化水平作出贡献。

第二章　高等学校出版社的出版方针和任务

第三条　高校出版社必须坚持为人民服务，为社会主义服务的根本方向，宣传马克思列宁主义、毛泽东思想，传播一切有益于经济和社会发展的科学技术和文化知识，按照教育要面向现代化、面向世界、面向未来的精神，发挥学校的优势和特色，为教学和科研服务，为社会主义物质文明和精神文明建设服务。

第四条　高校出版社必须坚持四项基本原则，贯彻百花齐放、百家争鸣的方针，出版反映各种不同学派、不同学术观点、不同风格特色的著作。

第五条　高校出版社要把出版教材、教学参考书及其他教学用书放在首位，要根据我国高等教育多层次、多规格及多种办学形式发展的需要，紧密结合教学改革和科学研究工作，有计划地出版各种教学用书。

第六条　高校出版社要把出版科学著作作为重要任务，重视出版专家、学者的学术著作；鼓励中青年教师著书立说，积极出版其中有见地和有价值的著作；有计划地整理出版我国科学文化遗产；有选择地翻译出版有参考价值的国外文化、科学著作，积极、稳妥地翻译出版一些学术水平高，确有特色的教材和学术著作。

第七条　高校出版社要立足本校，面向全国，出版本校教师的著作，同时根据主管部门确定的分工和安排,出版其他的高等学校教材、教学参考书、教学工具书、古籍整理研究和学术著作,以及出版某些符合本校性质、任务和范围的其他图书。

第八条　出版物要以社会效益为最高准则,坚持质量第一。要从思想内容、科学水平、文字图表以及装帧设计、校对、印装等各方面,努力提高质量。

第九条　出版物要严格遵循党和政府的各项政策、法令和有关规定,严格保守国家机密,不允许以任何理由和方式出卖书号。

第十条　高校出版社要加强出版工作的目的性和计划性,在调查研究的基础上,制订好选题规划和年度出书计划,经学校审核后报主管部门审批,并报国家教育委员会、国家出版局及所在省、自治区、直辖市出版管理部门备查。

第三章　高等学校出版社的队伍建设

第十一条　高校出版社必须建立一支有社会主义觉悟、熟悉业务的编辑、出版、印刷、发行和经营管理人员的队伍。这支队伍应有必要的数量和较好的素质,但必须力求精干。

第十二条　编辑工作是整个出版工作的中心环节,是保证和提高出版物质量的关键。高校出版社必须建立和健全编辑机构,加强编辑队伍的建设。

第十三条　配备编辑应以专职为主,兼职为辅,逐步形成一支学科、专业技术职务和年龄结构合理的编辑队伍。要选聘政治思想和学术水平较高、文化科学素养较深、知识面较宽、有编辑工作经验、热心出版事业的专家、教授担任总编辑。要选调一批具有大学以上文化水平、专业基础好、文字能力较强、思想作风正派的人员担任专职编辑。要从新毕业的研究生和大学生中选拔合适的人才,不断充实编辑队伍。可根据需要,聘请一批兼职编辑。

第十四条　要认真贯彻落实党的知识分子政策,切实解决好出版社各种专业技术人员的待遇问题,不断改善他们的工作条件和生活条件。要按照专业技术人员职务聘任工作的有关规定,作好任职资格评审和聘任(或任命)工作。

第十五条　要有计划地加强高校出版社队伍的思想建设和业务培训工作。各类人员都要热爱本职工作,树立职业道德,努力钻研业务,提高业务水平。

第四章　高等学校出版社的建设和经营管理

第十六条　高校出版社的发展规模和速度应与本校的师资力量、教学与科研工作的发展相适应。

高校出版社及其印刷厂,均应根据出版任务,配备一定的专门编制,其数额由出版社根据实际需要提出,报请所在学校和上级主管部门核定后,逐步补充。

高校出版社的基建、设备投资,应列入学校的总体建设规划和年度计划。主管部门委托的出版任务,必须另拨专项的人员编制、基建及设备的投资。

第十七条　高校出版社应建立与出版任务相适应的印刷厂,逐步搞好印刷厂的建设和技术改造工作。

第十八条 高校出版社的用纸、印刷设备及印刷材料,由国家出版局或所在省、自治区、直辖市出版部门的印刷物资单位按规定供应。其中出版教材所需的纸张,按国家教委等八个部委局(86)教理材字001号文的规定保证供应。

第十九条 高校出版社的出版物可以通过新华书店销售,除由新华书店包销的五类图书外,可以利用多种购销形式发行。高校出版社要加强与各有关单位的横向联合和协作。还要积极创造条件,沟通国外发行渠道。

第二十条 高校出版社及其所属印刷厂都是教育事业单位。要遵守财经纪律,改善经营管理,逐步建立各种形式的岗位责任制,努力提高出版物的质量,缩短出书周期,不断提高生产水平和经济效益。印刷厂一般应划归出版社领导管理。

第二十一条 高校出版社的经济收益主要用于出版社的建设和出版学术著作的经济亏损补贴。收益较多的出版社,可适当上交学校一部分。对新建的高校出版社,学校及其主管部门要拨给必要的开办费及流动资金。

第二十二条 高校出版社出版的各种教材,要严格按照国家教委等八个部委局(86)教理材字001号文规定的标准定价,出版教材造成的亏损和销售利润率达不到5%的,按现行财政体制,由各级财政给予补贴。学术著作的出版亏损参照中宣办通[1985]13号文件的精神办理,即由各单位在科研事业费或其他事业费中补贴。

第五章 高等学校出版社的领导

第二十三条 高校出版社由所在学校直接领导。学校要把出版社工作列入议事日程,贯彻党的出版方针,审定选题规划和长远建设规划,研究解决出版社工作中的重大问题。应有一位校(院)长分管出版社的工作,建立一个符合革命化、年轻化、知识化、专业化要求的领导班子。

第二十四条 高校出版社要逐步实行学校领导下的社长负责制,设立由社长主持,有副社长、正副总编、党总支(或直属支部)书记等参加的社务委员会,贯彻出版方针,制订发展规划、选题规划和出书计划,审议经费预决算,研究干部任用和经营管理等重大问题。

第二十五条 高校出版社一般为系处一级建制;任务重、规模大的,经上级主管部门批准,可以是高于系、处一级的建制,配备高于系处一级的专职领导干部。

第二十六条 高校出版社的党组织要在校党委领导下,加强党的建设,做好思想政治工作,充分调动职工的积极性。

第二十七条 国家教育委员会和国家出版局要加强对高校出版社的宏观指导,学校的主管部门要加强对高校出版社的领导。各地出版行政领导部门要加强对高校出版社的业务指导,并在人员培训、物资供应、印刷任务的安排和信息交流等方面给予支持。

高等学校优秀教材奖励试行条例

1987 年 3 月 13 日

第一章　总则

第一条　高等学校的教材既是教学经验的总结，又是科学著作；既是进行教学的基本工具，也是广大科技人员和职工提高科学文化水平的重要手段。为了鼓励教师及其科技人员编写教材的积极性，促进高等学校的教材建设，以利于教学质量的提高和科学技术的发展，特制定本条例。

第二条　本条例中所指教材系各中央、地方、大学出版社正式出版（公开发行和内部发行）的有书号的大学本科、专科及研究生使用的各种教材（包括基本教材、教学参考书、实验教材、实习指导书、习题集等）。属于上述范围的教材，必须经过两届以上（含两届）的学生使用。

第三条　外籍和旅居国外的华侨专家、学者编著为我国高等学校使用的，并在我国出版社出版的教材，可依照本条例规定申报评奖。

第二章　组织领导

第四条　优秀教材的评奖工作，在国家教育委员会统一指导下进行。国家教育委员会负责全国优秀教材的评奖工作；国务院各有关部委负责对口专业优秀教材的评奖工作；各省、自治区、直辖市可进行本地区或所属高等学校优秀教材的评奖工作。各高等学校负责本校教师编写的教材的评奖工作。

第五条　国家教育委员会聘请高等学校、科研机构、生产部门和出版部门的专家、学者组成全国优秀教材评奖委员会，负责全国优秀教材奖的评奖工作。

第六条　国务院有关部委根据本条例的精神和原则自行制定对口专业的优秀教材的评奖办法并组织评奖工作。

第七条　各省、自治区、直辖市根据本条例的精神和原则自行制定地方高等学校的优秀教材的评奖办法并组织评奖工作。

第八条　各高等学校制定本校的教材评奖办法，并组织评奖工作。

第三章　全国优秀教材奖的评奖条件

第九条　全国优秀教材奖从符合下列条件的教材中，择优评出：

（一）坚持四项基本原则，符合党和国家的方针、政策，努力运用辩证唯物主义和历史唯物主义的观点，阐述本门学科的基本规律。

（二）具有与本门学科发展相适应的科学水平，有较强的理论性和系统性，能够正确地阐述本门学科的科学理论和概念，贯彻理论联系实际的原则。

（三）符合本门课程在教学计划中的地位和作用，要求恰当，取材合适，内容的阐述循序渐进、富有启发性，便于自学，使学生能够掌握基本理论、基本知识和基本技能。

（四）文字准确、流畅，符合规范化要求；插图正确，文图配合恰当。

第十条 符合上述条件并具备下列条件之一的优秀教材，可获得特别奖。

（一）总结和反映编者长期积累的丰富经验，教学适用性强，为多数学校选用，教学效果显著，在人才的培养上发挥了重要作用的教材。

（二）在教材内容和体系的改革上有新的突破，经过教学实践证明有明显效果的教材。

（三）认真总结本人或所在单位获得的重要科学研究成果，按照教学的规律，加以总结和反映，使科学水平有新的提高的教材。

（四）收集、整理了国内外本门学科已有的科学成果和资料，加以系统化，首先形成本门学科较为成熟的教材。

（五）在整理和反映我国文化遗产方面有显著成果和创见的教材。

第十一条 对于不同专业、不同课程、不同类型的教材，在质量标准的掌握上，应该按其性质有所侧重。

第四章 全国优秀教材奖的申报和审批

第十二条 全国优秀教材奖由国务院各有关部委和省、自治区、直辖市教育部门申报，一般在各部委和地方评出的优秀教材中择优推荐。

第十三条 申报全国优秀教材奖必须填写申报表（由国家教育委员会统一制定）报国家教育委员会全国优秀教材评奖委员会。

第十四条 各部委和地方择优推荐申报的教材，由国家教育委员会通告全国高等学校，学校组织本校有关教师评议。评议结果由所在学校汇总审核后报全国优秀教材评奖委员会。

第十五条 经过评议汇总初选出的教材，委托各有关方面专家学者进行复审和评审。

第十六条 经过复审和评审的教材，由全国优秀教材评奖委员会协商和无记名投票评出全国优秀教材。

第十七条 全国优秀教材评奖委员会的评定结果，经国家教育委员会批准后公布，并由国家教育委员会统一授奖。

第五章 全国优秀教材的奖励

第十八条 全国优秀教材的奖励，采用荣誉和物质奖相结合的方式。

奖励共分二等：

全国优秀教材特等奖　荣誉证书及奖金 2 000 元

全国优秀教材奖　荣誉证书及奖金 1 000 元

第十九条　获奖优秀教材的责任编辑及其他有关人员，由所在出版单位根据其在本书编辑出版工作中的贡献，给予一定的奖励。

第六章　附则

第二十条　全国优秀教材奖的评奖工作每四年进行一次。

第二十一条　优秀教材评奖工作所需奖金、审查费以及其他费用，均由各组织评奖部门负责。

第二十二条　荣誉奖和奖金，归编著教材的个人或集体所得，任何个人或单位不得提成和扣留。

第二十三条　申报及评奖工作必须采取严肃认真和实事求是的科学态度，凡发现有弄虚作假或其他不正之风，经调查核实后，立即取消评奖资格。

第二十四条　本条例自国家教育委员会发布之日起施行。

国家教委：高等学校教材工作规程（试行）

1988年11月5日

第一章 高等学校教材工作的地位和作用

第一条 高等学校教材是体现教学内容和教学方法的知识载体，是进行教学的基本工具，也是深入教学改革，提高教学质量的重要保证。

第二条 高等学校教材是学校教学、科研水平及其成果的重要反映，是国家科学文化积累的重要组成部分，也是国家科学、文化和技术发展水平的标志之一。它对发展我国高等教育事业及提高我国科学文化水平有着重要的作用和意义。

第三条 高等学校的教材建设工作是高校的一项基本的建设工作，也是全国教材建设的重要组成部分。

第四条 搞好教材建设与教材供应，是提高教育质量，稳定教学秩序，实现高等学校人才培养任务的重要保证。高等学校必须提高对教材工作的认识，加强对教材工作的领导。

第二章 高等学校教材工作的方针和任务

第五条 高等学校教材工作必须坚持四项基本原则和改革开放总方针，坚持教育要面向现代化、面向世界、面向未来的方向，大力提高教材质量，积极扩大教材种类，努力搞活搞好教材管理。

第六条 全国高等学校教材建设的总目标是：编审出版一整套具有中国特色的，适应我国社会主义现代化建设和高等教育事业发展的，反映现代文化科学技术先进水平的教材；建设与教材编审出版任务相适应的高水平的编审出版队伍和现代化的教材出版印刷基地。

第七条 高等学校教材工作的具体任务是：规划、组织本校的教材建设和教材研究工作，不断提高教材质量；做好各种教材和交流讲义的选购工作，以及自编讲义的印刷工作，保证按时足量供应；贯彻落实教材工作的各项方针，政策；规划和实施各项基础设施的建设工作。

第八条 高等学校应紧密结合教学改革和课程建设、学科建设的实际，鼓励学术水平比较高、教学经验比较丰富的教师编著和翻译反映各种不同学派、不同学术观点，不同风格特色、不同教学改革试验的教学用书。新编著的教学用书要努力反映教学改革中的新经验和科研成果，努力提高教材的思想性、科学性、启发性，适合我国情况的先进性和教学上的适用性。在保证编写质量基础上,努力增加教材品种。

第九条　高等学校应重视讲义的编写和交流工作,努力提高自编讲义的质量,尽快将油印讲义改造成为胶印或铅印讲义,积极推荐各种质量较高的、反映各校优势和特色的以及各种新兴边缘学科的讲义对外交流,使之成为全国高等学校的共同财富。

第十条　各高等学校要制订教材编写出版规划,有计划、有领导地搞好教材建设工作,制订教材编写出版规划时应本着以下六项原则:

(一)要把重点放在本校具有优势和特色的学科专业。

(二)要把重点放在师资力量比较强,教学和科研水平比较高的系或教研室。

(三)要把重点放在各专业的主干课程和各类专业的基础课程。

(四)编写新教材必须要有针对性,注意解决现有教材的不足,考虑本校专业的特殊要求和填补学科空白等。

(五)新教材的编写必须在充分收集整理有关资料并对教材内容和体系等方面进行一定研究的基础上进行。

(六)新教材一般应通过讲义阶段进行试用修改后才能交出版社审查出版。对评为校级优秀讲义的,应考虑优先审查出版。

第十一条　要重视为本校开设的课程选用高质量的、不同特色的教材。不得片面地强调提高学校教材的自编率。对于不具备自己编写高质量教材条件的课程,应积极选用外校编写的质量较高的教材。组织选好教材是任课教师,也是各系、教研室以及学校教材管理工作的一部分,学校要为选用教材提供尽可能完整的信息资料,开展教材的宣传和评介工作。

第十二条　大力开展教材研究工作是不断提高教材编写及选用质量的保证。高等学校教材研究工作应包括如下内容:

(一)对各专业培养人才的基本规格和各课程教学基本要求的研究。

(二)教材内容及体系的研究。

(三)新版教材的推荐、评介。

(四)教材编写及使用经验交流。

(五)对外国教材的研究与评介。

(六)教材管理的研究。

学校应有专门人员组织管理教材研究工作。教材研究应纳入学校教学或科研计划,建立制度,签订合同,明确任务及要求,解决必要的条件及经费。对于获得的研究成果,要进行必要的评价,并开辟发表园地。

第十三条　各学校都应加强采用教材的全面质量管理。定期评选本校的优秀讲义及教材,积极参加全国优秀教材评奖工作,建立教材质量信息反馈制度,大力开展教材评介工作,使教材质量评定工作经常化、制度化。

第十四条　学校必须充实教材发行力量,提高人员素质,建立健全各项管理制度。各校教材供应部门可通过新华书店教材目录、高校联合书目教材目录以及其他各种教材图书目录和全国各校的交流讲义目录选用教材。新华书店、其他有关发行部门和有关出版社应落实给学生5%的折扣优待,落实对学校教材供应部门的劳务费用以及其他有关规定。

第十五条　认真贯彻落实鼓励教师编写教材的有关的方针政策并切实注意:

(一) 对于荣获国家级、部委级优秀教材奖的教材应和获得重大科技成果一样给予鼓励。

(二) 教师编写教材应在时间和其他条件上给予必要保证。

(三) 采取措施保护教材(讲义)编著者的合法权益。出版的教材和内部讲义,均应依照国家新闻出版署和国家教委有关保护版权规定,防止剽窃。对于侵犯版权的各种行为和问题要严肃处理。

第三章　高等学校教材工作的领导体制及队伍建设

第十六条　高等学校教材工作,应由一位校(院)长分工主管。学校要把教材工作列入议事日程。

第十七条　教材任务重的高等学校应建立教材委员会(或教材工作委员会)作为学校在教材工作方面的一个经常性的研究、咨询和业务指导机构。其任务是:

(一) 审定全校教材建设规划和年度计划。

(二) 检查落实教材工作中的各项方针政策。

(三) 组织指导各学科的教材研究和评介工作。

(四) 指导外国教材的引进、研究与评介工作。

(五) 评选优秀教材和讲义。

第十八条　各学校应设立管理教材工作的行政机构。其人员编制,应本着精干、高效原则来确定。注意提高教材工作人员的素质。应配备一定数量的大专以上学历、适宜做教材工作的人员充实教材工作队伍。

要妥善解决教材工作机构中人员的专业技术职称。聘任相应的专业技术职务或行政职级。

第十九条　高等学校教材管理工作要实行岗位责任制,建立并健全各项规章制度,学习和运用现代管理科学的知识和技术(包括计算机管理技术),改进教材管理工作,逐步从经验管理转变为科学管理,不断提高管理水平。

第四章　高等学校教材工作的基础设施和经费

第二十条　应搞好学校教材出版和印刷基地建设。已建有大学出版社的学校要加强对出版社的领导,在人力、财力、物力上给予必要支持。要大力加强印刷厂的建设,不断改进印刷技术,大力提高印刷出版质量。学校的出版社、印刷厂在任何时候都应把出版印刷教材放在第一位。

第二十一条　必须大力加强图书馆工作,保证图书经费,提高入藏图书的质量。对教师提出的教学参考书应视具体需要,参照学生人数确定一定的复本量。注意外国教材的引进和开发利用。已建有外国教材中心的学校应加强外国教材中心的工作,有条件的课程可选用原文书作为教材或教学参考书。

第二十二条　应创造条件逐步改变教材工作基础设施的落后状态。对于改善高校教材管理工作基础设施和设备的投资应列入学校总体建设规划和年度计划,所需经费可分别情况在学校基建投资或印刷厂、出版社的生产发展基金以及教学设备费中列支。

第二十三条　应根据教材供应工作的需要,配备必要的仓库、书架、交通运输工具、计算机等。所配备设施要能够保证教材的完好和工作便利。

第二十四条　为了减轻学生经济负担,供应学生的校内自编讲义的价格应参照国家关于高等学校教材价格标准合理定价。成本和定价之间的差价由学校酌情给予补贴。

第二十五条　学校应保证教材工作所需要的经费,包括教材周转金、校内印刷讲义的差价补贴费、任课教师免费教材的费用以及日常行政开支等。

第二十六条　有条件的高等学校可建立教材建设基金。教材建设基金的主要用途是:

(一) 教材出版的亏损补贴。
(二) 优秀教材及讲义的奖励。
(三) 开展教材研究活动的费用。

教材建设基金可通过多种渠道来筹集:

(一) 上级拨款。
(二) 学校专项拨款。
(三) 学校出版社及印刷厂上交利润的提成。
(四) 争取有关企业单位的资助。
(五) 争取校友及国际友人的捐赠。
(六) 其他收入。

第二十七条　各校教材工作部门,在搞好教材建设、保证教材供应的前提下,可根据高等学校开展有偿服务的有关规定精神,挖掘潜力,举办各种教材、书刊、讲义供应,内部书刊印制等多种经营,以改善工作条件和职工待遇。教材供应部门开展这些业务可以享受国家对教育给予的各种优惠,但不得违反国家政策法令。学校对于教材工作部门承办的有关业务和开展的多种经营的收入,应该按照有关规定,给予一定比例的留用和分成,并予以适当照顾。

第五章　高等学校教材工作评估

第二十八条　有计划地分级(主管部门、全国)定期组织对高等学校教材工作的评估。

第二十九条　以本规程的基本精神建立评估教材工作指标体系。各级各地评估指标体系可以针对具体情况有所不同。评估工作可以由各级教育行政部门或教材建设协会组织进行,也可以由两者联合进行。通过评估,对工作优异的单位和个人,应该给予奖励。奖励办法由教材建设评估的单位自行确定。

第六章　附则

第三十条　本规程适用于全日制普通高等学校,其他各类高校可参照执行。

第三十一条　本规程由国家教育委员会负责解释。

第三十二条　本规程自公布之日起实施。

国家教委关于进行第二届全国高等学校
优秀教材评奖工作的通知

1991年6月3日

按照一九八七年国家教委颁布的《高等学校优秀教材奖励试行条例》(以下简称《条例》)第二十条"全国优秀教材奖的评奖工作每四年进行一次"的规定,1991年将进行第二届全国优秀教材的评奖工作,现将有关事项通知如下:

一、这次评奖工作遵照《条例》的有关规定进行。各有关部门和各地教育行政部门可按照《条例》及本通知的有关规定,结合本部门、本地区的实际情况,制订各自的评奖工作办法及工作进程。各部委和地方开展评优工作所需的活动经费及奖励费用从教育事业费或其他事业费中自行筹措解决。

考虑到哲学、社会科学及马克思主义理论课涉及意识形态问题较多,对这类教材的评奖,我委将另发补充通知。推荐时,学校党委要注意教材的政治和理论倾向。

二、评奖范围

1. 凡符合《条例》第二条规定范围内的各种教材均可申报。这次评奖的教材是1986年至1989年四年期间内新出版或在此期间修订再版的教材(均以版权页载明的出版日期及版次为准)。

2. 申报的教学参考书系指论述教材中的某些重点、难点以及对教材内容加深、加宽的参考书,应与科学专著有明显差别。

3. 申报的研究生教材(或教学用书)只限于公共学位课教材(如外语、工科高等数学、政治理论课等)。

三、评奖工作的分工

1. 理、工、农林、医药各科类专业由有关部委按现行的教材编审出版分工,组织对口专业的部级优秀教材的评奖工作。

2. 文科类(哲学、社会科学、外语类)各科及马克思主义理论课教材:

(1) 国务院各有关部委负责本部门统一规划教材及本部门所属院校教师主编的自编教材的评奖工作。

(2) 各省、自治区、直辖市教育行政部门组织本省规划教材及省属院校自编教材的评奖工作。

3. 国家教育委员会将在国务院各有关部门及各地教育行政部门评选优秀教

材的基础上评出全国优秀教材。如有的部门和地方今年不开展优秀教材的评奖，仍可按本办法的有关规定，向国家教育委员会评审(需组织专家评审)推荐分工负责的全国优秀教材的备选教材。

四、申报办法

1. 参加评选的教材由全国各普通高等学校及出版教材的出版社申报。全国各普通高等学校可申报本校教师任主编(或未设主编而任第一编著者)的出版教材总数的8%。出版社可申报本社出版普通高等学校教材总数的8%。申报的教材均要经2至3位校(社)聘请的副教授以上职务(称)的同行专家(校外专家至少一位)评审，并在校教材委员会(校、社学术委员会或校、社临时组织的专家评审组)评审的基础上产生。一些规模较大的学校可在开展本校优秀教材评选的基础上择优申报。申报的教材由各校、社及评审人分别填写。《优秀教材申报表》(表1)、《申报教材专家评审表》(表2)报分工负责各专业教材的有关部委或各地教育行政部门。

2. 理科(含应用理科及高等师范院校的理科)，工科各专业的基础课(课程名称附后)、工程力学、工程热物理、管理工程、环境工程、生物医学工程与仪器、法医学专业、农林专科，公共课程中的外语、教育学、心理学、政治理论课、高师体育专业，国家教委统一组织规划的哲学、社会科学以及国家教委所属院校老师主编的哲学、社会科学(包括外语专业)各类专业的自编教材，均向国家教委申报。

3. 理、工、农林、医药各科类的教材(上述申报办法中，第2条中所列各科类教材除外)均按本通知"评奖工作的分工"的有关规定向国务院各有关部门申报。哲学、社会科学各科类教材按"评奖工作的分工"有关规定分别向国务院各有关部门或各地教育行政部门申报。

4. 结合这次评奖工作，要求各高等学校将本校教师主编的在1986—1990年新版、修订再版的普通高等学校教材，按《关于统计全国普通高等教育"七五"期间(1986—1990年)新版、修订版教材的函》要求，于1991年7月31日前分科类填报设在国家教委高等教育司内的国家教委优秀教材评奖办公室。

五、评审办法

1. 各部委和地方将各学校、各出版社申报的教材汇总整理后，通告使用教材的部分高等学校，由学校组织本校使用教材的教师或担任本门课程教学的教师进行评议(作为教材评优的重要依据)并填写《教材质量评议表》(表3)报各有关部门或地方，在此基础上组织评审委员会评审，评出各自分工负责的部级或省级优秀教材。担任哲学社会科学教材的评审委员必需政治立场坚定，学术观点正确。

2. 国家教委将根据各部委和地方参评教材的总数，下达参加全国优秀教材评奖的备选教材的限额。申报备选教材时将有关材料及样书两本同时报送国家教委优秀教材评奖办公室。

3. 国家教委将汇总整理后的全国优秀教材备选教材提交全国优秀教材评奖委员会进行评审,评审结果经国家教育委员会批准后公布,并由国家教委统一授奖。

六、奖励

1. 优秀教材的奖励,采用荣誉奖和物质奖相结合的方式。

2. 全国优秀教材的奖励分两等:

全国优秀教材特等奖　荣誉证书及奖金 6 000 元。

全国优秀教材奖　荣誉证书及奖金 2 500 元。

3. 获奖优秀教材的责任编辑及其他有关人员,由所在出版社根据其在本书编辑出版工作中的贡献,另行予以奖励。

4. 各部委和各地方优秀教材的奖励,由各部委和地方自行确定。

七、为鼓励中、青年教师积极研究并编著教材,本届评奖特设"中、青年教师优秀教材奖"。

1. 本奖只限年龄在 45 周岁(含 45 岁)以下的中、青年教师编著的 1986—1989 年期间出版的教材。

2. 本奖在全国优秀教材评审确定后,从中、青年教师编著的其他备选教材中择优评出。

3. 本奖的参选教材要求总体质量较高、在教学使用中效果明显、教材的体系结构、内容以及在完成本专业培养目标等方面有较为明显的创新和特色。各高等学校、各部门和各地方教育行政部门对中、青年教师编著的教材应予充分重视,在申报材料中写明有关情况。

4. 获得此项奖励的教材发给荣誉证书及奖金。奖金额:1 500 元。

八、组织领导

1. 优秀教材的评奖工作,在国家教育委员会的统一指导和部署下进行。国家教育委员会在高等教育司内设立"全国高等学校优秀教材评奖办公室",负责评优的日常工作。

2. 国务院各有关部委和各地教育行政部门具体指导并组织各自分工负责的教材评优工作。

九、日程安排

1. 1991 年 6 月上旬国家教育委员会发出评奖通知。

2. 1991 年 10 月 1 日前各高等学校、各有关出版社向各有关部门或地方教育行政部门进行申报。

3. 1991 年 10 月 1 日至 1992 年 2 月 1 日为部门及地方评优阶段。1992 年 2 月 1 日前,各部门和地方向国家教委申报全国优秀教材备选教材。申报材料均以邮戳时间为准,逾期不予受理。

4. 1992年4月国家教育委员会组织全国优秀教材评奖委员会评出全国优秀教材并颁奖。

附件:一、高等学校优秀教材奖励试行条例(略)

二、关于统计普通高等教育"七五"期间(1986—1990年)新版、修订版教材的函(略)

表1. 全国优秀教材申报表(略)

表2. 教材质量评议表(略)

表3. 申报教材专家评审表(略)

注:工科共同的基础课为:公共外语、高等数学、工程数学、普通物理、物理实验、普通化学、无机化学、有机化学、分析化学、物理化学、机械原理、机械零件、机械设计、画法几何、制图、理论力学、材料力学、结构力学、弹性力学、水力学、流体力学(工程流体力学)、电工学、电子线路、电子技术、电磁场理论、电路理论及信号分析、计算机基础、算法语言、工程热力学、传热学、金属工艺学、工程材料及机械制造基础。

全国普通高等教育"八五"期间教材建设规划纲要

1991 年 11 月 19 日

一、制定纲要的依据及总目标

《中国教育发展和改革纲要(草案)》(1990—2000 年)指出,到本世纪末,我国教育发展的总目标是:建立起适应社会主义现代化建设需要,面向二十一世纪的,具有中国特色的社会主义教育体系的基本框架。担负着培养高级专门人才和发展科学技术文化重要任务的我国高等教育,今后一个时期,要把重点放在优化结构,提高水平上。在层次结构上,要基本稳定研究生教育规模和本科教育规模,适当发展专科教育;在学科结构上,要适当调减基础学科的规模,逐步发展社会需求量较多的应用学科;在专业结构上,要进一步拓宽专业的业务范围,减少专业的种类,以增强适应性;在办学形式上,要多样化,各高等学校都要面向社会主义现代化建设,大力培养多种规格、侧重应用的人才,同时也要注意培养适当数量从事研究和教学的人才。

"七五"期间,我国高等教育的教材建设工作,在"积极扩大教材种类,大力提高教材质量,努力搞活教材工作"方针的指引下,在高等教育深化改革形势的推动下,取得了显著的成绩。初步形成了由国家教委统一指导、规划、部署、协调,国务院各业务部门按照专业对口的原则分工负责制订规划、组织编审,全国各高等学校支持配合,各有关出版社及时印刷出版、新华书店保证课前到书的高等教育教材建设体制;制订了一系列有关的政策法规;全面建立了各级教材建设工作的机构和 200 多个教材编审委员会或课程教学指导委员会等专家组织;聘任了约 6 000 余名专家、教授,并组织了 1.7 万余名教师,从事教材编审、规划及编写、修订工作,到"七五"期间结束,已累积编审、出版了高等教育教材一万余种,使本科各主要专业的基本教材、实验指导书、习题集及教学参考书业已初步配套;各科类教材的内容及印装质量普遍有所提高,并出现了一批优秀教材,为我国高等教育的改革、发展和质量提高提供了条件保证。一批大学出版社的恢复和建立,改变了教材编审出版工作体制单一的局面,为高等教育教材建设做出可喜的贡献。

"七五"期间我国高等教育教材建设的成绩虽然显著,但仍然存在着一部分规划教材和相当多的自编教材质量不高,教材的层次和种类系列尚未完全配套,以及教材建设经费严重不足和部分教材出版困难等问题。

在总结"七五"期间全国普通高等教育教材建设工作的基础上,根据《中国教育发展和改革纲要(草案)》(1990—2000年)对高等教育及教材建设提出的要求,到本世纪末,我国高等教育教材建设的总目标是:建立适应我国社会主义现代化建设和高等教育事业发展与改革需要,反映当代国内外文化、科学、技术先进水平,面向二十一世纪的,具有中国特色的高等教育教材体系。

二、全国普通高等教育"八五"期间教材建设工作的指导方针和任务

"八五"期间,我国高等教育教材建设应为初步建立上述教材体系奠定坚实的基础,这项工作的指导方针是:以全面提高教材质量为中心,加强组织领导,抓好重点教材,适当发展品种,力争系统配套。主要任务是:

1. 加强教材的思想性,全面提高教材质量

(1) 哲学社会科学的教材,必须坚定地以马克思主义理论为指导,牢固把握住政治方向,坚持四项基本原则,批判资产阶级自由化观点。要紧密联系中国的实际,反映时代特点。国家教委已决定在"八五"期间,要全面规划文科教材建设,组织力量,审定一批现有教材,修订一批教材,重编一批教材。要着重抓好文学、史学、哲学、政治学、社会学、新闻学、经济学、法学、艺术、教育学十类学科专业的基础课程和主要专业课程教材的统一编审出版工作。新编或修订出的教材应该政治观点正确,学术水平较高,并能较好地阐明社会主义建设中有关理论和实践问题。今后,哲学社会科学的教材未经审定,不得使用。

(2) 理、工、农、医各科教材要注重思想性,努力体现社会主义方向和爱国主义精神,加强理论与实际的联系,做到思想性、科学性与先进性的统一。

(3) 要及时做好现有教材特别是重点教材的修订工作,不断地将反映现代科学、技术、文化发展新水平的成熟内容及教育改革的新成果补充到教材中去,使现有教材质量提高到新的水平。对于那些内容陈旧、质量差、缺乏特色而难以修订的教材,要予以淘汰,必要时重新组织编写。教材的修订必须作为一种制度,一般应每四至五年修订一次。

(4) 要集中力量抓好本科主要专业主干课程的教材建设。各部门要有计划、有步骤地继续抓好在专业建设、课程建设上起决定作用的主干课程教材的编审或修订。在"八五"期间每个本科专业都要确定2~4种重点教材,要从绪论的编写到体系内容的安排,与相关课程内容的分工、衔接,图表的选择,以及思考题、习题、重要内容的引用文献等方面,都要下功夫全面提高质量,力争在"八五"期间产生一批国内外公认的高质量、高水平的教材。新编教材(包括讲义)一律要使用国家标准局颁布的标准计量单位、电气制图和图形符号。修订教材要实现新旧标准的转换。

(5) 要根据当代文化、科学、技术发展和高等教育改革的需要,加强教材内容、

体系改革研究。努力改变教材(特别是基础课教材)内容陈旧的状况,进一步拓宽教材的专业适用面。

2. 抓好系统配套,适当发展品种

(1) 高等专科教材的编写出版是"八五"期间高等教育教材建设的一项重要任务,首先要集中力量抓好适合专科教育特点的基础课和主要专业课的教材的编写出版。高等专科教材的编审出版工作,同样要贯彻与本科教材编审出版一致的专业分工原则,并由国家教委统一协调,以避免不必要的人力、财力浪费。专科教材的内容要体现专科教育的针对性、实用性较强等特点,要适应各类高等专科教育培养目标的需要。要注意理论的应用和实践技术的训练,恰当地掌握内容的深度和广度。

(2) 进一步做好本科各主要专业与理论课教学相配合的实践性教学环节教材,包括实验、实习、设计指导书,习题集,计算机辅助教材等的编审出版,力争在"八五"期间做到基本系统配套。对尚属缺门的新兴学科或一些特殊的专业的教材要尽快补齐。

(3) 要适当编写出版使用面较宽的基础理论和公共学位课程的研究生教学用书,对研究生教育所需的参考用的学术专著,编写的重点应放在那些具有我国特色,在国际上处于领先地位的学科专业,以及被评为全国重点学科的博士点和荣获国家级科研成果奖励的项目上。编写研究生教学用书,要坚持高质量、高水平。

(4) 有计划、有选择地抓好若干种与文字教材相配套的声像教材,如:录像片、幻灯片、投影片及计算机软件等。

3. 进一步提高对教材建设工作重要性的认识,加强领导,健全管理体制

国务院各有关业务部门,各省、自治区、直辖市教育行政部门,各高等学校要充分认识教材建设在高等教育中的地位和作用,把教材建设工作真正纳入本部门的议事日程,切实解决教材工作中的实际问题。加强对教材工作的领导,健全管理机构,理顺管理体制。认真贯彻国家教委制订的有关教材建设工作的各项方针、政策。各高等学校还要注意贯彻有关业务部门制定的有关专业教材建设的方针、政策。

(1) 国务院各有关业务部门要按国务院发布的《高等教育管理职责暂行规定》的精神,在国家教委的统一部署下,"组织和规划对口专业的教材编审"工作,这是我国高等教育教材建设的主体。各部门要加强对本部门分工负责的教材编审出版工作的领导,不断研究新情况,解决新出版的各种困难和问题,保证教材建设工作的顺利进行。在新的情况下,国家教委将对国务院各业务部门的有关教材工作职责,进行必要调整和分工。各业务部门要根据本纲要的基本精神和要求,设置专门的机构或专人负责教材建设工作,已建立的各种教材编审及管理机构,力求相对稳定,不要轻易撤销或合并。教材建设任务重而目前尚无专门的教材建设管理机

构的部门,应创造条件,尽快设立。

(2) 各省、自治区、直辖市教育行政部门要加强对本地区教材建设工作的宏观指导,对本地区高等学校贯彻执行国家教委有关教材工作的方针、政策进行监督和指导。推动本地区教材工作评估,开展经验交流,培训教材管理干部。目前要加强对各院校教材编审、出版及教材选用方面的指导与管理,制止乱编滥出教材,纠正选用教材方面的放任自流现象。

(3) 各高等学校的教材建设是全国教材建设的基础。高等学校,特别是重点高等学校,要按照国家教委《高等学校教材工作规程(试行)》及有关教材建设工作的政策,确保国务院各业务部门规划教材编写任务的完成。要支持各科类教材编审委员或教学指导委员会委员的工作。要加强对教材的编写、出版及选用的指导与管理。要采取切实措施杜绝质量差、水平低的教材的出版及选用。不要求每个高等学校都编制本校全面的教材编审出版规划,不要片面地强调提高学校教材的自编率。有关高等学校要加强对本校出版社的领导和管理,要把教材编审出版工作的重点放在师资力量强,教学和科研水平高的专业上。要优化教材选题,减少重复品种,自编教材选题要经过本校教材委员会及教务部门的审核同意,由出版社汇总上报有关部委教育司(局),有关省、自治区、直辖市教委(或高教、教育(厅)局),按国家教委的有关规定审批。国家教委直属学校出版社的教材选题报我委条件装备司并由委内有关业务司会签审批,严格把好质量关。

4. 加强教材的研究工作

(1) 各部委、各科类的教材编审委员会或教学指导委员会,要制订教材研究计划,把它作为一项重要任务抓好。对于重点研究课题,在经费、条件等方面给予支持,以保证做出预期的成果。要经常了解社会主义现代化建设对本学科专业人才培养的新要求,以及本学科专业的教学改革、教学内容的新进展、新变化。对国外重要学科专业教材的新版本进行研究、剖析和评介。凡有重要参考价值的,要列入教材规划,翻译出版。

(2) 各外国教材中心要有组织、有计划地与各学科专业的教材编审工作紧密结合,使引进的外国教材切实为当前的教材编审服务。引进教材的书目、教材的评介研究计划、翻译选题等工作主要由教材编审委员会或课程教学指导委员会提出并进行业务指导。

三、落实纲要的主要措施

为了实现全国普通高等教育"八五"期间的教材建设任务,需要采取下列主要措施:

1. 进一步完善教师编写教材的有关政策

国家教委将进一步完善(85)教理材字001号《关于高等学校教材工作若干问

题的通知》文件规定的若干政策,调动马克思主义观点正确,学术造诣深,科研成果显著,教学经验丰富的教师编写高质量教材的积极性。各高等学校要结合本校实际情况,切实贯彻落实。

2. 加强教材编审、出版和选用的指导和管理

鉴于目前教材的编审、出版及选用方面存在的某些混乱状况,国务院有关业务部门,各省、自治区、直辖市教育行政部门,各高等学校及有关出版社要进行必要的治理整顿,防止低质量教材的出版及选用,以保证教学的基本质量。国家教委将制订具体的管理办法。

3. 建立教材质量跟踪调查制度,开展教材质量评价

各部门要按照专业分工归口管理的原则,对已出版的规划教材及自编教材,在跟踪调查的基础上,有计划地组织专家、教授对教材质量的优良低劣进行评价,定期公布结果,以促进教材质量的提高。评价的标准体系及办法,国家教委将与有关业务部门共同制订。

4. 充分发挥教材编审委员会或课程教学指导委员会的作用

由国家教委就教材编审委员会或课程教学指导委员会的性质、职能及组成作出统一的原则性规定,通过调整和整顿,理顺各种专家组织在教材编审、教学改革、课程评估工作中的相互关系,以更好地发挥各种专家组织在教材建设中的作用。目前,各高等学校要认真落实各部门、各学科教材编审委员会或课程教学指导委员会委员有关工作量的规定,切实解决他们参加教材会议的旅差费用。

5. 坚持优秀教材评奖制度

继续做好四年一度的全国优秀教材评奖工作。进一步完善优秀教材的评定标准指标体系及评奖办法,鼓励教师编写教材的积极性,推进教材建设工作的发展及教材质量的提高。国家级的优秀教材将在高等学校,各省、自治区、直辖市,国务院各有关业务部门普遍评奖的基础上评出。

6. 改善教材经费的投入

国家教委要争取改善对教材编审经费的投入,研究和落实广开教材编审经费来源的途径。国务院各有关业务部门和高等学校,拨出专项经费,保证教材编审费用。

7. 改进大、中专教材出版亏损补贴的分配使用和管理办法

重点保证各部门统一规划教材及有特色、高质量教材的出版。

8. 会同国家新闻出版署进一步加强和改善教材的发行体制

教材的发行供应在继续发挥新华书店主渠道作用的基础上进行必要的改革,以真正达到按时足量供应。

为推动教材装帧和印刷质量的提高,国家教委与国家新闻出版署对大、中专教材的装帧和印刷质量进行评优。

国家教委关于教师编写教材若干问题的暂行规定

1991年11月19日

1978年以来,为了全面加强我国高等教育各类专业的教材建设,原教育部和国家教育委员会制订了许多有关教师编写教材的政策性的措施,在《关于高等学校教材工作若干问题的通知》及《高等学校教材工作规程(试行)》等文件中,均有比较明确的规定。但由于这些政策,在相当一部分高等学校中未认真贯彻执行,加之教材稿酬标准偏低,出版遇到新的困难,都严重影响了教师编写教材,特别是教学经验丰富、有学术造诣的教师编写高水平教材的积极性。

为了充分调动教师编写教材的积极性,鼓励和支持教师编写高质量的教材,完成教材建设任务,现就有关问题规定如下。

一、凡教师承担国家教委、国务院各有关部门统一规划教材的编写任务和列入学校计划的教材(包括学校规划讲义)编写任务,学校应对其编写时间提供充分保证,并相应地减少其额定教学工作量,具体折算办法可由各校按实际情况定。凡未制定教材编写折算工作量具体办法的学校,均应尽快制定。对教师在教材编写过程中所需的资料收集、调查研究及誊写、复印等工作条件,学校也要切实予以支持。

对担任国务院各有关部门课程教学指导(或教材编审)委员会委员及正、副主任委员,正、副组长和秘书的教师,可视其在课程教学指导(或教材编审)委员会中承担的实际工作量,酌情减少教学工作量。各有关学校对教学指导委员参加委员会组织的会议的旅差费要予以解决。

二、高等学校要采取措施鼓励教师积极参加教材建设,教师编写的教材、讲义,应作为教师职务评聘中要求的教学成果或科研成果送审。

要正确对待教学成果及教材建设成果在评聘高级教师职务中的作用。高水平的教学成果及教材建设成果,是评聘教授、副教授的重要条件。

三、关于教材的稿酬标准及其分配。

1. 教材的稿酬标准按国家版权局1990年7月1日公布的各类图书稿酬新标准执行。教材的稿酬标准也应遵循优质优酬的原则,纠正有意压低教材稿酬标准的倾向。

2. 各出版社及编辑部不得以任何理由、任何方式,从作者的稿酬中扣留。一经发现,应严肃处理。各校要从加强教材建设工作的大局出发,对编写教材的教师实行优惠政策,保证教材稿酬原则上归编译者本人,纠正层层扣留教材稿酬的现象。

凡由出版社提出或同意约请专人审阅教材书稿的审稿费,均由出版社付,不得从作者稿酬中扣留。编者在交稿前请人审阅的,由编者自行酬谢。

3. 各校自编的讲义,可按学校实际情况,给编者适当数额的一次性补助,以资鼓励。

四、依法保护教材和讲义的著作权。

各级教育行政部门及各高等学校都要重视教材、讲义的著作权保护。要教育教师和科技人员,注意职业道德,尊重他人的知识成果和著作权。凡发现抄袭及剽窃他人知识成果的违法行为,均按《中华人民共和国著作权法》严肃处理。

五、建立并进一步完善教材的评奖制度。

1. 国家教育委员会将坚持四年一度的全国优秀教材评奖制度,进一步完善和改进评奖标准及办法,各部门、各级教育行政部门及各重点高等学校,均应建立相应的教材评优奖励制度,给予荣誉和物质的奖励。适当提高奖励标准,与同级科研成果奖、教学成果奖同等对待。

2. 凡获得国家级、部级、省级及校级奖励的优秀教材,应作为教师晋升职务的依据之一。

普通高等教育各科类专业教材规划、编审、出版工作的分工

1991 年 11 月 19 日

一、按照国务院国发[1978]23 号《国务院批转教育部关于高等学校教材编审出版工作的请示报告》及国务院国发[1986]32 号《国务院关于发布〈高等教育管理职责暂行规定〉的通知》的规定，国务院有关部委应在国家教育委员会的指导下，按照统一部署，组织和规划对口专业的教材编审出版工作。

1. 这个分工是指面向全国普通高等学校有关专业的分工，各有关部门要从全国普通高等教育的全局而不是从本部门所属院校所设专业出发，组织分工负责专业的教材的规划、编审和出版。

2. 普通高等学校马克思主义理论课（公共课）及思想品德教育课程类教材由国家教育委员会和省、自治区、直辖市教育部门统一负责组织规划、编审和出版。

3. 普通高等教育理科、工科各类专业的基础课教材、部分技术基础课教材，公共外语课教材，生物医学工程与仪器专业、法医学、环境工程类、高等师范类各专业的教材，体育教育专业、外国语言文学类各专业，以及高等农林专科各类专业的教材及教学用书，由国家教委负责组织规划、编审和出版。

为节省篇幅，上述 2、3 所列各类专业不再列入后面各科类专业教材规划、编审出版工作的分工表（略）。

4. 工科各类专业的专业课教材和部分技术基础课教材及教学用书，由对口部委组织规划、编审和出版。

5. 农科、林科各类专业（除农、林专科外）的教材及教学用书，分别由农业部、林业部负责组织规划、编审和出版。

6. 医科、药科及中医类各专业的教材及教学用书，分别由卫生部、国家医药管理局、国家中医药管理局组织规划、编审和出版。

二、一个专业如涉及几个部委且专业服务方向及主干课程的内容和要求差异较大时，则将相关的部委同时列为负责单位，均可分别组织编审、出版符合各自教学需要的各具特色的教材，但应互相通报情况，加强协作，尽力避免重复出版。凡服务方向有所侧重，而专业基础和主干课程内容基本相同，只是具体应用有所差别，应以一个主要对口部委作为组织编审出版的负责单位，其他有关部委作为协助

和参加单位,共同协商,编审、出版有关专业共同使用的教材。如确有需要,参加部委可以组织编审、出版某些反映本行业特点的选修课或专业课教材,作为本专业教材的补充,但需征求主要负责部委的意见。

三、上述职责分工原则适用于高等专科教材的规划、编审和出版工作。

四、军工专业及部分试办专业的教材分工未列入,可由有关部委负责组织教材的规划、编审和出版。

五、本分工依据国家教委 1984 年以来正式审定公布的专业目录拟定。

国家教委关于普通高等教育教材编审出版选用若干问题的暂行规定

1991 年 11 月 19 日

十多年来,我国高等教育各科类教材建设,总的来讲发展是健康的,取得了明显的成绩。但是,近几年来普通高等教育各科类教材的编审、出版及选用方面出现了一些值得重视的问题,内容缺乏特色,质量较差的教材重复编写出版相当严重。尤其是部分地区出现的多人自愿联合、协作编写,凑足一定印数,资助出版,分摊包销使用的教材,质量问题更多。少数出版社片面追求经济效益,对教材质量把关不严。相当多的高等学校对教材的择优选用缺乏必要的指导和管理,甚至放任自流,致使一些质量不高或者质量低劣的教材(包括讲义)在教学中被选用。这些混乱现象已经给教学质量带来一定影响。为实现"八五"期间教材建设规划纲要提出的全面提高教材质量的要求,保证教学质量的不断提高,需要对普通高等教育各科类教材的编审、出版及选用加强宏观管理与指导,以利教材建设的健康发展,特制定本暂行规定。

一、国务院各有关部门要加强对口专业教材工作的指导和管理。

1. 国务院各有关业务部门在国家教委的统一指导、部署下,要按照专业对口的原则,有领导有计划地做好分工负责的各科类教材编审出版及现有材料(包括统一规划及自编教材)的评价及教材选用的指导和管理工作,组织教学指导(或教材编审)委员会的专家教授和其他专家,对各专业主干课程的教材进行评价,为高等学校提供教材选用的依据,并促进教材质量的提高。

2. 要加强对部属出版社的指导和管理,集中力量出好本部门分工负责专业的统一规划教材,原则上不出版编审出版分工以外的自编教材。

3. 要加强对所属大学出版社的管理与教材选题的指导。要按照国家教委的有关规定,优化教材选题,指导大学出版社做好教材选题规划。必要时各部门另请专家审稿,把好教材质量关,坚决压缩无明显特色的重复品种。

4. 国务院各部门统一组织规划编审出版的教材,在封面左上角标印"普通高等教育×××类规划教材"标志,各种非规划教材一律不得印此标记。

二、各地方教育行政部门要加强本地区教材建设的指导和管理。

1. 根据国家教委颁发的《高等学校教材工作规程(试行)》及国家教委有关教

材建设工作的文件精神,要加强对所属高等学校教材编审、出版及选用的指导和管理,切实保证出版教材的质量。指导学校选用好教材,不得用任何方式限定高等学校订购本地区编审出版的教材,实行地区"保护"。采用多种方式有计划地组织所在地区高等学校进行教材编审、出版及选用的经验交流。

2. 会同省、自治区、直辖市出版管理部门做好本地区出版社(包括省属院校出版社)教材选题的审批,防止低质量重复品种教材的出版。

三、高等学校的教材建设是高等教育教材建设的基础,学校的领导要提高对教材建设工作地位和作用的认识,加强教材工作的领导和管理,全面贯彻《高等学校教材工作规程(试行)》及有关方针、政策。

1. 要发挥本校学科优势,组织学术造诣深、科研成果显著、教学经验丰富的教师编写高质量的教材。不具备编写新教材的专业,应积极选用校外高质量的教材。新编教材应先印成讲义在教学中试用,待较为完善后再推荐正式出版。各高等学校要正确处理自编和选用教材的关系,不要片面强调本校教材的自给率(或自成体系)。

2. 为保证教学质量,各高等学校应加强对教材选用的指导和管理,坚持择优选用的原则,优先选用优秀教材和各部门统一规划组织编审的教材。

3. 各高等学校首先要保证完成国家教委及国务院各有关部门规划教材的编写任务,对承担编审任务的教师,给以各方面的支持,提供必要的工作条件。

4. 各高等学校要加强对自编教材的管理和指导。教师个人编著或与校外合作编著的教材,如以本校教学为目的,需向本校申报,纳入学校统一规划。各学校要对本校统一规划的教材选题及内容质量进行严格审核,对无明显特色,内容与已出版的教材雷同,质量一般的,不应列入规划。凡需正式出版的教材,均应写成讲义,经过教学试用阶段(至少使用两届),经修改后才能交出版社审稿出版。

5. 教师使用完教材后要及时填写教材使用情况表,由教务部门收集后寄送分工负责本教材规划部门或出版社,作为教材修订的依据。

四、各级各类出版社任何时候都要把教材的质量和社会效益放在首位。

1. 教材的选题要按照国家教委和新闻出版署的有关规定进行申报审批。各地方出版社的教材选题都要经所在省、自治区、直辖市教育行政部门审核。各高等学校出版社的教材选题都要经学校教材委员会或教务部门审核同意后,向所属上级主管部门申报审批。

2. 凡享受国家"大中专教材出版亏损补贴"以及各部委统一规划的各科类教材,一律不得以任何方式向作者或学校及下达任务的部委收取资助或要求包销,如经发现,有关主管部门要严肃处理,并追回或扣发教材亏损补贴。

3. 各部委统一规划的教材,未经有关规划部门和出版社同意,一律不得转到其他出版社出版。已承担国务院各部门统一规划教材出版任务的出版社,要明确责任,保证按时出版,课前到书,不得中途借口拒绝完成出版任务。

4. 按新闻出版署关于协作出书的有关规定精神,教师个人或数人联合编写的教材,不能以"协作出版"的名义或方式出版。凡出版的教材都要经发行部门发行供应,不能以任何方式要作者包销,各高等学校教材管理部门都有权拒绝接受包销的教材。

5. 正式出版使用的教材一般每4~5年要修订一次。对那些教学使用效果差而无修订价值的教材,应予淘汰。

五、保护教材著作者的著作权益。

对剽窃教材原有版本(包括讲义)内容以及侵犯与著作权有关权益的行为,要依据《中华人民共和国著作权法》的有关规定进行处理。

六、本规定自发布之日起实行。

关于公布国家教委第二届优秀教材评奖结果的通知

1992年11月5日

按照我委《高等学校优秀教材奖励试行条例》及《关于进行第二届全国高等学校优秀教材评奖工作的通知》的规定，我委已于1992年4月召开了国家教委第二届优秀教材评审会议，评出了国家教委优秀教材一等奖134个，二等奖130个，中青年优秀教材奖4个，评审结果已经我委正式审核批准。现将获奖书目随文公布，并就奖励事项通知如下：

一、国家教委高等学校优秀教材奖是部委一级的奖励。

二、获国家教委高等学校优秀教材一等奖，发给荣誉证书及奖金1 500元，二等奖发给荣誉证书及奖金1 000元，中青年优秀奖发给荣誉证书及奖金800元。

三、各有关部门、省市和有关高等学校对优秀教材的编著者应予以鼓励，并在考绩、评审职称（职务）等方面，要充分考虑他们在教材建设上所作的贡献。

四、对出版获奖教材的出版社由我委发给奖状，优秀教材的责任编辑及其他有关人员，由出版社视情况给予奖励。

附件：国家教委第二届优秀教材获奖书目（略）

国家教委关于进行第三届全国普通高等学校
优秀教材评奖工作的通知

1995 年 3 月 9 日

按照我委颁布的《高等学校优秀教材奖励试行条例》的规定和朱开轩同志《在国家教委 1995 年教育工作电话会议上的讲话》精神,1995 年将进行第三届全国普通高等学校优秀教材的评奖工作。现将有关事项通知如下:

一、这次优秀教材评奖工作分两步进行。1995 年先开展部委(省市)级的评奖工作,国家级的优秀教材评奖工作将与第三届国家级优秀教学成果奖并轨,届时国家级优秀教材的备选教材应从今年评出的部委(省市)级优秀教材一等奖中择优推荐。

二、各有关部委和各省、自治区、直辖市教育行政部门要根据本通知的精神,结合本部门、本地区的实际情况,制定各自的评奖工作办法和工作进程,一般应在今年年底之前完成。开展评奖工作所需的活动经费及奖励费用从各自的教育事业费或其他事业费中筹措解决。

三、评奖范围:

(一)各中央、地方、大学出版社正式出版的供普通高等学校大学本科、专科及研究生使用的教材(包括文字教材、计算机辅助教学课件),不包括科学专著。

(二)这次评奖的教材是在 1990 年 1 月到 1994 年 12 月底期间新出版或修订出版的教材(以版权页的出版日期为准)。

(三)申报的研究生教材,只限于学位课程的教学用书部分。

四、评奖工作的分工:

(一)理、工、农林、医药各科类的教材(包括规划教材的学校自编教材)由国务院有关部委按教材编审出版分工办法(参照教高[1991]25 号文),组织对口专业的部级优秀教材的评奖工作。

(二)人文社会科学类教材参照教高[1991]25 号文的规定和按"谁规划谁评奖"的原则进行分工,由国务院有关部委和各省市组织部(省)级优秀教材的评奖工作。

(三)下列教材由国家教委负责评奖:

1. 理科类(含应用理科和师范理科)教材;

2. 工科本科和专科各专业的基础课(包括数学、物理、化学、力学、制图、机械基础、热工、电工基础、计算机基础)教材和管理工程类专业、环境类专业、工程力学专业、生物医学工程专业和原工程热物理专业的教材；

3. 医科类法医专业的教材；

4. 农林类专科教材；

5. 高等师范本、专科体育学类和艺术类专业的教材；

6. 本、专科公共的马克思主义理论和思想政治教育课、体育课、艺术课、外语课教材；

7. 思想政治教育专业的教材；

8. 国家教委规划的及所属学校的教师主编的人文社会科学类教材。

(四)由国家教委负责评奖范围的教材其他部门不再进行评奖。

五、申报条件及办法：

(一)这次评奖工作仍通过学校和出版社两条渠道进行申报。学校申报的教材应是获学校奖的教材；出版社要经过认真评议，择优申报。

(二)申报的教材要经2至3名校(社)聘请的副教授以上职称的同行专家(编者所在的学校之外使用过本教材的专家至少一名)评议。

(三)参加评选的教材由学校和出版社按第四条评奖工作的分工分别向有关部门申报。一种教材只能向一个部门(或省市)申报，不得多头重复申报。

(四)各普通高等学校和有关出版社要在今年5月1日之前将《普通高等教育1990—1994年新版、修订版教材统计表》(附表一)报送我委高教司并抄送主管部门和受理申报教材评奖的有关部门。

(五)各申报单位申报教材的数额为：

全国普通高等学校可申报本校教师任第一主编(或第一编著者)的教材出版总数的8%。

出版社可申报本社出版的普通高等学校教材总数的8%。

各申报单位如果上届有获部委(省市)以上奖励的教材，可追加其获奖数额总数的30%。

经过修订，内容、体系、结构有较大变化并且质量有进一步提高的前两届获奖教材这次仍可以申报，但一般不超过申报总数的25%。

(六)申报优秀教材的材料是：本单位申报教材的清单(附表二)及《优秀教材申报表》(附表三)，评议人填写的《申报教材专家评议表》(附表四)，样书两本，计算机辅助教学课件软盘及使用说明书。

(七)国家教委受理申报的时间为6月15日到7月31日，逾期不再受理(以寄出的邮戳为准)。

（八）申报的教材要缴纳申报、评审费。

六、评审办法：

（一）国家教委将根据1990—1994年出版教材的总数向国务院各有关部委、各地教育行政部门下达部委（省市）级一等奖的数额。国务院各有关部委、各地教育行政部门可根据具体情况确定各自的二等奖和中青年奖的数额。

（二）评奖工作一定要加强领导，严把质量关，宁缺毋滥。各有关部门不得突破国家教委下达的一等奖评奖数额。

（三）这次评奖工作要充分发挥教材建设专家组织（如教学指导委员会、教材建设委员会、教材编审委员会等）的作用。国家教委负责评奖的教材将组织有关的教学指导委员会进行质量评议和初评，然后由评审委员会负责评审。

（四）这次评奖工作，除评出获奖的教材外，还应选出质量较好的教材推荐给学校使用。请国务院各有关部委、各地教育行政部门在这次评奖工作结束时将获奖教材及推荐教材的有关材料一并报国家教委高教司。

七、奖励：

（一）优秀教材的奖励采用荣誉奖与物质奖相结合的方式。

（二）国家教委的部级优秀教材的奖励分为：

一等奖：荣誉证书及奖金2 000元；

二等奖：荣誉证书及奖金1 500元；

中青年奖：荣誉证书及奖金1 000元。

获中青年奖作者的年龄不大于45周岁（以教材的出版时间为准）。

获奖教材的责任编辑由所在的出版社另行予以奖励。

（三）国务院各有关部委、各地教育行政部门优秀教材的奖励标准自行确定。

八、国务院各有关部委、各地教育行政部门要在这次评奖的基础上做好国家级优秀教材备选教材的准备工作。

附表：一、普通高等教育1990—1994年新版、修订版教材统计表（略）

二、部（省）级优秀教材申报清单（略）

三、优秀教材申报表（略）

四、申报教材专家评议表（略）

关于"九五"期间普通高等教育教材建设与改革的意见

1995 年 4 月 10 日

一、普通高等教育教材工作面临的形势

（一）当前，我国改革开放和社会主义现代化建设事业进入了一个新的发展阶段。高等教育在邓小平同志建设有中国特色社会主义理论和党的基本路线的指导下，正在全面贯彻落实《中国教育改革和发展纲要》，进一步深化改革，为适应建立社会主义市场经济体制的需要，面向 21 世纪的发展机遇和挑战，实现我国国民经济和社会发展的战略目标培养跨世纪的人才。

"九五"期间，普通高等教育教材（以下简称高教教材）建设工作要适应培养跨世纪高质量人才的要求，紧密结合教学改革的实际，编写出版质量更高、品种齐全、各具特色、适用性更强的教材，为加快高等教育事业的改革、发展和教学质量的提高，做出应有的贡献。

（二）十一届三中全会以来，在各级教育主管部门、各高等学校、广大教师和出版发行部门的共同努力下，高教教材建设工作取得了显著的成绩，主要表现在：累计出版了两万余种教学用书，较好地、适时地满足了教学的需要，并涌现出了一大批优秀教材，同时出版了一批密切配合教学的电化教材和计算机辅助教学软件；制订了一系列教材工作的法规和文件；组织了基本覆盖高等教育教学与教材建设的专家队伍；建立了教材评奖制度，进行了两次全国优秀教材评奖工作；开展了高等学校教材工作的评估试点等。"八五"期间的教材建设在质量和品种方面有了较大的提高和发展，在管理体制和职能转换方面进行了积极的探索，取得了一定的经验。所有这些，为学校开展教学改革、保证和提高教学质量提供了基本条件，也为"九五"教材建设工作奠定了良好的基础。

（三）在新的形势下，高教教材建设工作相对滞后于高等教育改革和发展的矛盾日益突出，主要表现是：不少教材在体系、结构、内容等方面不适应科学技术的发展，不适应变化着的社会实际，也不适应专业调整和教学改革的需要，内容急需更新，质量亟待提高；适应不同层次、不同教学要求，具有创新精神，各具特色的教材和教学参考书品种太少；部分同类教材雷同；经费的投入相对不够集中。同时教材的编写、出版、发行工作也面临着许多新情况，存在着许多亟待解决的困难和问题。所有这些矛盾和问题需要通过深化改革加以解决。

为此，必须研究新情况，解决新问题，开拓新思路，总结新经验，以利于教材工作的顺利开展。

二、"九五"期间高教教材建设工作的目标和任务

（四）"九五"期间高教教材建设工作的目标是：以建设有中国特色社会主义理论为指导，全面贯彻国家的教育方针，面向现代化，面向世界，面向未来，编写、出版一批适应我国社会主义现代化建设和高等教育事业发展与改革需要，反映当代国内外政治、经济、文化发展和科学、技术先进水平的教材，逐步形成面向 21 世纪的、具有中国特色的高等教育教材管理体制和运行机制的基本框架。

（五）"九五"期间高教教材建设工作的指导方针是：加强领导，深化改革，做好规划，加大投入，抓好重点，提高质量，增加品种，优化配套。

（六）深化教材管理体制和运行机制的改革。

在教材管理体制改革方面，要根据《国务院关于〈中国教育改革和发展纲要〉的实施意见》，继续贯彻国务院关于《高等教育管理职责暂行规定》中有关教材管理的职责。各级教育主管部门要切实转变职能，加强对教材建设工作的宏观管理和指导。

各级教育主管部门在高教教材工作中的主要职能是：

1. 国家教委的职能：教材建设工作宏观政策、法规的制订及贯彻执行的监督检查；教材工作任务的组织协调；国家级重点教材的审查立项；筹措教材建设基金；教材工作经验的交流和推广；组织、推动和开展教材质量的评价与学校教材工作的评估；教材编写、出版、选用的信息服务和咨询；开展教材的评优奖励；推动教材的国际交流等。

2. 国务院有关部委教育主管部门的职能：贯彻落实中央和国家教委的方针政策，制订适合本部门教材建设工作的政策和规定；继续按专业对口分工负责的原则，制订教材建设规划；本部门重点教材的审查立项；筹措和建立教材建设基金；组织教材研究、教材评价工作；扶持有关出版社逐步形成各自的教材特色和优势；组织部优教材的评奖等。

3. 省、自治区、直辖市教育部门的职能：贯彻落实中央和国家教委的方针政策，制订适合本地区高教教材建设工作的政策和办法；组织本地区普通高等学校教材工作的评估；筹措和建立教材建设基金；根据需要与可能，组织本地区有优势、有特色、有水平的教材出版；组织经验交流；培训教材管理干部；指导本地区教材研究会的工作等。

"九五"期间要积极探索并努力建立适应新形势的高教教材编写、出版、发行、选用的运行机制。

各项改革措施，要有利于调动各方面的积极性，有利于更多高质量教材的出版,有利于教材事业的繁荣,有利于学校选用高质量的教材,有利于教学质量和人才素质的提高。

(七) 做好规划是"九五"教材建设工作的基础。

国务院有关部委,各省、自治区、直辖市教育主管部门,高等学校和承担高教教材出版任务的出版社,要在调查研究和总结经验的基础上,抓紧制订"九五"教材建设规划。当前应特别注意,要将教学改革力度较大、有创新精神、有特色风格的教材和质量较高、教学适用性较好需要修订的教材以及教学急需、尚无正式教材的选题优先列入规划。要重视马列主义理论课和思想政治教育课的教材建设。教材规划应以文字教材为主,也要考虑电化教材和计算机辅助教学软件的建设。各单位要将"九五"教材建设规划于1996年6月底报国家教委高教司。

制订规划一定要统筹安排,实事求是,留有余地。列入规划的教材要认真组织力量,按时完成。

(八) 抓好重点教材、全面提高质量是"九五"教材建设的核心。

重点教材是指在人才培养过程中对实现教育目标起关键作用和具有重大影响的教材。

国家、部门、省市、学校都应在做好规划的基础上,花大力气各自抓好一批重点教材。重点教材应经过申报、评议、批准立项后确定(具体办法将另行制定)。

重点教材要优先考虑:编者有较丰富的教学经验和较高的学术造诣,在教学使用中反映较好需要修订的优秀教材;教学改革力度较大,较好地反映我国和世界的优秀文明成果以及当代科学技术文化的最新发展,符合我国的实际,与现有教材相比具有明显特色和创新精神的教材;在国际上处于领先水平的学科(专业)所需的教材。

重点教材的质量应能以在国内获奖,在国际上有一定地位为目标。

各种教材都要把提高质量作为教材建设的核心。重点是提高教材的内在质量,包括利于教学的水平、科学水平和思想水平(特别是人文社会科学类教材更要注意思想水平)等;也要重视外在质量(编校质量、装帧设计、印刷装订、纸张选用等)的提高。

(九) 继续增加品种、整体优化配套是"九五"教材建设的重要内容。

随着教学改革的深入和学校办学自主权的扩大,不同学校和同一学校内部对教材的需求将趋向多样化,需要多种各具特色的教学用书。本科各专业的主干课程都要有几种教材供学校选用。

"九五"期间要把专科教材放在重要的位置,给予高度的重视,基本上解决有无问题,并力争系列配套。专科教材要认真体现专科教育的特点,加强理论和实践的结合,在实践性、针对性、应用性上下大功夫。

要重视研究生教学用书的建设,以适应高层次专门人才培养的需要。

需要强调指出的是,增加品种绝不是增加雷同的版本,要避免缺乏特色教材的出版。重申学校拥有选用教材的自主权,学校在选用教材时要严格把关,任何单位都不能以任何方式要求学校限用或包销教材。

要继续做好教材的配套工作。当前,要特别重视系列课程改革的教材配套和整体优化工作。同时,要加强与文字教材相配套的声像教材、计算机辅助教学软件、多媒体软件的建设,加速教学手段的现代化,以促进教育质量的提高。

(十)加强高等学校的教材建设工作。

教材建设工作的基础在学校,它是衡量一所学校办学水平高低的重要标准之一。学校要根据《高等学校教材工作规程(试行)》做好教材建设工作。要加强对教材建设工作的领导,不断提高对教材建设工作地位和作用的认识,建立和健全管理机构和各项管理制度,抓好"编好书,用好书"这项工作。有条件的学校(特别是重点学校和建有出版社的学校),要成立由校领导负责的教材建设委员会和设立教材建设基金。在教材建设工作中学校的职能是:贯彻落实教材建设工作的各项方针、政策;规划、组织本校教材建设和教材研究工作;校级重点教材的审查立项和国家级、省部级重点教材的申报工作;为本校有优势和特色的学科(专业)和高水平教师编写教材创造条件,确保教材的编写质量;做好优秀教材的评选、推荐、选用以及教材的供应工作等。

(十一)扩大高教教材的国际交流。

科学技术是全人类的文明成果,世界各国的高等教育各有所长。一方面,要在比较、鉴别的基础上,继续做好国外较好教材的引进、评介、借鉴工作,为我所用;另一方面,要将有中国特色的、质量上乘的教材,有计划、有组织地进行国际交流,也鼓励各高等学校和出版社通过多种渠道,将我国优秀教材推向世界。这是一项具有深远意义的工作,现在就必须抓紧。

三、主要措施

(十二)加大教材建设经费的投入,建立各级教材建设基金。

各级教育部门和学校要创造条件、广开门路,加大教材建设经费投入的力度。有关部委、省、自治区、直辖市教育行政部门,学校和出版社均应筹措和建立教材建设基金。基金的来源可通过多种渠道、多种方式筹集:

1. 教育、教学事业费的专项拨款;
2. 中央(地方)出版社上缴税金返还款的提成;
3. 学校出版社利润的提成或留成;
4. 学校预算外收入的提成;
5. 社会团体、企事业单位或个人的资助及捐赠;

6. 其他收入。

教材建设基金要首先保证重点教材的编写和出版，也要支持虽然印数较少但确有特色、确有水平、确属教学需要的教材出版。

（十三）改进各科类教学指导委员会（或教材委员会）的工作。

各科类教学指导委员会（或教材委员会，以下简称教学指导委员会）除做好原定的各项工作外，要进一步加强教材评介工作，对有关的主要教材定期进行认真的评介和质量评议，将好的和比较好的教材进行推荐，要加强对国外教材的比较研究和本门学科（课程）内容、体系及发展方向的研究。

要根据标准和条件，尽可能多的吸收一些中、青年教师参加各级的教学指导委员会。有条件的委员会还应吸收教育管理部门、企事业单位有丰富实践经验的专家参加。努力将教学指导委员会建设成充满朝气与活力的、干练的、富有实效的队伍。

（十四）坚持教材评奖制度，开展教材工作评估。

实践证明，教材评奖和评估工作对促进教材质量的提高和推动教材建设确有重要的作用。

要建立健全科学的教材评价指标体系，进一步改进和完善教材评奖制度，努力提高奖励标准。

要总结教材评估试点的情况，尽快制订出供有关部门参考的高等学校教材工作的评估方案。各有关部门要把评估工作制度化，抓紧抓好，抓出实效。

（十五）充分调动教师编写教材的积极性。

繁荣教材事业，提高教材质量的基础和关键是教师。充分调动教师（特别是高水平教师）编写教材的积极性尤为重要，建立一支老、中、青相结合的教材编者队伍已成为当务之急；要继续鼓励、支持、帮助教师编写确有特色、确有水平的好教材；要多做实事，切实落实有关的各项政策，教师编写教材要计入教学工作量，高水平的教材是教师评聘、晋职的重要依据；应提高教材的稿酬标准，对列入重点教材的稿酬要从优。

（十六）加强教学研究和教材研究。

教学改革与教材建设，教学研究与教材研究的关系是相辅相成的。只有加强教学内容、体系的研究，教学改革才能取得较大的实质性的成果；教学改革和教材研究的成果只有转化为教材的内容，才能更有效地普及和推广。

当前，要在继续做好教材建设一般规律研究的同时，着重研究教学内容、课程体系、教学方法的改革及其相应教材的编写。国家教委正在组织一批面向21世纪需要的教学内容、课程体系改革的研究项目，并相应组织编写一批新的教材。各级教育主管部门和高等学校也要将教学研究、教学改革、教材建设、教材研究通盘考虑,做出规划,认真实施。

全国教材建设研究会应加强对教材建设一般规律研究课题的规划、立项、鉴定及经验交流等工作,使之为教材建设服务,为促进教材质量和教学质量的提高服务。

(十七)建立教材建设信息系统。

对每年出版的新版和修订版教材情况及各教学指导委员会对有关教材的评介结果要及时汇总,并将有关信息予以通报,以利于学校选用合适的教材,利于出版单位确定选题规划,利于编者博采众长提高新书的质量。

(十八)加强领导是做好"九五"教材建设工作的根本保证。

教材建设工作是整个教育工作中不可缺少的重要组成部分。邓小平同志指出,"教材很重要","编好教材是提高教学的关键"。各级领导要高度重视教材建设工作,将其列入教育的整体规划之中。教育主管部门在部署、检查、总结工作时,应把教材建设工作作为一项重要内容。只要各级领导部门重视,广大教师积极努力,"九五"高教教材建设工作一定会出现新局面,再上新水平。

关于公布国家教委第三届优秀教材评奖结果的通知

1996 年 1 月 23 日

按照我委《高等学校优秀教材奖励工作条例》和《关于进行第三届全国高等学校优秀教材评奖工作通知》的规定,我委已于 1995 年 12 月召开了国家教委第三届优秀教材评审会议,评出了国家教委优秀教材一等奖 140 个,二等奖 213 个,中青年奖 38 个,评审结果已经我委正式审核批准,现将获奖书目(见附件)予以公布,并将奖励的有关事项通知如下:

一、国家教委优秀教材奖是部委一级的奖励。

二、获国家教委高等学校优秀教材一等奖的教材是我委向全国各普通高等学校推荐使用的教材,并且具有申报国家级优秀教学成果奖的资格。

三、获国家教委高等学校优秀教材一等奖,发给作者荣誉证书及奖金 2 000 元,二等奖发给作者荣誉证书及奖金 1 500 元,中青年奖发给作者荣誉证书及奖金 1 000 元。

四、各有关部门、省市和有关高等学校对优秀教材的作者应给予鼓励,有关出版社对优秀教材的责任编辑应给予奖励,并在考绩、评审职称等方面,充分考虑作者和责任编辑在教材建设上所作的贡献。

附件:国家教委第三届高等学校优秀教材获奖书目(略)

普通高等教育"九五"国家级重点教材立项、管理办法

1996 年 3 月 29 日

为了进一步贯彻《中国教育改革与发展纲要》精神,适应"两个转变",面向 21 世纪,深化教学内容和课程体系改革,提高教育教学质量,按照我委《关于"九五"期间普通高等教育教材建设与改革的意见》中"国家级重点教材的审查立项"由国家教委负责的要求,做好普通高等教育"九五"国家级重点教材立项和管理工作,特制订本办法。

一、适用范围

本办法适用于供普通高等教育专科、本科和研究生使用的各种形式(文字、CAI、多媒体等)的教材,尤其是覆盖面较大、对实现教育培养目标有重大影响和起关键作用的教材。

二、组织管理

国家级重点教材立项的组织管理工作由国家教委高教司负责。其主要职责是:

1. 汇总已立项的学校级、部(省)级重点教材;
2. 组织国家级重点教材选题的申报、审批、立项;
3. 督促检查国家级重点教材的编写(或制作)进度;
4. 组织国家级重点教材的审定;
5. 组织国家级重点教材的出版、试用、修订、推广。

三、申报

1. "九五"国家级重点教材计划立项 500 项左右,申报的截止日期为 1996 年 8 月 31 日。

2. 申报国家级重点教材的单位是国务院有关部委和各省、自治区、直辖市教育行政部门,申报的选题应在本部门已立项的重点教材中择优申报。申报选题的范围仍按专业对口分工负责的原则,申报选题的种数为本部门已立项的重点教材种数的三分之一。

3. 在"九五"期间能够出版或交稿的教材才可申报。

4. 申报"九五"国家级重点教材,要填写"普通高等教育'九五'国家级重点教材申请书"(见附表,略)一式三份,并附已有讲义、教材,属新编的教材则应附较详细的编写大纲或部分章节的样稿,经专家和有关领导部门审核后报国家教委高教司。

5. 申报国家级重点教材的选题,应具备以下条件之一:

① 在教学使用中反映较好,需要修订的已获部、省级及其以上奖励的优秀教材;

② 教学改革力度较大,能反映当代科技、文化的最新成就,符合我国实际,在内容和体系上有明显特色的教材,特别是已批准立项的面向21世纪课程体系、教学内容改革的以教材为成果的项目;

③ 在国际上处于领先的学科(专业)或可供国际交流的教材;

④ 提高大学生素质的大学生必读教材。

四、审批、立项

1. 国家教委高教司受理申报后,按规定对申报的选题进行资格审查和分类。通过资格审查的选题,由高教司聘请有关专家组成评审组进行评审。

2. 通过评审的选题,由国家教委审核后即为立项的国家级重点教材选题。

3. 国家教委高教司将及时通报已立项的国家级重点教材选题,并组织有关方面签订合同。

五、编写、审定、出版

1. 已立项的国家级重点教材的编写者,应按计划认真完成教材的编写工作;有关的学校应创造条件支持编写者完成教材的编写工作,承认编写者的业绩,并计入教学工作量,其计算应取较高标准。

2. 教材审定工作由高教司(或委托有关部门)组织专家进行,必要时可采用审稿会形式。

3. 审定立项的国家级重点教材时,除检查是否达到《普通高等教育'九五'国家级重点教材申请书》中所提出的各项目标外,还必须全面审查教材是否符合以下几方面的要求:

① 坚持四项基本原则,符合党和国家的方针、政策,努力运用辩证唯物主义和历史唯物主义的观点,阐述本门学科的基本规律;

② 具有与本门学科发展相适应的科学水平,有较强的理论性和系统性,能够正确地阐述本门学科的科学理论和概念,贯彻理论联系实际的原则;

③ 符合本门课程在教学计划中的地位和作用,要求恰当,取材合适,内容的阐述循序渐进、富有启发性,便于自学,使学生能够掌握基本理论、基本知识和基本技能;

④ 文字准确、流畅,符合规范化要求;插图正确,文图配合恰当。

4. 国家级重点教材的出版在尊重编写者意见的基础上,通过与有关出版社商定,必要时也可通过其他的方式确定。承担国家级重点教材出版任务的出版社要配备得力的编辑人员配合教材的编写和审定工作。

5. 有关出版社对经审定通过的国家级重点教材应在编校、装帧、纸张、印制等方面给予特殊的重视和质量保证。国家级重点教材出版时封面和扉页上应印有"'九五'国家级重点教材"的统一标记和字样。

六、经费

1. 有关学校对列入国家级重点教材的编写者应给予必要的经费资助,用于编写教材所需开支。

2. 国务院有关部委和各省、自治区、直辖市教育主管部门对本部门拟上报的国家级重点教材选题提供评审经费。

3. 国家教委负责提供最后评审立项和必要的补助经费。

4. 出版国家级重点教材的出版社,要提供审定工作所需的经费和交纳国家级重点教材建设基金。稿酬从优。

5. 由交纳国家级重点教材建设基金的部分出版社及有关人员组成国家级重点教材建设基金管理委员会,基金的管理和使用由基金管理委员会确定。具体办法另定。

七、其他

部(省)级重点教材的立项、管理办法由国务院各有关部委和各省、自治区、直辖市有关部门参照本办法制订。

关于加强普通高等学校马克思主义理论课和思想品德课（公共课）教材建设及管理问题的通知

1998年8月11日

马克思主义理论课和思想品德课（以下简称"两课"）教材建设是高校"两课"教学改革和建设的一个重要组成部分。近十年来，各地教育主管部门和高校适应改革与发展的需要，编写出版了一大批教材，发挥了积极作用。但同时，教材编写中也出现了质量不高、过多过滥以至影响"两课"教学质量的问题。针对上述情况，原国家教委曾于1988年、1992年先后印发了《关于编写出版普通高等学校马克思主义理论课（公共课）教材的暂行管理办法》（[88]教政字001号）和《关于加强高等学校思想政治教育课程（注：指思想品德课）教材建设的管理的意见》（教政[1992]4号）。目前，教育部已经颁发"两课"新的课程设置方案，为了保证教学改革、课程建设和教材建设的顺利进行，现就加强教材建设及管理的有关问题通知如下：

一、《关于编写出版普通高等学校马克思主义理论课（公共课）教材的暂行管理办法》（[88]教政字001号）及《关于加强高等学校思想政治教育课程（注：指思想品德课）教材建设的管理的意见》（教政[1992]4号）的基本精神，仍然适用。各省（自治区、直辖市）教育主管部门要认真执行，切实加强教材管理，抓好教材建设。

二、高等学校"两课"的全国通用教材，仍限于由教育部直接组织编写、审定的示范性教材和由教育部经过评审后向全国推荐的教材。各省（自治区、直辖市）教育主管部门组织编写的有关教材可作为当地选用教材。未经教育部向全国推荐的教材不得跨省（自治区、直辖市）使用。

三、全国普通高校"两课"（专科、本科和研究生层次）各门课程所需教材的编写审批出版工作，由教育部和各省（自治区、直辖市）教育主管部门，按教育部有关文件规定，分级进行规划管理。

教育部在组织、指导高等学校"两课"教材建设方面，主要负责以下工作：1.组织编写制定"两课"教学大纲和教学基本要求；2.根据需要直接组织编写出版供高等学校选用的全国通用教材；3.组织对省级教育部门组编教材的评审工作并从中选出供全国普通高校选用的推荐教材。

各省（自治区、直辖市）教育主管部门可根据教育部颁布的教学大纲和教学基本要求，适应本地区的需要有计划地组织编写供本地区选用的教材。编写大纲和计划(包括主编人情况)应报教育部"两课"改革领导小组备案同意。每门课程的教材限编一本。已经出版的教材,要报送教育部,教育部将委托全国普通高校"两课"教学指导委员会对已出版的教材进行评审。

除经批准进行教材建设改革试点的高校外,原则上各高等学校不再自编教材,如因教学改革实际需要编写校内讲义,编写计划要事先经省(自治区、直辖市)教育主管部门批准,并注明"限本校使用",不得公开出版、上市销售。

四、各省(自治区、直辖市)要加强对高校教材使用的指导和监督,同时尊重高校在选用推荐教材方面的自主权。高等学校在选用教材时,要认真执行有关政策规定,着眼于教材的质量和权威性、适用性,优先选用获奖教材。各省(自治区、直辖市)教育主管部门不得限制高校在选用全国推荐教材方面的自主权,更不得以任何理由指令或变相指令高校使用本地编写的教材。

五、各省(自治区、直辖市)教育主管部门要切实负责地加强教材管理,抓好教材建设。要制定相应的管理办法,严格审批程序,建立相应的专家组织认真进行教材审定。在教学检查、教学评估、教师职称评定等重大问题上,加强政策导向,把教师的注意力引导到教学和对教学中的重点、难点问题的研究上来。教材编写要认真贯彻教育部颁布的马克思主义理论课教学基本要求和思想品德课教学大纲的规定;要贯彻理论联系实际和学马列"要精要管用"以及通俗易懂、增强可读性等原则;要有计划有组织地开展教材建设的科研工作,科学确定教学内容,使之更适合新形势下"两课"教学的需要。

关于"十五"期间普通高等教育教材建设与改革的意见

2001年2月6日

一、普通高等教育教材建设所面临的形势

(一)《中共中央国务院关于深化教育改革全面推进素质教育的决定》指出:"当今世界,科学技术突飞猛进,知识经济已见端倪,国际竞争日趋激烈。教育在综合国力的形成中处于基础地位,国力的强弱越来越取决于劳动者的素质,取决于各类人才的质量和数量,这对于培养和造就我国21世纪的一代新人提出了更加迫切的要求。"中央的决定为高等教育的改革与发展指明了方向。

2001年我国将进入第十个五年计划,高等教育呈现快速发展的势头。教材是体现教学内容和教学方法的知识载体,是进行教学的基本工具,也是深化教育教学改革,全面推进素质教育,培养创新人才的重要保证。因此,高等教育教材建设必须有一个与之相适应的快速发展,"十五"期间高等教育教材建设的任务十分艰巨。

(二)"九五"期间原国家教委加大了教材建设工作的力度,在"抓好重点教材,全面提高质量"方针指导下,组织了20多个省、市教委(教育厅)和国务院50个部委教育司(局)编制"九五"教材建设规划,仅向原国家教委申报国家级立项申请的选题就达2 000多个,经专家评审,确定了654项为国家级重点教材,各部委还确定了一大批部级重点教材。与此同时原国家教委启动了"高等教育面向21世纪教学内容和课程体系改革计划",这项计划得到了各方面的广泛支持,仅原国家教委批准的221个大项目中就涵盖了上千个子课题。这些研究课题立意新,起点高,调动了各方面的积极性,并产生了一大批具有改革特色的新教材。"九五"期间这批面向21世纪改革教材和国家级重点教材的顺利出版使得高等教育教材建设取得突破性的进展,主要表现在:

1. 内容质量上有突破。出版了一批内容新、体系新、方法新、手段新的高水平教材。这批教材的出版对高等教育教材建设起到了指导和推动作用。

2. 出版质量上有突破。对这批教材的出版,各出版社都非常重视。在编辑、出版、印刷等各个环节都精心组织、精心施工。因此,出版质量上了一个新台阶,出版了一批"装帧精良的教材"。

3. 教学软件的研制与开发方面有突破。"九五"期间教学软件、特别是多媒体计算机辅助教学系统的开发与研制受到很大的重视,许多面向21世纪的立项课题都列有教学软件的开发、研制计划,并取得了一批成果。在"九五"期间教学手段的更新已经形成势头,并为进一步发展打下良好的基础。

除此之外,"九五"期间还积累了搞好高等教育教材建设的新鲜经验,包括抓好重点教材,实施精品战略;加强监督检查,落实教材规划;发挥出版社的积极性,加大对教材建设的投入;密切配合课程改革的立项研究,编写出版改革教材;进行系列教材规划,提高教材的教学适用性等。这些新鲜经验和成功的做法对"十五"教材建设工作都有重要启示。

(三)"九五"期间高教教材建设存在的主要问题

1. 教材建设工作仍滞后于教学改革的实践,如:现用教材中有不少内容陈旧,不能满足按新的专业目录修订的教学计划、课程设置的需要;一些课程的教材可供选择的品种太少;一些基础课的教材虽然品种较多,但低水平重复严重;有些教材内容庞杂,书越编越厚;专业课教材、教学辅助教材及教学参考书短缺等,都不利于学生自学能力的提高和全面素质的培养。

2. 对新教材的评介、宣传、推广使用不够。有些新出版的教材缺少教学实践,需要进一步加强实践,并在实践基础上进行修订,逐步形成精品教材。

3. 在教材管理方面,由于政府机构改革,出现了新情况;教材建设资金不足,一些小专业教材的出版面临很大的困难;教材编写的政策不够落实,教师(特别是高水平的教师)编写教材的积极性受到影响;一些高等学校对本校开课选用教材缺乏指导和管理,放任自流。所有这些问题和矛盾都需要通过深化改革和加强管理加以解决。

二、"十五"期间普通高等教育教材建设的方针、目标和任务

(一)方针与目标

"十五"期间普通高等教育教材建设的指导方针是:以邓小平理论为指导,全面贯彻国家的教育方针和科教兴国战略,面向现代化,面向世界,面向未来,认真贯彻全国第三次教育工作会议精神,深化教材工作改革,全面推进素质教育。加强组织领导,加大资金投入;实施精品战略,抓好重点规划,注重专业配套,促进推广选用。为建立具有中国特色的适应21世纪人才培养需要的高等教育教材体系而努力。

(二)工作任务

1. 通过国家、省(市)、受委托的有关部门、高等学校等多层次的教材建设,逐步建立起以国家规划教材为重点,门类齐全,适应培养面向21世纪的高素质、创造型人才需要的教材体系,即包括多学科、多类型、多层次、多品种系列配套的教材体系。

2. 在调查研究的基础上,通过专家论证与推荐,优化选题,优选编者,加大投入。力争出版一批具有世界先进水平的精品教材,为高教教材质量的全面提高发

挥示范和推动作用。

3. 从文字教材与电子教材协调发展的原则出发,抓好软件教材的建设(包括适应远程教育和网络教学需要的电子教材建设),积极编制精品课件。在有条件的高校建立若干个多媒体制作中心,逐步实现教学软件的专业化制作,推动教学软件的研制与开发。

4. 本着"编""选"并重的原则,大力推动高质量教材的选用,各专业(课程)教学指导委员会、各有关出版社要大力开展对新出版的高水平教材的宣传评介工作。各高校要建立教材评介制度和教材选用管理制度,保证高质量教材进入课堂,对省部级以上优秀教材与重点教材要优先选用,提高优质教材的使用效益。

5. 要加强国外教材的引进工作。当前,引进的重点是信息科学与技术和生物科学与技术两大学科的教材。要根据专业(课程)建设的需要,通过深入调查、专家论证引进国外优秀教材,要注意引进教材的系统配套。加强对引进教材的宣传,促进引进教材的使用和推广。

6. 开展对国外教材的比较研究,扩大高校教材的国际交流。同时要注意把国内已出版的高水平教材推荐到国外,打入国际市场。

三、立足改革,指导好"十五"规划的制订工作

（一）制订规划的基本要求

制订教材规划是国务院赋予教育部的职能,是实施教材管理的重要方法,要认真抓好"十五"教材规划的制订,通过规划优化选题,优化资源配置,进一步明确"十五"教材建设方向、目标、重点和任务。

教育部根据国家教育教学改革与发展的需要,制订国家"十五"教材规划;国务院有关部委教育司(局)可以受教育部的委托制订相关专业的"十五"教材规划;各省、自治区、直辖市教育行政部门可根据实际情况,组织制订反映本地区学科优势与特色的教材规划;各高等学校、特别是重点高校要做好本校有优势、有特色的学科(专业)教材规划。有关出版社要把社会效益放在第一位,积极安排各级各类规划教材的出版。各级规划教材的主管部门要加强管理与协调,充分调动各方面的积极性,使多层次的教材建设互相配合、协调发展,避免低水平教材重复出版。

（二）制订规划的原则

1. 坚持改革,促进发展。"十五"教材规划的制订要更新观念,立足改革。教材改革要反映教学改革的成果。教材规划要以新的专业目录为依据,要破除一本书教师教到底,学生学到底的教学模式。教材要适应多样化的教学需要,正确把握新世纪教学内容和课程体系的改革方向,在选择教材内容和编写体系时注意体现素质教育和创新能力与实践能力的培养,为学生知识、能力、素质协调发展创造条件。

2. 突出重点,保证质量。"实施精品战略,抓好重点规划"是"十五"期间教材建设工作的重要指导方针,"十五"教材建设仍然要把重点放在抓好公共基础课、专业基础课和专业主干课的教材建设上;特别要注意选择并安排一部分原来基础比较好的优秀教材、"九五"重点教材及面向21世纪的改革教材修订再版,逐步形成精品教材;要提倡并鼓励抓好体现新世纪教学内容和课程体系改革成果的教材,解决教学急需填补学科空白的新教材,要通过专家论证,遴选高水平编者。对质量好、填补学科空白的新教材,要予以奖励。

3. 扩大品种,合理配套。为适应全面推进素质教育的需要,必须扩大教材品种,实现教材系列配套。同一专业的基础课、专业基础课、专业主干课教材要配套;同一门课程的基本教材、辅助教材、教学参考书也要系列配套。有条件的应做到文字教材与电子教材同时规划、协调发展。同时,为了提高教学质量,也要注意适当安排教学指导书等教师用书的编写与出版。专家组织要从教材配套出发,设计好选题,处理好教材统一性与多样化,基本教材与辅助教材、教学参考书,文字教材与软件教材的关系。

4. 依靠专家,择优落实。在制订教材规划时要依靠各专业(课程)教学指导委员会的专家在调查研究本专业(课程)教材建设现状的基础上提出规划选题。在落实主编人选时,要引入竞争机制,通过申报、评审确定主编。书稿完成后要认真实行审稿程序,确保出书质量。

四、主要措施

(一) 理顺关系,转变职能,强化对教材建设的宏观管理

在当前我国教材市场还不够繁荣的情况下,政府对教材建设的宏观管理不能削弱而要加强,要建立政府部门对教材建设的监督、检查与宏观调控的管理机制,以便调动各方面积极性,多出版高质量的教材。在国务院各部委机构调整以后,有必要进一步明确各教育主管部门对高等教育教材建设工作的主要职能。

1. 教育部职能:教材建设工作宏观政策、法规的制订及贯彻执行的监督检查;组织制订国家"十五"教材规划,检查了解规划的落实情况;组织优秀教材评奖工作;指导、协调全国教材建设工作;组织、推动教材工作的评估;组织教材建设工作经验交流;开展教材编写、出版、选用的信息服务与咨询;推动教材推广、选用及国际交流;探讨新形势下高等教育教材更新机制;筹措和建立教材建设基金等。

2. 根据逐步加强地方管理高等教育职能的发展趋势,各省、自治区、直辖市要进一步加强对教材建设的管理,其职能是:贯彻落实中央和教育部有关方针政策,制订适合本地区高教教材建设工作的政策和办法;组织本地区普通高等学校教材工作的评估;根据需要与可能,组织本地区具有优势和特色的教材出版;推动选用

高质量教材,防止地方保护主义;组织教材建设工作经验交流;培训教材管理干部;指导本地区教材建设研究会的工作;筹措和建立教材建设基金等。

3. 国务院有关部委教育司(局)可以受教育部的委托继续做好相关专业教材建设的宏观指导工作。

各省、自治区、直辖市教育行政部门和国务院有关部门,要加强教材建设的宏观管理,积极探讨适应新形势的工作思路,更多地发挥各学科(专业)教学指导委员会等专家组织的作用;发挥有关出版社的作用,调动各方面的积极性,强化对教材建设的宏观管理。

(二)充分发挥高等学校在教材建设中的主体作用

高等学校既是教材需求和使用单位,又是教材编写任务的承担单位,在教材建设中起着主体作用。高等学校要把教材建设作为学校学科建设的重要组成部分,要把教材建设与教学改革及科学研究紧密结合起来,大力提高教材的编写与选用质量。当前高等学校要注意健全教材管理机构,充实管理人员,提高人员素质和服务意识,努力做好以下工作。

1. 积极参加并组织完成各级各类规划教材的编写任务。

2. 针对本校具有优势的学科(专业),组织制订学校教材规划,编写出版有特色的校内讲义和自编教材。

3. 做好新教材的评介工作,加强本校开课选用教材的管理,同时加强选用教材的采购供应工作,杜绝盗版盗印教材,确保课前到书。

4. 开展校级优秀教材评选,组织好国家级及省部级优秀教学成果奖(教材)的申报工作。

(三)加强和改进各学科(专业)教学指导委员会的工作

在教学改革不断深化、政府机关职能转换的形势下,专家组织的作用更加重要。"十五"期间要通过调整、补充各学科(专业)教学指导委员会,实现老、中、青相结合,增强其代表性、学术性与权威性,提高工作效率。各有关高校对教师参加各学科(专业)教学指导委员会的活动要给予支持。

"十五"期间各学科(专业)教学指导委员会应重点做好以下工作:

1. 对高校的教材建设进行分类指导,及时向教育部及受委托主管部门提出加强教学和教材工作与改革的建议。

2. 继续深化面向新世纪教学内容和课程体系改革的研究,并在此基础上参与、指导新教材的编写与修订。

3. 协助教育部及受委托主管部门做好"十五"教材规划,积极开展对已出版教材的评介、评优和推荐工作。

4. 组织新课程、新教材的教师培训,提高教学水平,推广新教材。

（四）加强组织领导，加大资金投入

各级主管部门领导应充分认识教材在高等教育中所占的重要地位，加强对教材建设的领导，把它当成一项办学的基础性工作来抓，摆到重要工作日程。各级教育行政部门和高等学校及有关出版社要创造条件，广开门路，加大教材建设经费投入的力度，筹措和建立教材建设基金。

基金来源的主要渠道为：

1. 教育事业费专项拨款。

2. 学校预算外收入提成。

3. 承担教材出版任务的出版社的资助款。

4. 社会团体、企事业单位或个人的资助及捐款。

5. 其他收入。

教材建设基金要首先保证重点教材的编写出版，也要支持印数少、有特色的、急需的教材出版。

（五）实施教改立项，建立创新机制

"九五"期间实施的"面向21世纪教学内容与课程体系改革计划"，出版了一批具有时代气息和改革特色的教材，逐步形成了高等教育教材的创新机制。"十五"期间除继续完成现有立项项目之外，还要在"新世纪高等教育教学改革工程"立项研究的基础上编写新教材，进一步完善高教教材建设的创新机制。

（六）建立监控机制，确保教材质量

各级教育主管部门和高等学校及有关出版社，都要把提高教材质量作为教材建设的核心。重点提高教材的内在质量，也要重视印装质量的提高。"十五"期间要进一步强化质量意识，建立严格的质量监控机制。

1. 开展高等教育教材评介、选优质量指标体系与实施办法的研究，建立科学适用的教材质量评价体系，作为教材编审的主要依据。

2. 建立通过评审、择优确定主编的评聘制度和实行主编负责制。

3. 建立严格的审稿制度，聘请专家审稿。

4. 坚持教材评介、评优奖励制度，激励教师编写高质量教材。

5. 建立教材质量跟踪与信息反馈制度，定期检查教材的使用情况。

（七）落实有关政策，建立激励机制

繁荣教材事业，提高教材质量的关键是教师，要落实有关政策，采取措施建立有效的激励机制，充分调动教师（特别是高水平教师）的积极性，逐步建立一支高水平的以老带新的教材编写队伍。

教育部关于进行 2002 年全国普通高等学校优秀教材评奖工作的通知

2002 年 3 月 18 日

为促进高等学校教材建设,提高教材质量,我部决定进行 2002 年全国普通高等学校优秀教材评奖工作。现将评奖工作的有关事项通知如下:

一、评奖范围

各中央、地方、大学出版社正式出版的供高等学校本科、专科及研究生(只限于学位课程的教学用书)使用的各学科专业教材(包括文字教材、电子教材及 CAI 课件),不包括科学专著。

二、申报条件及办法

1. 参加评奖的教材应为 1999 年 1 月到 2000 年 12 月底期间新出版的或修订出版的教材(以版权页的出版日期为准)。参加评奖的教材应经过 1 年以上的教学实践检验。

2. 优秀教材申报可通过高等学校和出版社两条渠道进行。学校和出版社申报的教材要经过认真评议,择优申报。

3. 申报的教材要经过校(社)聘请的 2 至 3 位有教授职称的同行专家评议(外校的专家要有 1 名以上),并根据教材的科类填写相应的评议表,以文字为主的教材填写文字教材评议表,以电子介质为主的教材填写电子教材评议表。

4. 申报数额:各普通高等学校可申报由本校教师任主编,在 1999—2000 年出版的教材总数的 8%;各出版社可申报 1999—2000 年本社出版的普通高等学校教材总数的 8%。

信息科学、生命科学、财经类、法学类、管理类、外语类教材的申报数可达到本校(社)同类教材出版数的 10%。

5. 申报优秀教材需报送:本单位《普通高等学校 1999—2000 年新版、修订版教材统计表》(附件一)及软盘、《优秀教材申报清单》(附件二)及软盘、《优秀教材申报表》(附件三)、《申报教材专家评议表》(附件四)及样书。电子教材及 CAI 课件要有软盘及使用说明书。以上材料均一式二份。

6. 申报时间:2002 年 4 月 25 日至 5 月 25 日(以寄出的邮戳为准)。过期不再受理。申报的有关事宜由我部科技发展中心另行通知。

7. 各高等学校和出版社要严格按照以上原则,组织好申报工作。我司将对申报教材进行认真的资格审查,凡不符合申报要求或过期申报的,一律不能参加评审。

三、奖励

2002年优秀教材奖设一等奖150种,二等奖350种,由教育部颁发获奖证书。

附件:一、普通高等学校1999—2000年新版、修订版教材统计表(略)

二、优秀教材申报清单(略)

三、优秀教材申报表(略)

四、申报教材专家评议表(略)

教育部关于印发普通高等教育"十五"国家级教材规划选题的通知

2002 年 5 月 30 日

按照《教育部关于印发〈关于"十五"期间普通高等教育教材建设与改革的意见〉的通知》(教高[2001]1 号文件)的精神,我部组织了普通高等教育"十五"国家级教材规划选题的申报工作。共有 500 余所高等学校向我部申报了 6 000 余种教材。另外,由我部委托水利部、交通部等 12 个部门(单位)管理的 13 个专业类的教材,也由上述部门(单位)择优向我部申报了 388 种教材。经专家评审,我部研究决定将 2 021 种教材列入"十五"国家级教材规划。现将普通高等教育"十五"国家级教材规划选题印发给你们,并将有关事项通知如下:

一、凡承担编写普通高等教育"十五"国家级规划教材任务的作者,要根据《普通高等教育"十五"国家级规划教材申请书》中的申报依据、目标、工作安排及进度,按时编写出高质量的教材。

二、普通高等教育"十五"国家级规划教材的作者所在学校,要认真落实《普通高等教育"十五"国家级规划教材申请书》中的学校保证计划实施的主要条件,支持作者按计划完成书稿编写工作。各有关高等学校要在每年年底将教材的编写进度及开展这项工作的经验和问题报我部。

三、委托有关部门(单位)的教育主管部门和有关行业学会负责本部门有关作者承担的"十五"国家级规划教材的审定工作,并尽快落实出版单位。

由我部负责的教材,我们将根据作者意见,与有关出版社进行协商后确定出版单位。

四、承担"十五"国家级规划教材出版的单位,要尽快与作者取得联系,配备得力的编辑人员,并尽早安排出版,保证教材的编校和印刷质量。每种教材出版后,出版社应及时向我部报送样书一套。

我部将检查并公布有关学校和出版社完成"十五"国家级规划教材的情况。

各有关单位要高度重视高等学校的教材建设工作,认真抓好"十五"国家级规划教材的编写、出版、发行工作,使高质量的教材尽快在人才培养中发挥作用,为提高高等教育教学质量做出新贡献。

附件:普通高等教育"十五"国家级教材规划选题表(略)

教育部关于公布 2002 年全国普通高等学校
优秀教材评奖结果的通知

2002 年 10 月 8 日

按照我部关于进行 2002 年全国普通高等学校优秀教材评奖工作的部署,在今年 8 月召开的 2002 年全国普通高等学校优秀教材评审会议上,评审出优秀教材一等奖 138 种,二等奖 371 种。现将审核后的获奖书目(见附件,略)予以公布。请各高等学校在教学中优先选用获奖的优秀教材。

这次获奖教材由我部颁发获奖证书。请各有关高等学校对优秀教材的作者,有关出版社对优秀教材的责任编辑给予奖励,并在职称评定等方面,充分考虑作者和责任编辑在教材建设中所作的贡献。

教育部、新闻出版总署关于切实加强引进版教材图书出版和使用管理的通知

2004 年 6 月 30 日

随着我国教育事业发展需要和教学改革的要求，出版社翻译、影印、出版国外的引进版教材、图书逐年增加。这些引进版教材、图书的使用，充实和丰富了图书市场，满足了读者多层次的需求，提高了教学质量和教学水平，促进了教育出版事业的繁荣。但近年来，由于有的出版社在引进工作中缺乏必要的政治敏感性，加之在编辑加工过程中对引进版图书的内容审稿、把关不严，致使在部分引进版教材、图书出版中出现了一些值得注意的政治问题，在社会上造成不良的影响。为了加强对引进版教材、图书出版的管理和使用，现就有关事项通知如下：

1. 保证教材、图书质量是保障青少年健康成长的一件大事。各主办单位要组织出版单位认真学习党和国家有关出版工作的方针、政策、法规、规章和有关要求，增强政治敏感性，对引进版教材、图书严格把关。不得因任何原因忽视对图书内容质量的审核、把关。

2. 出版社出版引进版教材、图书须认真论证选题，认真审核书稿，认真进行"三审制"。对所有引进版教材、图书都必须进行全面的审读。

3. 要建立出版重大事故责任追究制，对违反出版管理规定，出版物内容出现重大错误、造成严重后果的，要追究出版单位主要负责人及相关责任人的责任。

4. 出版社要有领导分工负责引进版教材、图书的质量管理工作，严把进口关和出版关。凡属应进行重大选题备案的教材、图书须按备案程序办理。

5. 接到本通知后各出版单位要组织对近两年来影印、翻译、出版的引进版教材、图书进行一次全面审读、检查，发现问题及时纠正，已使用的教材要及时追回。请将审读、检查情况于 7 月 30 日以前书面报送教育部社会科学研究与思想政治工作司和新闻出版总署图书出版管理司。

关于申报"普通高等教育'十一五'国家级教材规划"选题的通知

2005 年 10 月 13 日

教材是体现教学内容和教学要求的知识载体,是进行教学的基本工具,是提高教学质量的重要保证。为落实教育部《关于进一步加强高等学校本科教学工作的若干意见》和《教育部关于以就业为导向深化高等职业教育改革的若干意见》的精神,加强教材建设,确保高质量教材进课堂,教育部决定制订"普通高等教育'十一五'国家级教材规划"(以下简称"规划")。现将制订规划的有关事宜通知如下:

一、制订规划的原则

1. 坚持分类指导的原则。编写适应不同层次、不同类型院校的教材。
2. 坚持多样性的原则。鼓励编写具有不同风格和特色的教材。
3. 坚持新编与修订相结合的原则。鼓励根据学科的发展、社会对人才的需要和人才培养的实践编写新教材;对于基础很好的教材,鼓励修订,锤炼精品。
4. 坚持突出重点的原则。基础课、专业基础课是提高质量的关键,应当加强教材建设;要关注新兴学科、交叉学科和新兴职业的教材建设。

二、规划的学科范围

教育部 1998 年颁布的本科专业目录中的 11 个学科门类中的所有专业,2004 年颁布的高职高专教育指导性专业目录中的 19 个专业大类,供普通高等教育本科和专科使用的各种形式(纸质、电子等)的教材。

三、规划的选题

1. 规划的选题包括新编教材和修订教材。(1)新编教材:反映当代科学技术、文化的最新成就,在内容和体系上有明显特色的教材;教学改革力度较大的教材以及新兴、交叉学科、专业的教材;系列配套的教材;解决教学急需的教材。(2)修订教材:对"面向 21 世纪课程教材""九五""十五"规划教材以及其他质量较高,在教学中反映较好的教材,出版 2 年(2003 年 12 月 31 日前出版)以上者,可根据科学技术发展、学科发展和教学改革的需要进行修订。

2. 规划的选题分为指南选题和非指南选题。指南(见附件一,略)选题,是根据有关学科(专业)对教材的需求确定的。

3. 申报的教材必须在 2010 年 12 月底以前交稿。

四、规划选题的申报

1. 选题要求。编制了指南选题的学科（专业），一般应在指南选题范围内申报；没有编制指南选题的学科（专业），在申报时须分析本学科（专业）教材建设现状，提出申报选题的理由。

2. 申报方式。由有关出版社直接向我司申报。

3. 申报材料。（1）主编人填写《普通高等教育"十一五"国家级规划教材（以下简称"规划教材"）申请书》（见附件二，略）。申报的新编教材需附讲义，修订教材需附已有教材。以上材料均一式两份。（2）出版社填写《普通高等教育"十一五"国家级规划教材申报汇总表》（见附件三，略）电子版和文字版各一份。申报通知和相关表格可在"全国普通高等教育教材网（www.tbook.com.cn）"和"中国高职高专教育网（www.tech.net.cn）"上下载。

4. 申报时间。2005 年 11 月 10 日至 12 月 20 日（以寄出的邮戳为准）。过期不再受理。

5. 申报地点及其他具体事宜由中国高等教育学会另行通知。

五、规划教材的评审

高等教育司对受理申报的教材选题进行审查和分类后，聘请专家进行评审，报教育部批准后确定。

六、规划教材的出版

有关高等学校应对规划教材的编写者给予必要的经费资助；有关出版社应提供规划教材编写的启动经费和教材审定工作所需经费。

请各高等学校按照本文的精神，组织本校教师申报，并协助教师联系出版单位。

联系人：董锦岐、安宁；联系电话：010—66096925，66097856；电子邮箱：gaojs_jxtj@moe.edu.cn。

教育部办公厅关于进一步加强高等学校思想政治理论课教材编写管理、规范教材使用的通知

2006年4月3日

为贯彻落实《中共中央国务院关于进一步加强和改进大学生思想政治教育的意见》(中发[2004]16号)精神,中宣部、教育部联合印发了《中共中央宣传部 教育部关于进一步加强和改进高等学校思想政治理论课的意见》(教社政[2005]5号)和《〈中共中央宣传部 教育部关于进一步加强和改进高等学校思想政治理论课的意见〉实施方案》(教社政[2005]9号),决定将高校思想政治理论课教材编写纳入马克思主义理论研究和建设工程,集中全国力量组织编写。中宣部、教育部已联合成立了高校思想政治理论课教材编写领导小组,负责教材的编写组织领导工作。中宣部、教育部已组建了由多方面专家组成的高校思想政治理论课教材编审委员会,组建了教学大纲和教材编写组,统一编写教学大纲和教材。教材将供今年秋季教学使用。为确保高校思想政治理论课教材的科学性、权威性和严肃性,2006年2月,中宣部、教育部、新闻出版总署联合印发了《关于加强高校思想政治理论课教材出版管理的通知》(中宣发[2006]10号,以下简称《通知》),明确要求,未经中宣部、教育部、新闻出版总署批准,任何部门、单位和个人不得再自行组织编写、出版发行各种名义的高校思想政治理论课教材。各省(自治区、直辖市)教育部门和高校严格按照《通知》要求,加强了对教材编写的管理。但仍有个别出版社自行组织高校教师编写、出版高校思想政治理论课教材。目前,2006年秋季用书订购在即,为进一步加强对高校思想政治理论课教材的管理,规范教材的使用,现将有关要求通知如下:

1. 高校思想政治理论课教材的编写和使用是一项政治性很强的工作。各省(自治区、直辖市)教育部门和高校要高度重视,严肃对待,要深刻认识中央将高校思想政治理论课教材编写纳入马克思主义理论研究和建设工作的重大意义,深刻认识中央关于教材编写的总体要求,深刻认识由中宣部、教育部统一组织集中编写一套思想政治理论课必修课教材的重要性和必要性,把思想认识统一到中央的决策上来,切实加强对高校思想政治理论课教材编写的管理,规范教材的使用。

2. 从2006级新生入学开始,全国普通高校统一使用由中宣部、教育部组织编写的、由高等教育出版社出版的"马克思主义理论研究和建设工程重点教材"《马

克思主义基本原理概论》《毛泽东思想、邓小平理论和"三个代表"重要思想概论》《中国近现代史纲要》《思想道德修养与法律基础》。

3. 未经中宣部、教育部、新闻出版总署批准,各省(自治区、直辖市)教育部门、高校及教师不得自行组织编写各种名义的高校思想政治理论课教材。各高校及教师编写的校内讲义,只限本校使用,不得公开出版、上市销售。

4. 各省(自治区、直辖市)教育部门和高校要把高校思想政治理论课教材编写的管理和使用纳入新课程方案实施的管理之中,加强督导检查,组织好新教材的征订和使用工作,确保新课程方案高质量实施。

5. 各省(自治区、直辖市)教育部门和高校要及时研究和解决新教材使用中出现的新情况、新问题,重大情况要报中宣部、教育部。

教育部办公厅关于加强各类高等学校教材和图书采购管理工作的通知

2006 年 6 月 30 日

为加强和规范各类高等学校教材和图书采购的管理工作,杜绝违反财经纪律和商业贿赂等违纪违法问题的发生,现根据国家法律法规的有关规定,就有关事项通知如下:

一、各高校要从服务学生和教师、保证正常教学活动出发,加强对教材和图书采购工作的规范和管理。学校要全面统筹安排教材和图书的采购工作,并可根据教育事业发展及出版发行市场改革的新情况,探索有利于学校教学活动和确保师生所需教材、图书的采购管理办法。要加强对采购人员的思想教育,倡导良好的职业道德,使他们牢固树立服务意识和反腐倡廉思想,自觉抵制社会不良风气和商业贿赂的侵袭。

二、严禁在教材和图书采购活动中违反国家规定收受回扣、手续费或其他利益。高校应从新闻出版部门批准的、具有图书批发销售资质的经销商处采购教材和图书。任何高校及其工作人员不得向教材和图书经销商索要回扣或在账外暗中收受回扣。对经销商以明示方式给予的折扣必须全部上缴学校财务部门,如实入账,纳入学校财务预算管理,不得截留、挪用或私分。为学生代购教材或订购图书产生的折扣收益,应让利于学生。

三、加强教材和图书采购工作的规章制度建设。高校要根据国家的法律法规,认真清理本单位关于教材和图书采购工作的相关规定。凡与国家法律法规不一致的,要立即进行修订或废止。要针对教材和图书采购中容易产生腐败现象的重点环节、关键岗位和突出问题,及时建立健全规章制度并定期检查落实情况。

四、严肃教材和图书采购工作纪律,加大检查监督力度。学校财务、审计、纪检、监察部门要密切配合,加强监督,严肃执纪,及时发现和纠正违反国家和教育部相关规定的问题。对违反规定收受的回扣款和存放在法定账外的资金,应全额上交学校财务部门。对违纪违法人员要追究纪律责任,构成犯罪的要及时移送司法机关。

五、自本通知印发之日起,原国家教委 1987 年印发的《关于贯彻〈关于高等学校出版社发行工作的通知〉的实施意见》[(87)教材图厅字 002 号]同时废止。

高校进行教材和图书采购管理工作,以本通知提出的要求为准。

中等职业学校的教材和图书采购管理工作可参照本通知执行。

各高校主管部门应将本通知转发给所属高校,并根据上述要求对所属高校教材和图书采购工作进行监管。

教育部办公厅关于加强普通高等教育"十一五"国家级规划教材管理的通知

2006 年 11 月 6 日

为了加强对普通高等教育"十一五"国家级规划教材(以下简称规划教材)的管理,确保高质量完成规划教材建设任务,现就加强规划教材管理的要求通知如下,请各高等学校、出版社及作者认真贯彻执行。

1. 承担编写任务的作者要根据《普通高等教育"十一五"国家级规划教材申请书》的承诺,紧密结合学科、专业、科技发展和教学需要,按时编写出高质量的教材,并保证内容的思想性和科学性。严格遵守《中华人民共和国著作权法》,不得侵犯其他作者的著作权。

2. 承担编写任务的作者所在的学校应在政策、经费等方面为作者创造良好的环境,支持作者按计划完成书稿编写工作,了解编写状况并检查完成情况。

3. 承担出版任务的出版社要按照本社在《普通高等教育"十一五"国家级规划教材申请书》中的承诺,提供条件保障。配备得力的编辑人员,按时完成出版任务,并保证教材的编校和印刷质量。要严格遵守《中华人民共和国著作权法》,保证教材的合法出版权。

4. 规划教材要进行严格的审稿。承担审稿任务的专家应具有正高以上职称(高职高专规划教材要求副高以上职称),审稿人为两人以上。必要时召开审稿会议,审稿不合格的应及时修改并重新审稿,确实未达到规划教材要求的,依据审稿意见,取消其规划教材称号。

5. 规划教材统一标记为专用标记,任何出版单位不得超范围使用,也不可使用近似的标记和名称。

6. 为做好规划教材的宣传推广和评介工作,使规划教材更好地为教学服务,各出版社要安排专人负责及时将所承担的规划教材的相关信息报送我部高教司。

7. 我部将在"全国普通高等教育教材网"上建立专门的管理模块,及时向高等学校和出版社公布规划教材项目的进展情况,对未按时完成的进行公布,必要时将予以取消。同时,对已出版的规划教材进行多种形式的评介,各高等学校和出版社应积极参与和关注。

8. 规划教材交稿时间应在 2010 年 12 月 31 日之前,逾期没有完成的,将取消其称号。

9. 各高等学校应高度重视教材的选用工作。加大对规划教材的选用,促进高质量教材进课堂。

各参与单位要高度重视这项工作,认真抓好规划教材的编写、出版和选用工作,使高质量的教材尽快在人才培养中发挥作用,为提高高等教育教学质量做出新贡献。

教育部办公厅关于加强高等学校使用外国教材管理的通知

2006 年 11 月 10 日

近年来,随着我国高等教育事业的发展和教学改革的深入,高等学校使用外国教材的数量逐年增加,对高等教育教学质量的提高发挥了重要作用。高等学校在使用外国教材过程中,注重知识产权保护工作,取得了显著成绩。但是,也存在少数高等学校未经授权擅自复制和使用外国教材、侵犯著作权的情况。今年9月,全国"扫黄打非"工作小组办公室、教育部、新闻出版总署、国家版权局下发了《关于严厉打击盗版盗印及非法销售、使用外国原版教材的紧急通知》(扫黄打非办联[2006]38号),对打击盗版等工作提出了明确要求。为认真落实《通知》精神,进一步加强高等学校使用外国教材管理工作,现就有关要求重申如下:

一、高等学校选用外国教材,应由主讲教师或教研室提出,经院(系)审议、学校教学管理部门审定后,方可使用。

二、高等学校要认真执行《中华人民共和国著作权法》。使用的外国教材,必须是原版或授权的国内版教材。任何单位和个人未经权利人授权许可,都不得擅自复制、使用外国教材。

三、高等学校出版社出版国外教材,必须经权利人授权许可。未经许可不得擅自出版发行。

四、对违反规定复制、出版、使用外国教材者,应追究当事人和有关院系、出版社、学校领导的责任,并依照有关法律和规定严肃处理。

请各高等学校主管部门将本通知转发至所属各高等学校。各高等学校要认真对本校近年来复制、使用外国教材的情况进行一次全面的检查,并于今年12月底前完成自查自纠工作,停止一切涉嫌侵权的行为。

马克思主义理论研究和建设工程高等学校哲学社会科学重点编写教材总体规划

2007 年 1 月 1 日

为贯彻落实《中共中央关于进一步繁荣发展哲学社会科学的意见》和《中共中央国务院关于进一步加强和改进大学生思想政治教育的意见》精神,力争用 10 年左右的时间,重点编写一批全面反映毛泽东思想、邓小平理论和"三个代表"重要思想的哲学、政治经济学、科学社会主义、中共党史以及政治学、社会学、法学、史学、新闻学和文学等哲学社会科学重点学科的教材,努力形成以马克思主义为指导的具有中国特色、中国风格、中国气派的哲学社会科学学科体系和教材体系。在中央实施马克思主义理论研究和建设工程协调小组的领导下,遵循"总体规划、分步实施、突出重点、全面推进"的原则,制定《马克思主义理论研究和建设工程高等学校哲学社会科学重点编写教材总体规划》(以下简称《总体规划》)。

一、指导思想

以马克思列宁主义、毛泽东思想、邓小平理论和"三个代表"重要思想为指导,全面落实科学发展观,解放思想、实事求是、与时俱进,坚持为人民服务、为社会主义服务的方向,坚持理论与实际相结合的原则,坚持"百花齐放、百家争鸣"的方针,充分反映马克思主义中国化的新发展,充分反映中国特色社会主义伟大实践的新经验,充分反映哲学社会科学研究的新成果,促进哲学社会科学的繁荣发展,培养社会主义事业的建设者和接班人。

二、总体目标

用 8 年(2004—2012)左右的时间,组织编写 150 种左右,基本覆盖哲学、政治经济学、科学社会主义、中共党史以及政治学、社会学、法学、史学、新闻学、文学、艺术、教育学、管理学等学科专业的基础理论课程和专业主干课程教材,基本形成以马克思主义为指导的具有中国特色、中国风格、中国气派的哲学社会科学教材体系。

三、遴选原则

重点编写教材的遴选原则是导向性原则、基础性原则和专业性原则。

导向性原则,即遴选出一批具有较强意识形态属性的课程,对其教材进行重点编写,确立马克思主义在教材中的主导地位,帮助青年学生形成正确的世界观、人生观、价值观。

基础性原则和专业性原则,即遴选出一批对青年学生的学习具有重大影响的专业基础课程和专业主干课程,对其教材进行重点编写,帮助青年学生加深对马克思主义基本立场、观点、方法的理解和认识,以及对专业理论、专业知识的掌握和运用。

列入《总体规划》的高等学校哲学社会科学重点编写教材共133种。

(一) 由中央组织实施的重点编写教材46种,分四批建设

1. 第一批重点编写教材13种:马克思主义基本原理概论、毛泽东思想、邓小平理论和"三个代表"重要思想概论、中国近代史纲要、思想道德修养与法律基础、马克思主义哲学、马克思主义政治经济学概论、科学社会主义概论、政治学概论、社会学概论、法理学、史学概论、新闻学概论、文学理论。

第一批重点编写教材于2004年5月启动,2008年12月完成教材编写、审定和出版工作。

2. 第二批重点编写教材13种:马克思主义哲学史、当代西方哲学思潮评析、西方政治思想史、当代中国政治制度、当代国际政治、世界经济概论、西方经济学、宪法学、中华人民共和国国史、中国共产党史、中国新闻传播史、二十世纪中国文学史、当代西方文学思潮评析。

第二批重点编写教材2007年6月启动提纲编写和审议工作,2010年5月完成教材编写、审定和出版工作。

3. 第三批重点编写教材13种:国际共产主义运动史、中国哲学史、西方哲学史、伦理学、宗教学、马克思主义经济学说史、西方经济学流派评析、西方社会学理论评析、民族学导论、中国政治思想史、西方传播学理论评析、中国近现代史、马克思主义史学经典著作导读。

第三批重点编写教材2007年9月启动申报、评审和课题组的组织工作,2010年9月完成教材编写、审定和出版工作。

4. 第四批重点编写教材7种:马克思主义发展史、马克思主义哲学经典著作导读、比较政治制度、《资本论》导读、世界现代史、中国文化概论、德育原理。

第四批重点编写教材2008年3月启动申报、评审和课题组的组织工作,2011年3月完成教材编写、审定和出版工作。

(二) 由教育部组织实施的重点编写教材87种,分两批建设

1. 第一批重点编写教材32种:科学技术哲学、逻辑学、宗教史、美学原理、中国美学史、西方美学史、中国伦理思想史、西方伦理思想史、马克思主义文艺理论、中国古代文学史、外国文学史、西方文学理论、中国文学理论批评史、比较文学概论、世界文明史、中国文明史、中国思想史、中国古代史、世界古代史、世界近代史、

中国民族史、中国史学史、外国史学史、考古学概论、文物学概论、博物馆学概论、艺术学概论、中国美术史、中国音乐史、中国电影史、中国戏曲史、中国舞蹈史。

第一批重点编写教材2007年11月启动申报、评审和课题组的组织工作,2010年11月完成教材编写、审定和出版工作。

2. 第二批重点编写教材55种:思想政治教育学原理、中国革命史、中国共产党思想政治工作教育史、国际政治经济学概论、行政管理学、国际政治学、国际关系史、地方政府与政治、国际组织、外交学导论、当代中国外交、中国法制史、行政法与行政诉讼法学、国际公法学、民法学、刑法学、知识产权法学、经济法学、劳动与社会保障法、环境与资源保护法学、商法学、民事诉讼法学、刑事诉讼法学、国际私法学、国际经济法学、中国经济史、世界经济史、发展经济学、区域经济学、人口资源与环境经济学、社会政策概论、人类学概论、外国社会思想史、中国社会思想史、中国社会学史、人口学概论、农村社会学、城市社会学、社会心理学概论、新闻采访与写作、新闻评论、新闻编辑、广告学概论、教育学原理、教育哲学、当代教育思潮评析、中国教育思想史、西方教育思想史、管理学、社会保障概论、管理思想史、人力资源管理、组织行为学、公共财政概论、公共政策概论。

第二批重点编写教材2008年5月启动申报、评审和课题组的组织工作,2011年5月完成教材编写、审定和出版工作。

四、工作机制

(一)组织领导。高等学校哲学社会科学重点教材编写工作是马克思主义理论研究和建设工程的重要任务之一,由中央实施马克思主义理论研究和建设工程协调小组统一领导、组织实施。

(二)教材申报。根据"定向申报、择优遴选、集中编写"的原则,通过项目招标、专家评审、组织协调等程序,从教材申报中确定课题组首席专家和主要成员。

观点鲜明正确、学术水平高、教学效果好的、已出版的优秀教材,可参与申报。评审通过后,按马克思主义理论研究和建设工程要求进行修订。

由中央组织实施的46种重点编写教材,其课题组首席专家和主要成员由中央实施马克思主义理论研究和建设工程协调小组审批;由教育部组织实施的87种重点编写教材,其课题组首席专家和主要成员由教育部马克思主义理论研究和建设工程实施工作小组审批。

(三)教材编写。重点教材编写工作遵循学习调研、完善提纲、集中编写、送审报批等程序,在首席专家组织协调下有序开展。

由中央组织实施的46种重点编写教材,其编写提纲、教材初稿和修订稿由中央实施马克思主义理论研究和建设工程协调小组审定;由教育部组织实施的87种重点编写教材,其编写提纲、教材初稿和修订稿由教育部马克思主义理论研究和建设工程实施工作小组审定。

（四）教材使用与修订。重点编写教材出版前,应有选择地在相关高等学校试用,了解高等学校教师学生对重点编写教材的意见和建议。重点编写教材出版后,要在高等学校中积极推广使用,各高等学校要及时将使用过程中的意见和建议反馈给教材编写组,以便在修订过程中进行修改,提高重点编写教材质量。

（五）教师培训。要结合哲学社会科学教学科研骨干轮训工作,有组织、有计划地对使用重点编写教材的主讲教师进行马克思主义的基本立场、观点和方法,以及业务培训,努力培养一支坚持马克思主义的哲学社会科学理论骨干队伍,不断提高教学水平和人才培养质量。

教育部、中共中央宣传部关于认真做好马克思主义理论研究和建设工程重点编写教材推广使用工作的通知

2009 年 12 月 29 日

马克思主义理论研究和建设工程首批重点教材《马克思主义哲学》《文学理论》《史学概论》《新闻学概论》《法理学》(以下简称工程教材)目前已正式出版。工程教材是集中全国力量编写并经中央审定批准出版的,具有很强的理论性、学术性和政治性,其内容反映了马克思主义中国化的最新成果和中国特色社会主义实践的新经验以及各学科领域研究的新进展,对巩固马克思主义在哲学社会科学领域的指导地位、培养社会主义事业的合格建设者和可靠接班人具有极为重大的意义。

各地教育行政部门、有关部门(单位)教育主管部门和各高等学校,必须从政治高度和全局高度抓紧抓好工程教材的推广使用工作,采取切实有力的措施,确保工程教材作用的充分发挥。现将有关事项通知如下:

一、各级各类高校要把工程教材作为相关专业统一使用的教材,并纳入教材计划,把是否使用工程教材作为教学检查的核心内容和主要指标。

二、各地教育行政部门和各高等学校要围绕工程教材的使用,组织对任课教师进行专题培训,帮助任课教师准确理解和掌握工程教材的主要内容和基本精神,不断提高教学质量和水平。

三、各地教育行政部门要把工程教材的统一使用工作纳入教育教学管理之中,把是否使用工程教材作为教学工作检查、评估的重要内容和主要指标。

四、对工程教材推广使用中的意见建议,各地各高校要及时向教育部高等教育司反馈。

中宣部、教育部将适时组织工程教材推广使用工作的调研督察活动。

关于"十二五"普通高等教育本科教材建设的若干意见

2011年4月28日

为贯彻落实《国家中长期教育改革和发展规划纲要(2010—2020年)》,全面提升本科教材质量,充分发挥教材在提高人才培养质量中的基础性作用,现就"十二五"普通高等教育本科教材建设提出以下意见:

一、"十一五"普通高等教育本科教材建设情况

"十一五"期间,我国高等教育本科教材建设深入贯彻落实科学发展观,认真落实《中共中央宣传部教育部关于加强和改进高等学校哲学社会科学学科体系与教材体系建设的意见》(教高[2005]6号)、教育部《关于进一步加强高等学校本科教学工作的若干意见》(教高[2005]1号)和《教育部关于进一步深化本科教学改革全面提高教学质量的若干意见》(教高[2007]2号)精神,结合"高等学校本科教学质量与教学改革工程"万种新教材建设项目的全面实施,逐步形成了反映时代特点、与时俱进的教材体系,为提高高等教育本科教学质量和人才培养质量提供了有力保障。"十一五"期间,我国普通高等教育本科教材建设取得的成就主要表现在:

(一)教材出版进一步繁荣。教材数量大幅度增加,教材专业门类更加齐全,注重体现分类指导,基本满足教学需求。

(二)教材质量进一步提高。教材建设密切关注经济社会发展和科技进步,紧密结合学科专业发展和教育教学改革,不断更新内容,丰富形式,编写出版了一批精品教材。

(三)各方面参与教材建设的积极性进一步提高。特别是充分调动了地方院校和出版社编写出版教材的积极性。

(四)教材管理进一步优化。教育行政部门完善了教材评价体系,拓展了教材建设管理、服务的信息化平台,开展了各级精品教材、优秀教材的评审推荐工作,推进了优质教育资源进课堂。

(五)教材的国际化进一步推进。引进了一批在国际上居领先地位的境外优秀教材,为我国普通高等教育本科教材建设注入了新的活力;输出了一批国内优秀教材,中国普通高等教育本科教材进一步走向世界。

与此同时,普通高等教育本科教材建设也存在一些问题:教材编写激励机制不完善,部分高水平教师编写教材精力投入不足;学科专业教材建设不均衡,基础课、热门专业教材众多,布点少且招生量少的专业、战略性新兴产业专业教材不完备;实践教学教材缺乏;教材质量监管制度不够健全,教材评价选用机制有待进一步完善,少数学校选用低水平教材的现象仍然存在。

二、"十二五"普通高等教育本科教材建设的方针和目标

"十二五"普通高等教育本科教材建设,要坚持以邓小平理论和"三个代表"重要思想为指导,深入贯彻落实科学发展观,全面贯彻党的教育方针,全面落实《国家中长期教育改革和发展规划纲要(2010—2020年)》《国家中长期人才发展规划纲要(2010—2020年)》,以服务人才培养为目标,以提高教材质量为核心,以创新教材建设的体制机制为突破口,以实施教材精品战略、加强教材分类指导、完善教材评价选用制度为着力点,为提高高等学校本科教学质量和人才培养质量发挥更大作用。

"十二五"普通高等教育本科教材建设,要坚持育人为本,充分发挥教材在提高人才培养质量中的基础性作用,充分体现我国改革开放30多年来经济、政治、文化、社会、科技等方面取得的成就,适应不同类型高等学校需要和不同教学对象需要,编写推介一大批符合教育规律和人才成长规律的具有科学性、先进性、适用性的优秀教材,进一步完善具有中国特色的普通高等教育本科教材体系。

三、"十二五"普通高等教育本科教材建设的基本原则

(一)全面推进,突出重点。以国家、省(区、市)、高等学校三级教材建设为基础,全面推进,提升教材整体质量。重点建设主干基础课程教材、专业核心课程教材,加强实验实践类教材建设,推进数字化教材建设。

(二)明确责任,确保质量。为保证教材编写和出版质量,教材的编写者须在教学和科研方面有所成就,或在行业中具有较高技能水平并有一定的教学经验。教材编写实行主编负责制,出版发行实行出版社负责制,主编和其他编者所在单位及出版社上级主管部门承担监督检查责任。

(三)锤炼精品,改革创新。鼓励对优秀教材不断修订完善,将学科、行业的新知识、新技术、新成果写入教材。鼓励编写及时反映人才培养模式和教学改革最新趋势的教材,注重教材内容在传授知识的同时,传授获取知识和创造知识的方法。

(四)分类指导,鼓励特色。根据各类普通高等学校需要,注重满足多样化人才培养需求,教材特色鲜明、品种丰富。避免相同品种且特色不突出的教材重复建设。

四、"十二五"普通高等教育本科教材建设的任务和基本要求

(一)各级教育行政部门强化对教材建设的宏观指导与管理。

1. 加强对教材建设的宏观指导。进一步完善高等教育本科教材建设的工作机制,以国家、省(区、市)、高等学校三级教材建设为基础,调动各方面参与教材建设的积极性。各级教育行政部门应充分考虑国家和区域经济社会发展需求,根据

高等教育大众化阶段特点,在深入研究分析本科教材建设现状及面临形势的基础上,针对不同的人才培养定位和目标,提出"十二五"教材建设的总体思路和具体建设措施。教育部将改革"十二五"国家级规划教材遴选机制,实施本科教材精品战略。

2. 加强政策支持和经费保障。各级教育行政部门对"十二五"教材建设给予必要的政策支持和经费保障。鼓励教学名师、优秀学科带头人跨校、跨区域联合编写教材;鼓励编写适应优势学科、特色专业人才培养模式改革需要的特色教材;鼓励编写国家战略性新兴产业相关专业、边缘学科、交叉学科教材,填补空白。教育部将在本科教学有关奖项的评审指标体系中增加或强化优秀教材相关指标,激励高水平教师积极参加教材建设。

3. 建立以提高高等教育质量为核心的教材建设长效机制。完善教材建设的激励机制,建立国家、省(区、市)、高等学校三级教材质量监控和评价机制,加强教材推介管理工作。

(二)充分发挥高等学校在教材建设中的主体作用。

1. 统筹教材建设工作。高等学校要根据学校特色,促进教材建设与人才培养相结合,与专业建设、课程建设、科研工作、教学方式方法改革和教学辅助资源建设相结合,形成良性互动,建设高质量教材。

2. 加强教材编写队伍建设。高等学校应高度重视高水平的教材编写队伍建设,鼓励教学名师、高水平专家主编或参加教材编写工作,优秀教材应作为本科教学评奖评优和教师专业技术职务评聘的重要指标。根据不同类型、不同科类教材建设需求,吸引行业人士参与教材建设,开发适用性和实践性强的优秀教材。

3. 强化教材建设管理。高等学校要将教材建设的过程管理与目标管理结合起来,实行教材立项、阶段检查、目标审核制,加强教材质量监督。

4. 做好教材选用工作。高等学校要建立和完善教材选用机制、质量监控和评价机制,建立教材使用效果的跟踪调查和信息反馈制度,定期进行教材使用情况的调查、统计和评估,正确处理选用优秀教材与自编教材的关系,确保优质教育资源进课堂。

(三)充分发挥专家与行业组织在教材建设中的作用。

1. 各学科(专业)教学指导委员会应加强教学内容和课程体系改革的研究,及时向有关部门提出教学改革和教材建设工作的意见和建议;根据学科专业教学基本要求,对高等学校的教材建设分类指导,对出版社的出版选题提出建议;参与教材的评价推介工作。

2. 各省级教材研究机构和组织要充分发挥参谋、助手和纽带作用,协助和配合各级教育行政部门和高等学校做好教材建设工作。积极开展国内外教材比较研究、教材质量评价体系研究,加强教材建设体系、机制等相关理论研究,加强教材信息交流和教材建设经验交流。

3. 重视和发挥行业协会在教材建设中的作用。鼓励行业协会利用其具有的行业资源和人才优势,开发贴近经济社会实际的教材和高质量的实践教材。

4. 充分发挥出版社在教材建设中的作用。鼓励出版社注重社会效益,加强与高等学校及教师的联系,根据自身优势,规划选题,出版教材;不断丰富教材类型,继续开发数字化教材;加强国外优秀教材的引进和改编,积极推动本土优秀教材走出国门。保证教材选题质量和出版质量,降低教材价格。

五、做好"十二五"普通高等教育本科国家级规划教材建设工作

教育部将于近期启动"十二五"本科国家级规划教材建设工作。"十二五"本科国家级规划教材将认真贯彻落实《国家中长期教育改革和发展规划纲要(2010—2020年)》,进一步转变思想观念,创新优秀教材遴选机制,紧紧围绕提高人才培养质量,实施规划教材精品战略,"选""编"结合,以"选"为主。规划教材主要采取分批遴选方式,从"十一五""十二五"期间陆续出版的教材中遴选出优秀教材供高等学校选用。随着教育教学改革的不断推进,还将适时组织适应教改需要的规划教材选题,遴选高水平编者编写教材。

在"十二五"本科国家级规划教材建设中,鼓励编写、出版适应不同类型高等学校教学需要的不同风格和特色教材;积极推进高等学校与行业合作编写实践教材;鼓励编写、出版不同载体和不同形式的教材,包括纸质教材和数字化教材,授课型教材和辅助型教材;鼓励开发中外文双语教材、汉语与少数民族语言双语教材;探索与国外或境外合作编写或改编优秀教材。

根据中央实施马克思主义理论研究和建设工程的战略部署和总体要求,中宣部、教育部正在有计划地组织编写150种左右哲学社会科学重点教材,供相关专业统一使用。这些哲学社会科学重点教材基本覆盖哲学、政治经济学、科学社会主义、中共党史以及政治学、社会学、法学、历史学、新闻学、文学、艺术、教育学、管理学等学科专业的基础理论课程和专业主干课程,因此,将不再组织遴选这些重点教材涉及课程的"十二五"本科国家级规划教材。

请省级教育行政部门将本意见转发至本地区所有高等学校。

教育部高等教育司
关于开展"十二五"普通高等教育本科国家级规划教材第一次推荐遴选工作的通知

2011年11月18日

根据《教育部关于"十二五"普通高等教育本科教材建设的若干意见》(教高[2011]5号),我部将正式启动"十二五"普通高等教育本科国家级规划教材(以下简称"规划教材")的第一次推荐遴选工作。规划教材的遴选将全面贯彻落实十七届六中全会精神以及胡锦涛总书记在庆祝清华大学建校100周年大会上的重要讲话精神和教育规划纲要,进一步转变思想观念,创新规划教材遴选机制,紧紧围绕提高人才培养质量,实施规划教材精品战略。现将有关事宜通知如下:

一、规划教材推荐范围

本次规划教材推荐范围为2006年1月至2009年12月期间正式出版(以版权页的出版日期为准),供全日制普通高等学校本科教学使用的各种形式的教材。推荐的规划教材须为经过教学实践检验,使用效果好的教材。"马克思主义理论研究和建设工程"哲学社会科学重点教材及涉及课程的教材,不在此次推荐范围内。

二、规划教材推荐原则

(一)突出重点。鼓励推荐使用面广、效果好、影响大的基础课程教材、专业核心课程教材、实验实践类教材。

(二)锤炼精品。鼓励推荐长期用于本科教学,根据经济社会发展、学科专业建设和教育教学改革不断修订完善的优秀教材。

(三)改革创新。鼓励推荐体现学科行业新知识、新技术、新成果,反映人才培养模式和教学改革最新趋势的教材。鼓励推荐根据教学需求建设的数字化教材。

(四)特色鲜明。鼓励推荐满足各类高等学校多样化人才培养需求的、特色鲜明的教材。

三、规划教材推荐遴选程序

(一)规划教材推荐

规划教材主要由高等学校和省级教育行政部门进行推荐,出版社可补充推荐。

(二)推荐材料公示

所有提交的推荐材料将在"全国普通高等教育教材网"(以下简称"教材网")

上公示。推荐单位务必保证信息的准确性与真实性。

公示期间,如对推荐材料有异议,任何单位(加盖公章)和个人(实名,请提供身份证号码和联系方式)可向我司教学条件处反映。

(三)评审、公示及结果公布

我司对推荐的教材进行资格审查后,聘请专家就教材的内容质量、出版质量以及使用效果进行评审,评审结果在"教材网"上公示,无异议后由教育部批准公布。

四、教材推荐办法

(一)推荐途径及数量

教育部和其他部门(单位)直属高等学校直接向我司推荐,地方高等学校由所属省级教育行政部门统筹推荐。推荐教材从本校/本省直属高等学校教师为第一主编、目前用于本科教学的教材中择优推荐。推荐数量不超过"十一五"期间(2006年1月至2011年6月)本校/本省直属高等学校教师主编并出版的本科教材总数的5%。

在汇总、公布高等学校和省级教育行政部门推荐情况后,出版社再进行补充推荐。出版社的推荐数量不超过本社出版普通高等教育"十一五"国家级规划教材数量的2%,推荐指标不足1种的按1种推荐。未承担普通高等教育"十一五"国家级规划教材出版任务的出版社可以推荐1种。

(二)推荐形式

分册教材(上、中、下册等)、成套教材(理论教材与实验教材、习题集等配套出版,教师用书与学生用书配套出版等)、系列教材(丛书)可按单种推荐,也可按全册/成套/系列整体推荐。按全册/成套/系列整体推荐的,所包含的教材必须全部符合推荐范围要求,推荐时占一个推荐名额,在评审时所包含的教材均达到规划教材标准方可入选规划教材。

(三)推荐方式及步骤

推荐采取网络填报与函报结合的方式。

1. 各高等学校于2011年11月25日起可在"教材网"(www.tbook.edu.cn或www.tbook.com.cn)下载工具,按照普通高等学校本科教材出版情况统计表数据结构及填写说明(附件1)填写本校本科教材出版情况统计表,并于2011年12月26日前将数据电子文档发至 ghjc@crct.edu.cn。此数据用于计算教材推荐数量,同时经汇总后统计分析"十一五"期间我国高等学校本科教材出版情况,请各高等学校务必认真统计,准确填写。

2011年12月15日前省级教育行政部门需向我司报送联系人信息,电子邮件发至 ghjc@crct.edu.cn。

2. 2012年1月7日至2012年2月29日,教育部和其他部门(单位)直属高等学校用我司提供的账号登陆"教材网",按照系统生成的数量从导入的本校教材出版情况统计表中选择并推荐教材,形成"十二五"普通高等教育本科国家级规划教材推荐汇总表(附件2),并填写"十二五"普通高等教育本科国家级规划教材推荐表(附件3)。

2012年1月7日至2012年2月15日,省级教育行政部门用我司提供的账号登录"教材网",按照系统生成的数量从导入的本省所属高等学校教材出版情况统计表中选择推荐教材,形成附件2,并通知学校于2012年2月16日至2月29日填报附件3。

2012年3月10日至3月25日出版社用本社在"教材网"的账号(没有账号的请联系获取)登录"教材网",按照系统设置的数量推荐教材,填报附件2和附件3。

3. 附件1、2、3(均由"教材网"下载,不再印发)经网络打印,主编签字、推荐单位盖章,与佐证材料、推荐教材样书均一式两份,由推荐单位于2012年4月5日前(以邮戳为准),寄送至全国高等学校教学研究中心,地址:北京市西城区德胜门外大街4号C座10层,邮政编码100120。

五、联系方式

(一)教育部高等教育司教学条件处,联系电话:010—66096925;电子信箱:gaojs_jxtj@moe.edu.cn。

(二)全国高等学校教学研究中心,联系人:刘维莉、邓捷;电话:010—58582477,58581448;电子信箱:ghjc@crct.edu.cn。

请有关部门(单位)教育司(局)、解放军总参谋部军训和兵种部、省级教育行政部门将本通知转发至所属高等学校。

附件:1. 普通高等学校本科教材出版情况统计表数据结构及填写说明(略)
2. "十二五"普通高等教育本科国家级规划教材推荐汇总表(略)
3. "十二五"普通高等教育本科国家级规划教材推荐表(略)

教育部关于印发第一批"十二五"普通高等教育本科国家级规划教材书目的通知

2012 年 11 月 21 日

根据《教育部关于"十二五"普通高等教育本科教材建设的若干意见》(教高[2011]5号),在中央部(委)直属高校、省级教育行政部门推荐以及出版社补充推荐的基础上,经专家评审、网上公示,我部确定1 102种教材入选第一批"十二五"普通高等教育本科国家级规划教材(以下简称"十二五"规划教材)。现将第一批"十二五"规划教材书目印发给你们,并将有关事项通知如下:

1. 请高等学校参照第一批"十二五"规划教材书目,做好教材选用工作,确保优质教材进课堂。

2. 有关出版社可从全国普通高等教育教材网(www.tbook.com.cn)下载"十二五"规划教材专有统一标志(LOGO),印刷在"十二五"规划教材相关版面。

3. 已入选的"十二五"规划教材应根据学科、行业的发展,继续修订完善,及时补充反映最新知识、技术和成果的内容,与时俱进。修订后的教材可沿用"十二五"规划教材标志。

4. 各省级教育行政部门、高等学校和出版社,要建立以提高高等教育质量为核心的教材建设长效机制,加强政策支持和经费保障,激励高水平教师积极参加教材建设,结合《普通高等学校本科专业目录(2012年)》和人才培养需要,认真做好普通高等教育本科教材的新编和修订工作。

附件:第一批"十二五"普通高等教育本科国家级规划教材书目(略)

教育部、中共中央宣传部关于高校哲学社会科学相关专业统一使用马克思主义理论研究和建设工程重点教材的通知

2013 年 10 月 9 日

2009 年以来,各地各高校认真贯彻落实《教育部 中共中央宣传部关于认真做好马克思主义理论研究和建设工程重点编写教材推广使用工作的通知》要求,推动马克思主义理论研究和建设工程重点教材(以下简称工程重点教材)在高校哲学社会科学相关专业使用工作取得良好成效。但也存在一些地方、高校认识还不到位,措施还不够有力,许多工程重点教材使用情况还不理想的问题。为贯彻落实《中共中央办公厅转发〈中央宣传部关于马克思主义理论研究和建设工程实施情况和下一步工作的意见〉的通知》(中办发[2013]18 号)精神,进一步加强工程重点教材在高校哲学社会科学相关专业统一使用工作,现将有关要求通知如下。

一、深刻认识统一使用工程重点教材的重要意义

根据中央批准的总体规划,马克思主义理论研究和建设工程将有计划地组织编写 140 种左右高校哲学社会科学重点教材,基本覆盖哲学社会科学主要学科专业领域。其中,由中宣部组织编写 43 种,由教育部组织编写 96 种(目录详见附件 1、2)。工程重点教材集中全国力量编写并经中央审定批准出版,充分反映了马克思主义中国化最新成果,充分反映了中国特色社会主义丰富实践,充分反映了本学科领域最新进展,在思想水平、学术水平等方面达到了国内同类教材的一流水平。

在全国高校哲学社会科学相关专业统一使用工程重点教材,对于巩固马克思主义在哲学社会科学领域的指导地位、提高高校哲学社会科学理论研究和教学水平、繁荣发展哲学社会科学,对于推动中国特色社会主义理论体系进教材进课堂进头脑、提高人才培养质量、培养德智体美全面发展的社会主义建设者和接班人具有重要作用。各地各高校一定要从坚持和发展中国特色社会主义的高度,把思想认识统一到中央要求上来,进一步增强责任感和使命感,把在高校哲学社会科学相关专业统一使用工程重点教材工作真正落到实处。

二、准确把握统一使用工程重点教材工作的基本要求

1. 要把统一使用工程重点教材工作作为高等教育教学的重要任务。各高校要把使用工程重点教材统一纳入学校哲学社会科学专业人才培养方案和相关课程教学计划,凡是开设与工程重点教材相应课程的哲学社会科学专业,都应把工程重

点教材作为指定教材统一使用。没有开设工程重点教材相应课程的,鼓励高校对哲学社会科学相关专业人才培养方案进行调整,逐步把工程重点教材相应课程列为必修课或选修课,并统一使用工程重点教材。各高校要把工程重点教材使用情况统一作为学校本科教学质量年度报告的支撑数据和本科教学基本状态数据库的基本指标。

2. 加强工程重点教材任课教师全员培训。认真贯彻落实《教育部 中共中央宣传部关于组织马克思主义理论研究和建设工程重点教材教师培训工作的意见》(教高[2010]5号)精神,进一步完善三级培训体系,对工程重点教材任课教师开展高质量全员培训,切实做到"先培训、后上课"。中央一级继续由中宣部、教育部办好新出版工程重点教材示范培训班,主要培训学科带头人和业务骨干;地方一级由各地教育部门负责,主要培训本行政区域内所有任课教师;高校一级由学校教务部门负责,主要组织任课教师集体备课和教学观摩。通过全员培训使任课教师吃准吃透工程重点教材的主要内容和基本精神,提高驾驭工程重点教材的教学能力,把思想、认识和行动统一到对工程重点教材的理解和运用上,努力做到融会贯通、精辟讲解。参加全员培训并考评合格的任课教师可获得"高等学校骨干教师培训证书",计入相关档案,并作为职务评聘的参考依据。

3. 深化工程重点教材相应课程教学改革。引导和鼓励任课教师加强对工程重点教材研究,改革教学方法,推动教材体系向教学体系转化,把教材优势转化为教学优势。以工程重点教材为依据,征集评选相应课程"精彩教案""精彩课件""精彩案例""精彩一课";在《中国教育报》《中国大学教学》开设专栏,总结推广工程重点教材教学经验;组织编写工程重点教材教学参考资料、教学重点难点解析和教学案例,提高教师备课水平;委托相关教学指导委员会举办教学论坛、教学观摩,深化工程重点教材教学研讨;依托"本科教学工程",建设一批工程重点教材相应课程国家级精品资源共享课,为教师授课提供示范;支持工程重点教材编写者、使用者对工程重点教材内容和教育教学进行深入研究;组织撰写系列文章,宣传工程重点教材的新特点新优势,进一步扩大其社会影响。

4. 完善统一使用工程重点教材的保障措施。鼓励高校把工程重点教材作为相关专业研究生入学考试指定参考书。鼓励高校采取多种形式让家庭经济困难学生低价购买和使用工程重点教材。各地各高校要把工程重点教材使用情况统一作为院校分类评估、专业评估以及学校自我评估等本科教学评估、检查的重要内容和主要指标。要把工程重点教材统一作为国家级重点规划教材,一律不再组织遴选工程重点教材相应课程的本科国家级规划教材。

5. 实行工程重点教材使用情况年度通报制度。从2014年起,实行工程重点教材使用情况年度内部通报制度,每年9月中宣部、教育部联合向省级党委政府分管负责同志、党委宣传部门、教育部门通报上一学年度各地高校使用工程重点教材情况;向中央有关部门分管负责同志、教育司(局)通报上一学年度所属高校使用工程重点教材情况。对落实不力的地方有关部门和高校负责人进行约谈。每年8月底前,各地教育部门要将上一学年度本地推广使用工程重点教材情况专报教育部实施马克思主义理论研究和建设工程办公室。

三、切实加强统一使用工程重点教材工作的组织领导

各省(区、市)党委宣传部门要根据工作分工和实际情况,领导、支持和推动工程重点教材在高校哲学社会科学相关专业的统一使用工作。各省(区、市)教育部门要成立由主要负责同志牵头,分管负责同志以及有关职能处室负责人参加的工作机构,负责本地高校工程重点教材统一使用和教师培训工作。要深入了解实际,制定本地统一使用工程重点教材的具体措施,修订相应教学检查、评估办法,明确相关责任,确保各项任务落到实处。

各高校要成立由主要负责同志牵头,分管负责同志、教务部门和有关院系负责人参加的工作机构,负责本校工程重点教材统一使用等工作。要根据学校实际,制定落实方案,使工程重点教材在教学实践中发挥最大效益。

中宣部、教育部将适时对各地各高校统一使用工程重点教材情况和效果进行督查,使工程重点教材得到更广泛的使用。

附件:1. 马克思主义理论研究和建设工程由中宣部组织编写的43种重点教材名单

2. 马克思主义理论研究和建设工程由教育部组织编写的96种重点教材名单

附件一

马克思主义理论研究和建设工程由中宣部组织编写的 43种重点教材名单

1. 马克思主义基本原理概论(本书编写组编,高等教育出版社出版)
2. 毛泽东思想和中国特色社会主义理论体系概论(本书编写组编,高等教育出版社出版)
3. 中国近现代史纲要(本书编写组编,高等教育出版社出版)
4. 思想道德修养与法律基础(本书编写组编,高等教育出版社出版)
5. 马克思主义哲学(本书编写组编,高等教育出版社、人民出版社出版)
6. 马克思主义政治经济学概论(本书编写组编,人民出版社、高等教育出版社出版)
7. 科学社会主义概论(本书编写组编,人民出版社、高等教育出版社出版)

8. 政治学概论(本书编写组编,高等教育出版社、人民出版社出版)
9. 社会学概论(本书编写组编,人民出版社、高等教育出版社出版)
10. 法理学(本书编写组编,人民出版社、高等教育出版社出版)
11. 史学概论(本书编写组编,高等教育出版社、人民出版社出版)
12. 新闻学概论(本书编写组编,高等教育出版社、人民出版社出版)
13. 文学理论(本书编写组编,高等教育出版社、人民出版社出版)
14. 马克思主义哲学史(本书编写组编,高等教育出版社、人民出版社出版)
15. 中国哲学史(本书编写组编,人民出版社、高等教育出版社出版)
16. 西方哲学史(本书编写组编,高等教育出版社、人民出版社出版)
17. 中国政治思想史(本书编写组编,高等教育出版社、人民出版社出版)
18. 西方政治思想史(本书编写组编,高等教育出版社、人民出版社出版)
19. 世界经济概论(本书编写组编,高等教育出版社、人民出版社出版)
20. 西方经济学(本书编写组编,高等教育出版社、人民出版社出版)
21. 宪法学(本书编写组编,高等教育出版社、人民出版社出版)
22. 伦理学(本书编写组编,高等教育出版社、人民出版社出版)
23. 国际共产主义运动史(本书编写组编,人民出版社、高等教育出版社出版)
24. 马克思主义经济学说史(本书编写组编,高等教育出版社、人民出版社出版)
25. 《资本论》导读(本书编写组编,高等教育出版社、人民出版社出版)
26. 中国近代史(本书编写组编,高等教育出版社、人民出版社出版)
27. 军队政治工作学(本书编写组编,人民出版社、高等教育出版社出版)
28. 马克思恩格斯列宁哲学经典著作导读(本书编写组编,人民出版社、高等教育出版社出版)
29. 马克思恩格斯列宁历史理论经典著作导读(本书编写组编,人民出版社、高等教育出版社出版)
30. 中国特色社会主义理论与实践研究(本书编写组编,高等教育出版社出版)
31. 中国马克思主义与当代(本书编写组编,高等教育出版社出版)
32. 中华人民共和国史(本书编写组编,高等教育出版社、人民出版社出版)
33. 世界现代史(本书编写组编,高等教育出版社、人民出版社出版)
34. 马克思主义发展史(本书编写组编,高等教育出版社、人民出版社出版)
35. 西方社会学理论评析
36. 民族学导论
37. 中国共产党历史
38. 宗教学

39. 当代中国政治制度
40. 当代国际政治
41. 比较政治制度
42. 德育原理
43. 中国文化概论

附件二

马克思主义理论研究和建设工程由教育部组织编写的 96 种重点教材名单

1. 马克思恩格斯列宁经典著作选读
2. 自然辩证法概论
3. 马克思主义与社会科学方法论
4. 逻辑学
5. 科学技术哲学
6. 宗教史
7. 中国伦理思想史
8. 西方伦理思想史
9. 美学原理
10. 中国美学史
11. 西方美学史
12. 当代西方哲学思潮评析
13. 西方经济学流派评析
14. 发展经济学
15. 区域经济学
16. 人口资源与环境经济学
17. 中国经济史
18. 世界经济史
19. 中国法制史
20. 行政法与行政诉讼法
21. 刑法学
22. 刑事诉讼法学
23. 民法学
24. 知识产权法学

25. 商法学
26. 民事诉讼法学
27. 经济法学
28. 劳动与社会保障法学
29. 环境与资源保护法学
30. 国际公法学
31. 国际私法学
32. 国际经济法学
33. 行政管理学
34. 地方政府与政治
35. 国际政治经济学概论
36. 国际政治学
37. 外交学导论
38. 当代中国外交
39. 国际组织
40. 国际关系史
41. 社会政策概论
42. 社会心理学概论
43. 农村社会学
44. 城市社会学
45. 人口学概论
46. 中国社会思想史
47. 中国社会学史
48. 外国社会思想史
49. 人类学概论
50. 中国革命史
51. 思想政治教育学原理
52. 中国共产党思想政治教育史
53. 教育学原理
54. 教育哲学
55. 中国教育思想史
56. 西方教育思想史
57. 当代教育思潮评析
58. 马克思主义文艺理论

59. 中国古代文学史
60. 二十世纪中国文学史
61. 中国文学理论批评史
62. 比较文学概论
63. 外国文学史
64. 西方文学理论
65. 当代西方文学思潮评析
66. 新闻评论
67. 新闻采访与写作
68. 新闻编辑
69. 中国新闻传播史
70. 西方传播学理论评析
71. 广告学概论
72. 中华文明史
73. 中国古代史
74. 中国思想史
75. 中国民族史
76. 中国史学史
77. 世界文明史
78. 世界古代史
79. 世界近代史
80. 外国史学史
81. 考古学概论
82. 文物学概论
83. 博物馆学概论
84. 管理学
85. 管理思想史
86. 人力资源管理
87. 组织行为学
88. 社会保障概论
89. 公共财政概论
90. 公共政策概论
91. 艺术学概论
92. 中国美术史

93. 中国音乐史
94. 中国戏曲史
95. 中国电影史
96. 中国舞蹈史

教育部职成司关于开展"十二五"职业教育国家规划教材（高职部分）审定工作的通知

2014 年 2 月 10 日

根据工作安排，全国职业教育教材审定委员会将开展"十二五"职业教育国家规划教材（高职部分）审定工作，现就有关事项通知如下：

1. 审定工作由教育部行业职业教育教学指导委员会工作办公室（国家开放大学）具体组织实施。
2. 审定工作于 3 月中旬和 6 月中旬分两批进行，2 月 28 日前完成第一批审定选题的材料报送，5 月 31 日前完成第二批审定选题的材料报送。逾期未报送材料的选题，不予审定，取消其立项资格。
3. 送审工作有关安排由教育部行业职业教育教学指导委员会工作办公室另行通知。

联系人：刘俊，010-66096722（职成司）

陈秀、苗林波，010-57519078（行指委办公室）

教育部办公厅关于开展"十二五"普通高等教育本科国家级规划教材第二次推荐遴选工作的通知

2014 年 3 月 12 日

根据《教育部关于"十二五"普通高等教育本科教材建设的若干意见》(教高[2011]5号),我部将开展"十二五"普通高等教育本科国家级规划教材(以下简称"规划教材")第二次推荐遴选工作。为贯彻落实党的十八届三中全会精神,深入推进管办评分离,发挥社会组织作用,第二次遴选工作委托中国高等教育学会完成。现将有关事项通知如下:

一、推荐范围

本次教材推荐范围为 2010 年 1 月至 2012 年 12 月期间正式出版(以版权页的出版日期为准)的供全日制普通高等学校本科教学使用教材。鉴于全册/成套教材一般出版周期较长,故此次按全册/成套整体推荐的教材,允许其中部分教材出版时间范围扩大至 2006 年 1 月。"马克思主义理论研究和建设工程"哲学社会科学重点教材及涉及课程的教材,不在此次推荐范围内。

二、推荐原则

第二次推荐遴选工作切实贯彻实施"十二五"规划教材精品战略,注重教材内容质量、出版质量和使用效果,继续坚持如下原则:

(一)突出重点。鼓励推荐使用面广、效果好、影响大的基础课程教材、专业核心课程教材、实验实践类教材。

(二)锤炼精品。鼓励推荐长期用于本科教学,根据经济社会发展、学科专业建设和教育教学改革不断修订完善的优秀教材。

(三)改革创新。鼓励推荐体现学科行业新知识、新技术、新成果,反映人才培养模式和教学改革最新趋势的教材。鼓励推荐根据教学需求建设的数字化教材。

(四)特色鲜明。鼓励推荐满足各类高等学校多样化人才培养需求的、特色鲜明的教材。

三、推荐遴选程序

(一)推荐

主要由中央部门直属高等学校和省级教育行政部门进行教材推荐,出版社补充推荐。

（二）遴选、公示及结果公布

委托中国高等教育学会，由其成立"十二五"普通高等教育本科国家级规划教材第二次遴选工作办公室，负责申报材料受理、资格审查和会议遴选等工作。工作办公室对推荐的教材进行资格审查后，聘请专家就教材的内容质量、出版质量以及使用效果进行综合评价和遴选，遴选结果通过"全国普通高等教育教材网"（www.tbook.edu.cn）和"中国高等教育学会网"（www.hie.edu.cn）公示后由我部正式公布。

四、推荐办法

（一）推荐途径及数量

教育部和其他部门（单位）直属高等学校直接推荐，地方高等学校由所属省级教育行政部门统筹推荐。教材从本校/本省直属高等学校教师为第一主编、目前用于本科教学且使用效果良好的教材中择优推荐。本次推荐数量仍以第一次推荐工作中填报的"十一五"期间（2006年1月至2011年6月）本校/本省直属高等学校教师主编并出版的本科教材总数为基数，以基数的5.5%计算推荐数量（具体限额见附件1），不足1种的可推荐1种。未参加第一次填报的直属高校，可推荐1种。

在汇总高等学校和省级教育行政部门推荐情况后，出版社再进行补充推荐。出版社的推荐数量不超过本社出版普通高等教育"十一五"国家级规划教材数量的3%（具体限额见附件1）。未承担普通高等教育"十一五"国家级规划教材出版任务的出版社可推荐1种。

（二）推荐类型

本次推荐采用单本、全册、成套三种推荐类型，取消系列教材推荐类型。全册教材（上、中、下册等）、成套教材（理论教材与实验教材等配套出版，教师用书与学生用书配套出版等）可按全册或成套整体推荐，也可按单本推荐。全册或成套教材须所有单册全部出齐，且全部推荐，方可按全册或成套整体推荐，占一个推荐名额。按全册或成套整体推荐的教材，遴选时所包含的所有教材均须达到规划教材标准方可入选。

（三）推荐方式及步骤

教育部、其他部门（单位）直属高等学校和省级教育行政部门请于2014年5月12日之前，将"十二五"普通高等教育本科国家级规划教材第二次遴选推荐汇总表（附件2）电子版（按照"推荐单位.xls"命名）发送至ghjc@crct.edu.cn；2014年5月16日之前将汇总的"十二五"普通高等教育本科国家级规划教材第二次遴选推荐申报表（附件3）电子版（按照"推荐单位+推荐汇总表序号.doc"命名），打包压缩以"推荐单位.rar"命名，发送至ghjc@crct.edu.cn。

出版社可在2014年5月19日—5月23日登录"全国普通高等教育教材网"，

查询教材推荐情况,在此基础上进行补充申报,避免重复申报。于 2014 年 5 月 30 日之前将附件 2 电子版(按照"推荐单位.xls"命名)、附件 3 电子版(按照"推荐单位 + 推荐汇总表序号.doc"命名)打包压缩以"推荐单位.rar"命名,一并发送至 ghjc@crct.edu.cn。

附件 3 中要求填报的教材"图书在版编目(CIP)"截图须从中国版本图书馆网站(http://www.capub.cn)"CIP 核字号验证"中获取。

附件 1、2、3 可从"全国普通高等教育教材网"下载,不再印发。附件 2 和附件 3 纸质版与佐证材料、推荐教材样书均一式两份,由推荐单位于 2014 年 5 月 30 日前(以邮戳为准)寄至"十二五"普通高等教育本科国家级规划教材第二次遴选工作办公室,刘维莉收,地址:北京市西城区德胜门外大街 4 号 C 座 11 层,邮政编码 100120,逾期不予受理。

五、工作要求

中国高等教育学会遴选工作程序等相关信息将通过"全国普通高等教育教材网"和"中国高等教育学会网"向社会公布,接受社会监督。各推荐单位应高度重视推荐遴选工作,坚持公平、公正、公开的原则,严格按照推荐范围、限额择优推荐教材,并加强推荐教材和申报材料的真实性、规范性审查。工作办公室受理申报后如发现推荐教材或材料造假情况,将取消该教材参选资格。我部将对造假单位和个人予以通报。

六、联系方式

(一) 教育部高等教育司教学条件处,联系人:刘允;联系电话:010-66096925;电子信箱:gaojs_jxtj@moe.edu.cn。

(二) 中国高等教育学会秘书处,联系人:赵锋;联系电话:010-59893293;电子信箱:gjxhjc@hie.edu.cn。

(三) "十二五"普通高等教育本科国家级规划教材第二次遴选工作办公室,联系人:刘维莉、邓捷;电话:010-58582477,58581448;电子信箱:ghjc@crct.edu.cn。

请有关部门(单位)教育司(局)、解放军总参谋部军训部、省级教育行政部门将本通知转发至所属高等学校。

附件:1. "十二五"普通高等教育本科国家级规划教材第二次遴选推荐限额表(略)

2. "十二五"普通高等教育本科国家级规划教材第二次遴选推荐汇总表(略)

3. "十二五"普通高等教育本科国家级规划教材第二次遴选推荐申报表(略)

教育部关于公布第一批"十二五"职业教育国家规划教材书目的通知

2014 年 7 月 28 日

根据《教育部关于"十二五"职业教育教材建设的若干意见》(教职成[2012]9号),经组织出版单位申报、专家评审立项、出版单位编写(修订)和全国职业教育教材审定委员会审定等过程,共 81 家出版单位的 4 738 种教材入选第一批"十二五"职业教育国家规划教材(以下简称"十二五"规划教材)。现将此批教材书目予以公布,并就有关事项通知如下:

1. 各省级教育行政部门要加强对教材选用工作的领导和管理,职业院校参照第一批"十二五"规划教材书目,做好教材选用工作,确保优质教材进课堂。

2. 有关出版单位可从职业教育教学教材网(www.cvetm.com)下载"十二五"规划教材专用标识,印刷在"十二五"规划教材相关版面。

3. 已入选的"十二五"规划教材应对接职业标准和岗位要求,继续修订完善,及时吸收行业发展的新知识、新技术、新工艺、新方法。修订后的教材可沿用"十二五"规划教材标识。

4. 各省级教育行政部门、职业院校和出版单位,要不断创新职业教育教材建设机制,加强政策支持和经费保障,鼓励一线教师参加教材建设及相关资源开发,努力提高技术技能人才培养质量。

附件:第一批"十二五"职业教育国家规划教材书目(略)

教育部关于印发第二批"十二五"普通高等教育本科国家级规划教材书目的通知

2014 年 10 月 16 日

根据《教育部关于"十二五"普通高等教育本科教材建设的若干意见》(教高[2011]5号),在中央部(委)直属高校、省级教育行政部门推荐以及出版社补充推荐的基础上,经委托中国高等教育学会组织专家评审、网上公示,我部确定 1 688 种教材入选第二批"十二五"普通高等教育本科国家级规划教材(以下简称"十二五"规划教材)。现将第二批"十二五"规划教材书目印发给你们,并将有关事项通知如下:

一、有关出版社可从全国普通高等教育教材网(www.tbook.edu.cn)下载"十二五"规划教材专有统一标志及字样,印刷在"十二五"规划教材相关版面。标志及字样的使用对象仅限于我部文件公布的"十二五"规划教材书目中的教材。标志的位置在教材的封面左上角、书脊的上部和内封。标志的大小可根据教材开本调整,以标志中的字可识别为宜,参考直径 15~20 mm。标志的颜色不得改变,以矢量图中的为准,彩色的用于封面和书脊,单色的用于内封。

二、任何单位不得盗用、冒用、仿冒"十二五"规划教材专有统一标志及字样。为避免对高等学校选用"十二五"国家级规划教材产生误导,请其他单位在你单位组织的规划教材字样前注明单位名称。我部拒绝受理盗用、冒用、仿冒国家级规划教材专有统一标志及字样的教材申报国家级规划教材。

三、请高等学校参照第一批和第二批"十二五"规划教材书目,做好教材选用工作,确保优质教材进课堂。

四、已入选的"十二五"规划教材,应根据学科、行业的发展继续修订完善,与时俱进,及时补充反映最新知识、技术和成果的内容。修订后的教材可沿用"十二五"规划教材标志。

五、各省级教育行政部门、高等学校和出版社,要建立以提高高等教育质量为核心的教材建设长效机制,加强政策支持和经费保障,激励高水平教师积极参加教材建设,结合《普通高等学校本科专业目录(2012年)》和人才培养需要,认真做好普通高等教育本科教材的新编和修订工作。

教育部社会科学司
关于加快推进教育部负责的马克思主义理论研究和建设工程重点教材编写工作的通知

2015年1月1日

为贯彻落实中办、国办《关于进一步加强和改进新形势下高校宣传思想工作的意见》精神，按照教育部实施马克思主义理论研究和建设工程领导小组要求，现就加快推进教育部负责的马克思主义理论研究和建设工程重点教材编写工作通知如下。

一、深刻认识加快推进"马工程"重点教材编写工作的重要意义。加快推进"马工程"重点教材编写工作，对于巩固马克思主义在哲学社会科学领域的指导地位、提高高校哲学社会科学理论研究和教学水平、繁荣发展哲学社会科学，对于推动中国特色社会主义理论体系进教材进课堂进头脑、提高人才培养质量、培养德智体美全面发展的社会主义事业建设者和接班人具有重要作用。特别是中央全面深化改革领导小组对编写出版14种法律类专业核心教材提出明确要求。各课题组一定要从坚持和发展中国特色社会主义的高度，进一步把思想认识统一到中央要求上来，切实增强责任感和紧迫感，把加快编写"马工程"重点教材作为当前一项重要政治任务，切实抓紧抓实抓好。

二、实行主编负责制。我部负责的"马工程"重点教材实行主编负责制，由课题组首席专家召集人担任，对课题组经费使用、编写分工、统筹统稿、进度安排等负总责。原则上主编从首席专家中确定1~2名副主编、从主要成员中确定书稿撰写人员。有特殊情况的，可另遴选1~2位专家撰写书稿并在正式出版的教材后记中写明撰写章节情况。新遴选的专家必须由主编向我部工程办提出书面申请，并出具专家所在高校党委审核同意的意见。

三、完善教材编写修改方式。各相关课题组要充分利用寒假聚焦聚神聚力，按照"集中编写、首席统稿、专家审议、编校同步"的原则，遵循《教育部马克思主义理论研究和建设工程重点教材编写规范》，集中撰写初稿、集中讨论修改、集中统稿定稿，加快教材编写进度，并按照相关时间节点（见附件，略）提交教材初稿或修改完善稿。其中法律类14种教材初稿需在3月15日前提交。

四、确保政治性与学术性的高度统一。"马工程"重点教材编写必须坚持以马克思主义为指导,充分反映马克思主义中国化最新成果,充分反映中国特色社会主义丰富实践,充分反映本学科领域最新进展,确保在思想水平、学术水平等方面达到国内同类教材的一流水平。法律类教材编写必须坚持以马克思主义法学思想和中国特色社会主义法治理论为统领,充分反映十八届四中全会《决定》提出的新思想新观点新论断。

教育部关于公布第二批"十二五"职业教育国家规划教材书目的通知

2015 年 7 月 14 日

根据《教育部关于"十二五"职业教育教材建设的若干意见》(教职成[2012]9号),经组织出版单位申报、专家评审立项、出版单位编写(修订)和全国职业教育教材审定委员会审定等过程,共 80 家出版单位的 2 611 种教材入选第二批"十二五"职业教育国家规划教材(以下简称"十二五"规划教材)。现将此批教材书目予以公布,并就有关事项通知如下:

1. 各省级教育行政部门要加强对教材选用工作的领导和管理,职业院校参照两批"十二五"规划教材书目,做好教材选用工作,确保优质教材进课堂。

2. 有关出版单位可从职业教育教学教材网(www.cvetm.com)下载"十二五"规划教材专用标识,印刷在"十二五"规划教材相关版面。

3. 入选的"十二五"规划教材应对接职业标准和岗位要求,注重吸收行业发展的新知识、新技术、新工艺、新方法,并及时修订。修订后的教材可沿用"十二五"规划教材标识。

4. 各省级教育行政部门、职业院校和出版单位,要不断创新职业教育教材建设机制,加强政策支持和经费保障,鼓励一线教师参加教材建设及相关资源开发,努力提高技术技能人才培养质量。

附件:第二批"十二五"职业教育国家规划教材书目(略)

国务院办公厅关于成立国家教材委员会的通知

2017 年 7 月 3 日

为贯彻落实《关于加强和改进新形势下大中小学教材建设的意见》,进一步做好教材管理有关工作,国务院决定成立国家教材委员会。现将有关事项通知如下:

一、主要职责

指导和统筹全国教材工作,贯彻党和国家关于教材工作的重大方针政策,研究审议教材建设规划和年度工作计划,研究解决教材建设中的重大问题,指导、组织、协调各地区各部门有关教材工作,审查国家课程设置和课程标准制定,审查意识形态属性较强的国家规划教材。

二、组成人员

主　　任:刘延东　国务院副总理
副主任:陈宝生　教育部部长
　　　　黄坤明　中央宣传部副部长
秘书长:朱之文　教育部副部长
委　　员:
(一)部门委员
郑泽光　外交部副部长
王晓涛　发展改革委副主任
黄　卫　科技部副部长
陈改户　国家民委副主任
黄　明　公安部副部长
余蔚平　财政部副部长
汤　涛　人力资源社会保障部副部长
张德霖　国土资源部副部长
翟　青　环境保护部副部长
董　伟　文化部副部长
王江平　工商总局副局长
吴尚之　新闻出版广电总局副局长
房建孟　海洋局副局长

闵宜仁　测绘地信局副局长
甄占民　中央党校副校长
张宏志　中央文献研究室副主任
吴德刚　中央党史研究室副主任
季正聚　中央编译局副局长
张　杰　中科院副院长
张　江　社科院副院长
樊代明　工程院副院长
徐延豪　中国科协副主席

(二)专家委员(按姓氏笔画为序)
马　敏　教授、华中师范大学原党委书记
马志明　院士、中科院数学与系统科学研究院研究员
马树超　研究员、上海市教育科学研究院原副院长
王　湛　江苏省原副省长
王荣华　教授、上海市政协原副主席
韦志榕　人民教育出版社总编辑
韦建桦　教授、中央编译局原局长
文秋芳　教授、北京外国语大学
田心铭　教授、教育部高等学校社会科学发展研究中心原主任
史宁中　教授、东北师范大学原校长
仲呈祥　中国文联原副主席、书记处书记
刘大为　教授、解放军艺术学院美术系原主任
杨　河　教授、北京大学原党委副书记
李　烈　正高级教师、北京第二实验小学原校长
李　捷　研究员、求是杂志社社长
吴岳良　院士、中国科学院大学副校长
沈　岩　院士、自然科学基金会副主任
张文显　教授、吉林大学原党委书记
林　岗　教授、中国人民大学原副校长
林尚立　教授、中央政策研究室秘书长
房　喻　教授、陕西师范大学原校长
钟秉枢　教授、首都体育学院院长
顾海良　教授、教育部原党组成员
葛兆光　教授、复旦大学

董　奇　教授、北京师范大学校长

韩　震　教授、北京外国语大学党委书记

潘云鹤　院士、工程院原副院长

国家教材委员会办公室设在教育部,由教育部教材局承担办公室工作。

部门委员因工作变动需要调整的,由所在单位向办公室提出,报委员会主任批准。专家委员实行5年任期制,也可根据需要进行调整,由办公室提出建议,报委员会主任批准。

教育部办公厅关于组织申报国家教材建设重点研究基地的通知

2018 年 9 月 26 日

为加强教材研究,健全教材建设支撑体系,提高教材质量水平,决定组织开展国家教材建设重点研究基地申报工作,现将有关事项通知如下。

一、基地建设基本要求

(一)建设目标

搭建凝聚各学科、各方面专业力量共同研究课程教材建设的平台,构建灵活、开放、有效的创新研究机制,实现课程教材建设研究的专业化、专门化、专项化,发挥重要的研究、指导和服务功能,整体提升课程教材建设的支撑能力,成为专门研究课程教材的专业智库。

(二)基地任务

国家教材建设重点研究基地主要围绕以下任务持续进行实践探索。

一是聚集专业力量。培养课程教材建设学术带头人和中青年学术骨干,建设课程教材研究领域的专门人才库、人才培养培训基地。

二是探索教材建设规律。梳理课程教材建设的已有经验、存在问题和面临的挑战,规划研究课题,围绕基础理论、实践应用、国际比较等方面,进行系统研究,发布研究报告。

三是建设教材数据中心。整合教材编写、使用、跟踪评估等各种资源,收集、分析并报告国内外教材研究及教材建设动态信息,为教材研究、开发和管理提供参考。

四是促进研究成果交流传播。搭建学术交流平台,不断拓展交流渠道,把握世界同类教材发展趋势,吸纳借鉴先进经验,同时推动中国教材走出去。积极推动课程育人、教材建设及相关研究成果的交流共享,实现知识教育、能力培养和价值引领的有机统一。开展中外教材合作编写研究。

五是进行咨询指导服务。为教材建设提供咨询服务,参与教材编写、审查、使用评估等工作,提升教材质量。

(三)申报条件

对教材建设研究高度重视,具备相关学科或专业领域教材建设工作基础的高等学校、教科研院所等机构均可申请设立国家教材建设重点研究基地。基本条件是:

1. 研究队伍。在申报学科、领域有一定数量的长期稳定的研究人员(不少于6人),其中,有高级职称的不少于二分之一。研究队伍包括学科专家和学科教育专家、课程教材研究专家等,有关研究人员承担过省部级以上有关课题研究,有主编、参与教材编写(修订)经历或参与课程标准(教学基本要求)研制(修订)经历,或国家课程教材政策咨询的经验经历。

2. 学术基础。有雄厚的学术研究基础和丰富的成果积累,有关课程、教材、教学的研究成果被引用率高,有广泛影响,在课程教材建设中发挥了重要作用,或曾获得省部级以上成果奖励。

高校申报的学科专业类基地,有相应的国家一级学科博士点,申报的管理类或综合类研究基地,至少有两个相关学科的博士点,相关学科在教育部学科建设评估中均为 A- 类以上。独立设置的科研院所等机构申报者应有博士后流动站,长期参加国家教材建设工作。

具备申报条件的单位一般申报 1 个基地,最多申报 3 个基地。

(四) 运行管理

国家教材建设重点研究基地实行人、财、物相对独立,工作有专人负责,经费专户管理。教育部在经费、招生及国际学术交流等方面予以支持;同时围绕基地建设规划,通过建立年度计划及总结、周期报告及评估(以三年为一个周期)制度等,加强基地建设和过程管理,实行奖励、退出机制。

二、申报工作安排

2018 年启动首批 12 个基地建设,有关申报工作安排如下。

(一) 种类

一是学科专业类,包括中小学(含中职)道德与法治(思想政治)、语文、历史三科教材(各 1 个,共 3 个);高校思想政治理论课,即马克思主义基本原理概论、毛泽东思想和中国特色社会主义理论体系概论、思想道德修养与法律基础、中国近现代史纲要四门教材(各 1 个,共 4 个);高校经济学、新闻学两门学科教材(各 1 个,共 2 个)。二是管理类,包括民族教育、职业教育教材建设和管理政策研究(各 1 个,共 2 个)。三是综合类,大中小学德育一体化教材研究(1 个)。

(二) 程序

1. 单位申报。符合申报条件的单位,根据设立条件、基地任务提出申请,提交《国家教材建设重点研究基地申报表》(见附件,略)。有关基本信息的填报要准确无误。

2. 评审考察。教育部委托有关专业组织,根据申报基本条件及建设规划进行评审。必要时进行实地考察。严格规范评审考察程序,确保公开公平公正。

3. 公示确认。在教育部官网上公示通过评审的候选单位。公示期一周,对弄虚作假者实行一票否决。公示期间无异议,由教育部予以确认。

(三) 其他有关事项

请各申请单位于2018年10月27日前将《国家教材建设重点研究基地申报表》及相关佐证材料(一式五份)寄送至教育部课程教材研究所任建英收(地址:北京市朝阳区惠新东街4号富盛大厦1座11层;邮编:100029),同时发送相应的电子稿(邮箱:renjianyingrjy@126.com)。

联系单位及方式:

教育部课程教材研究所　电话:010—58556761　传真:58556784

教育部教材局　电话:010—66096779(兼传真)

附件:国家教材建设重点研究基地申报表(略)

国务院办公厅关于调整国家教材委员会组成人员的通知

2018 年 11 月 20 日

根据机构设置、人员变动情况和工作需要,国务院决定对国家教材委员会组成人员进行调整。现将调整后的组成人员名单通知如下:

主　　任:孙春兰　国务院副总理
副主任:陈宝生　教育部部长
　　　　王晓晖　中央宣传部副部长、中央政研室副主任
　　　　丁向阳　国务院副秘书长
秘书长:朱之文　教育部副部长
委　　员:
(一)部门委员
梁言顺　中央宣传部副部长
王作安　中央统战部副部长、宗教局局长
刘烈宏　中央网信办副主任
郑泽光　外交部副部长
连维良　发展改革委副主任
黄　卫　科技部副部长
陈改户　国家民委副主任
孙力军　公安部副部长
赵大程　司法部副部长
余蔚平　财政部副部长
汤　涛　人力资源社会保障部副部长
张德霖　自然资源部党组成员
庄国泰　生态环境部副部长
张　旭　文化和旅游部副部长
甘　霖　市场监管总局副局长
甄占民　中央党校副校长
吴德刚　中央党史和文献研究院副院长
贾高建　中央党史和文献研究院副院长、中央编译局局长

李树深　中科院副院长
高培勇　社科院副院长
邓秀新　工程院副院长
陈　刚　中国科协党组成员、书记处书记
（二）专家委员（按姓氏笔画为序）
马　敏　教授、华中师范大学原党委书记
马志明　院士、中科院数学与系统科学研究院学术委员会主任
马树超　研究员、上海市教育科学研究院原副院长
王　湛　江苏省原副省长
王荣华　教授、上海市政协原副主席
韦志榕　编审、人民教育出版社原总编辑
韦建桦　教授、中央编译局原局长
文秋芳　教授、北京外国语大学学术委员会主任
田心铭　教授、教育部高等学校社会科学发展研究中心原主任
史宁中　教授、东北师范大学原校长
仲呈祥　研究员、中国文联原副主席
杨　河　教授、北京大学社会科学学部主任
李　烈　正高级教师、北京第二实验小学原校长
李　捷　研究员、求是杂志社原社长
吴岳良　院士、中国科学院大学副校长
沈　岩　院士、中国科协副主席
张文显　教授、吉林大学原党委书记
林　岗　教授、中国人民大学原副校长
林尚立　教授、中央政研室秘书长
房　喻　教授、陕西师范大学原校长
钟秉枢　教授、首都体育学院院长
顾海良　教授、教育部原党组成员
葛兆光　教授、复旦大学
董　奇　教授、北京师范大学校长
韩　震　教授、北京外国语大学原党委书记
潘云鹤　院士、工程院原副院长
国家教材委员会办公室设在教育部，由教育部教材局承担办公室工作。

教育部关于首批国家教材建设重点研究基地认定结果的通知

2019年1月31日

根据《教育部办公厅关于组织申报国家教材建设重点研究基地的通知》(教材厅函[2018]8号),经高校及研究机构自主申报,第三方专业机构组织资格审核、专业评审、审核确认和公示,教育部决定认定北京师范大学大中小学德育一体化教材研究基地等为首批国家教材建设重点研究基地,现予以公布(名单见附件,略)。

首批国家教材建设重点研究基地所在单位要加强基地工作的组织领导,在基地机构设置、人员配置、运行管理等方面强化条件保障,实行人、财、物相对独立,工作有专人负责,经费专户管理,确保基地工作有序高效开展。基地要围绕聚集专业力量、探索教材建设规律、建设教材数据中心、促进研究成果交流传播、开展咨询指导服务等五个方面任务,明确定位,研究制定基地五年工作规划。要建立健全日常运行管理制度,探索建立评估、激励机制,扎实推进各项工作,努力建成专门研究课程教材的专业智库。

各地和学校要高度重视教材建设研究工作,加强与国家教材建设重点研究基地沟通,争取对本地教材建设提供专业支持。同时要把握教材建设方向和重点要求,结合实际,合理规划地方、学校教材建设研究基地,努力构建教材建设的专业支撑体系,不断提升教材建设科学化、专业化水平。

附件:首批国家教材建设重点研究基地名单(略)

教育部职成司关于组织开展"十三五"职业教育国家规划教材建设工作的通知

2019年10月9日

为深入贯彻党的十九大精神和全国教育大会部署,落实党中央、国务院关于教材建设的决策部署和《国家职业教育改革实施方案》有关要求,深化职业教育"三教"改革,经商教育部教材局,现组织开展"十三五"职业教育国家规划教材建设工作,并就有关事项通知如下。

一、指导思想

以习近平新时代中国特色社会主义思想为指导,全面推动习近平新时代中国特色社会主义思想进教材进课堂进头脑。全面贯彻党的教育方针,落实立德树人根本任务,积极培育和践行社会主义核心价值观,体现中华优秀传统文化、革命文化和社会主义先进文化,弘扬劳动光荣、技能宝贵、创造伟大的时代风尚。突出职业教育的类型特点,统筹推进教师、教材、教法改革,深化产教融合、校企合作,推动校企"双元"合作开发教材。以国家规划教材建设为引领,加强和改进职业教育教材建设,充分发挥教材建设在提高人才培养质量中的基础性作用,努力培养德智体美劳全面发展的高素质劳动者和技术技能人才。

二、任务目标

"十三五"期间,分批遴选、建设1万种职业教育国家规划教材,其中2019年遴选3 000种左右,2020年遴选、建设7 000种左右。重点规划建设服务国家战略和经济社会发展急需、量大面广的专业领域,注重引导和组织开发市场供给不足、紧缺专业教材。进一步完善教材编写、审核、选用、更新、管理和服务机制,健全制度体系。建设一大批校企"双元"合作开发的优质教材,倡导使用新型活页式、工作手册式教材并配套开发信息化资源。每3年修订1次教材,其中专业教材随信息技术发展和产业升级情况及时动态更新。建设具备教材信息汇聚、发布、更新、服务、评价等功能,权威、规范、公开的职业教育教材管理信息服务平台。

三、建设原则

(一)坚持职教特色,突出质量为先。遵循技术技能人才成长规律,知识传授与技术技能培养并重,强化学生职业素养养成和专业技术积累,将专业精神、职业精神和工匠精神融入教材内容。适应专业建设、课程建设、教学模式与方法改革创新等方面要求,保障教材质量。

(二)坚持产教融合,校企双元开发。强化行业指导、企业参与,广泛调动社会力量参与教材建设,鼓励"双元"合作开发教材,注重吸收行业企业技术人员、能工巧匠等深度参与教材编写。紧跟产业发展趋势和行业人才需求,及时将产业发展的新技术、新工艺、新规范纳入教材内容,反映典型岗位(群)职业能力要求。

(三)坚持编选结合,完善教材体系。在教材供给充足、市场竞争充分的课程和专业领域,以组织遴选、锤炼精品为主;在市场供给不足、服务国家战略和经济社会发展急需紧缺的专业领域,以引导开发、组织编写为主。围绕深化教学改革和"互联网+职业教育"发展需求,探索开发课程建设、教材编写、配套资源开发、信息技术应用统筹推进的新形态一体化教材。

(四)坚持示范引领,扩大优质供给。充分发挥国家规划教材建设的示范带动作用,引导教材建设主体以职业教育国家教学标准为基本遵循,针对职业教育生源多样化特点,完善开发机制,注重满足分类施教、因材施教需要,主动服务项目式、模块化教学等,储备一大批优质教材建设成果,夯实国家规划教材遴选基础。

四、申报条件

(一)申报单位

申报单位为自2011年1月1日以来出版过职业教育教材的出版单位,应具有较好的职业教育教材建设基础,教材质量高,得到职业院校、行业企业认可和好评;对应所申报的教材,有不少于3名具有相关课程、专业背景和中级以上职业资格的在编专职编辑人员;具备教材使用培训、回访服务等可持续的专业服务能力,对所出版教材更新修订及时;最近5年内未受到出版主管部门的处罚,无其他违纪违规违法行为。其他单位组织编写或个人主编的教材可通过有关出版单位申报。

(二)教材范围

1. 首批申报教材应为2017年1月1日(含)以后出版或再版(以版权页信息为准)的中等职业学校专业课程教材、高等职业学校公共基础课程教材和专业课程教材。中职公共基础课程教材,马克思主义理论研究和建设工程思政课和专业课教材,军事课教材暂不参与首批申报。教材应在中等职业学校和高等职业学校课堂教学和实习实训中实际使用,包括纸质教科书、电子出版物等,不含习题集、作业册、教师用书、教辅用书等。

2. 专业范围依据为《中等职业学校专业目录(2010年修订)》及2019年公布的增补专业,《普通高等学校高等职业教育(专科)专业目录(2015年)》及2016年以来历年增补专业。重点为已发布专业教学标准的中职、高职专业。专业目录、专业教学标准详细信息可在教育部网站职业教育与成人教育司页面"职业教育国家教学标准体系"栏目查询。后续批次申报范围另行通知,各申报单位要结合自身优势和实际,统筹安排申报工作,优先申报根据产业发展最新进展修订、再版的"十二五"职业教育国家规划教材。

(三)编写人员

所申报教材的编写人员应经所在单位党组织审核同意,政治立场坚定,拥护中国共产党的领导,认同中国特色社会主义,坚定"四个自信",自觉践行社会主义核心价值观,坚持正确的历史观、民族观、国家观、文化观;熟悉职业教育教学规律和学生身心发展特点,对本专业领域有比较深入的研究,熟悉行业发展与企业用人要求,有丰富的教学、教科研或企业工作经验;一般应具有中级及以上专业技术职务(技术资格),新兴行业、行业紧缺技术人才、能工巧匠可适当放宽要求;有良好的思想品德、社会形象和师德师风,未出现过违纪违规违法情形;有足够时间和精力从事教材编写修订工作。

职业教育国家规划教材建设实行主编负责制,主编对教材编写质量负总责。除须符合编写人员有关要求外,主编还应坚持正确的政治导向,政治敏锐性强,能够辨别并自觉抵制错误政治观点;在本专业领域有深入研究、较高的造诣,在相关教材或教学方面取得有影响的研究成果,熟悉相关行业发展前沿知识与技术,有丰富的教材编写经验;一般应具有高级专业技术职务,新兴专业、行业紧缺技术人才、能工巧匠可适当放宽要求;有较高的文字水平,熟悉教材语言风格,能够熟练运用中国特色的话语体系。

(四)教材审核

所申报的教材应经出版单位相关主管部门审核通过,并出具审核意见。有关单位可委托熟悉职业教育和产业人才培养需求的第三方专业机构或专家团队进行审核认定。教材审核人员应包括相关专业领域专家、教科研专家、一线教师、行业企业专家等,具有较高的政策理论水平,客观公正,作风严谨,并经所在单位党组织审核同意。坚持编审分离原则,审核人员不得参与或者变相参与相关教材编写工作。

教材审核应依据职业教育国家教学标准,对教材的思想性、科学性、适宜性进行全面审核把关。教材使用的名称、名词、术语等应符合国家有关技术质量标准和规范,符合知识产权保护等国家法律、行政法规要求,没有民族、地域、性别、年龄等方面的歧视,不得有商业广告、变相广告。对教材涉及国家主权、国家安全、海洋权益、社会安定、民族宗教等方面的内容,重大革命题材和重大历史题材的内容,送有关部门进行审核把关。

五、申报要求

（一）遴选重点

1. 服务现代农业、先进制造业、现代服务业、战略性新兴产业和地方特色产业，国家战略和经济社会发展急需紧缺领域，民族传统技艺领域等相关专业，以及农林、地质、矿产、水利、养老、家政等苦脏累险行业相关专业的教材；适应新业态、新职业和新岗位要求的特色教材。

2. 行业特点鲜明，在教学实践应用中不断完善，覆盖面广、影响力大，适应职业教育教学改革需要，注重以真实生产项目、典型工作任务等为载体组织教学单元的教材，新型活页式、工作手册式等教材。

3. 适应1+X证书制度试点工作需要，将职业技能等级标准有关内容及要求有机融入教材内容，推进书证融通、课证融通的教材；服务"一带一路"建设等，适应职业教育对外开放和国际合作需要，凝聚中国经验的教材。

4. 课程建设与教材编写融合深入，编排方式灵活，配套资源丰富，呈现形式紧密服务教学内容安排和教学目的，信息技术应用适宜的教材。

（二）注意事项

1. 高职公共基础课教材可参考《高等职业学校专业教学标准》《教育部关于职业院校专业人才培养方案制订与实施工作的指导意见》（教职成[2019]13号）有关课程设置申报，同一课程教材，每个申报单位最多可申报3种。

2. 中职、高职专业课教材，同一专业每个申报单位限报10种，同一专业同一课程教材，每个申报单位限报1种。

3. 同一课程的教材，同一主编只能申报一个版本。

4. 同一课程的分册教材（如上、中、下册，教材+非独立实训教材等）视为1种，外语类课程教材同一学期的不同分册（如听、说、读、写）或不同学期的同一分册（如各学期的听力分册），视为1种。不同学期不同分册的教材不得混合申报，同一丛书号的教材不得拆分申报。

六、资料报送

1. "十三五"职业教育国家规划教材申报采取网络填报与函报相结合的方式，请各申报单位于2019年10月20日前填写申报单位信息表（附件1，略），将电子版发送至 majh123@126.com，将纸质版（加盖公章）寄送至教育部职业技术教育中心研究所（北京市朝阳区惠新东街4号富盛大厦1座16层，邮编100029，联系人及电话：马建华，010-58556759），以便后续发送申报系统网址、账号等有关信息。

2. 各申报单位要针对本通知关于教材编写人员、教材审核等方面的工作要求，履行有关程序，形成书面材料，包括但不限于编写人员所在单位党组织审核意见、出版单位相关主管部门对教材的审核意见、教材审核人员情况及所在单位党组织审核意见等。

3. 2019年11月30日前,申报单位登录申报系统,填报教材信息、使用情况、特色亮点、配套资源、编写人员信息等(参考范围见附件2,略),按要求提供有关纸质材料、样书等(具体安排另行通知)。

附件:1."十三五"职业教育国家规划教材申报单位信息表(略)
2."十三五"职业教育国家规划教材申报信息参考范围(略)

郑重声明

高等教育出版社依法对本书享有专有出版权。任何未经许可的复制、销售行为均违反《中华人民共和国著作权法》，其行为人将承担相应的民事责任和行政责任；构成犯罪的，将被依法追究刑事责任。为了维护市场秩序，保护读者的合法权益，避免读者误用盗版书造成不良后果，我社将配合行政执法部门和司法机关对违法犯罪的单位和个人进行严厉打击。社会各界人士如发现上述侵权行为，希望及时举报，本社将奖励举报有功人员。

反盗版举报电话　　（010）58581999　58582371　58582488
反盗版举报传真　　（010）82086060
反盗版举报邮箱　　dd@hep.com.cn
通信地址　　北京市西城区德外大街4号
　　　　　　高等教育出版社法律事务与版权管理部
邮政编码　　100120

郑重声明

高等教育出版社依法对本书享有专有出版权。任何未经许可的复制、销售行为均违反《中华人民共和国著作权法》,其行为人将承担相应的民事责任和行政责任;构成犯罪的,将被依法追究刑事责任。为了维护市场秩序,保护读者的合法权益,避免读者误用盗版书造成不良后果,我社将配合行政执法部门和司法机关对违法犯罪的单位和个人进行严厉打击。社会各界人士如发现上述侵权行为,希望及时举报,本社将奖励举报有功人员。

反盗版举报电话　（010）58581999　58582371　58582488
反盗版举报传真　（010）82086060
反盗版举报邮箱　dd@hep.com.cn
通信地址　北京市西城区德外大街4号
　　　　　高等教育出版社法律事务与版权管理部
邮政编码　100120